"三步五环成长+"课堂评价理论与实践

"Sanbu Wuhuan Chengzhang +" Ketang Pingjia Lilun Yu Shijian

张筱柳 魏莲花 主编

·广州·

版权所有　翻印必究

图书在版编目（CIP）数据

"三步五环成长+"课堂评价理论与实践／张筱柳，魏莲花主编． -- 广州：中山大学出版社，2024．12．
ISBN 978 - 7 - 306 - 08164 - 3

Ⅰ．G632.421

中国国家版本馆 CIP 数据核字第 2024C7C636 号

出　版　人：	王天琪
策划编辑：	吕肖剑
责任编辑：	潘惠虹
封面设计：	林绵华
责任校对：	陈　颖
责任技编：	靳晓虹
出版发行：	中山大学出版社
电　　话：	编辑部 020 - 84111997，84110283，84113349
	发行部 020 - 84111998，84111981，84111160
地　　址：	广州市新港西路 135 号
邮　　编：	510275　　传　真：020 - 84036565
网　　址：	http://www.zsup.com.cn　E-mail:zdcbs@mail.sysu.edu.cn
印　刷　者：	广东虎彩云印刷有限公司
规　　格：	787mm×1092mm　1/16　15.5 印张　382 千字
版次印次：	2024 年 12 月第 1 版　2024 年 12 月第 1 次印刷
定　　价：	58.00 元

如发现本书因印装质量影响阅读，请与出版社发行部联系调换

广东省深化新时代教育评价改革试点项目　结项成果
广东省普通高中新课程新教材实施示范校　结项成果
广东省中小学教师校本研修示范培育学校　结项成果
广东省基础教育课程教学改革深化实验校　结项成果

"三步五环成长+"课堂评价理论与实践

顾　　问：李小锋　刘　东
主　　编：张筱柳　魏莲花
副 主 编：杨　宇　杜春燕（常务）
编　　委：李　玲　杨长慧　潘素平　黄小浪　刘　超　刘亚欣
　　　　　陈树华　陈绍志　陈海由　陈　盼　戚慧文　田佩丽
　　　　　王小静　万杏梅　梁碧兰　杨小荷　仲　允　谢燕琼
　　　　　曹保丽　彭　霞　高　霞　袁天磊　彭文义　陈海滨
　　　　　郑　丽　关兴业　陈　凤　钟倩颖　欧彩霞　吴华虹
　　　　　龙志婵　蒋宁华　温振峰　李　龙　王莉萍　黎洪玲
　　　　　郑玉嫦　闫　芳　郭元博　鲁嘉杰　梁志鹏　邱芬慧
　　　　　滕　艳　林燕玲

以华东师范大学崔允漷教授的 LICC［学生学习（learning）、教师教学（instruction）、课程性质（curriculum）、课堂文化（culture）］课堂观察模式为理论指导，"三步五环成长＋"课堂评价模式为教师提供了一个观察、思考、评价课堂教学的支架，旨在构建系列化、精细化、可复制化的课堂教学评价体系，使评价指向教学的成长、教师的成长、学生的成长。本书精选湛江市二中海东中学教师开展课堂评价的论文和课例，以求合作交流、扬长避短，使 LICC 课堂教学评价更持续、更专业、更有活力。

序一　从"考试文化"走向"评价文化"

目前，国际教育领域正经历着由"对学习的评价"向"为了学习的评价"的转变，从"过去定向"走向"未来定向"。随着"核心素养"的提出，育人目标的变化推动了教育评价的改革。基础教育从"总结性评价"走向"形成性评价"，对教师的评价亦从"考试文化"走向"评价文化"。

评价观念是评价行为的重要导向，驱动着课堂行动，影响着教师的行为过程，教师作为教育评价的关键执行者，需要在评价观念上革故鼎新。目前，基础教育评价应建构以评促学的评价观。

一、大势所趋，课堂教学评价急需顺时而动

2020年10月，中共中央、国务院印发的《深化新时代教育评价改革总体方案》明确提出，"改革教师评价"，"改进结果评价，强化过程评价"。[①] 2022年，教育部印发的《普通高中学校办学质量评价指南》明确提出："建立健全教育评价制度。"[②]

新课标带来新评价。教师应树立"教、学、评"一体化的意识，明确评价的过程即学习的过程。例如，2022年出台的《义务教育语文课程标准（2022年版）》提出，"课堂教学评价是过程性评价的主渠道"[③]。

然而，湛江市课堂教学的听课评价缺乏专业性。课堂教学评价是教育专业化最后的堡垒。反思当前的课堂教学评价，广大一线教师一直在评课，但很多人并不专业，不重证据，不重逻辑。因此，自上而下的课堂教学评价改革迫在眉睫。应时而动，当前学界迫切地需要用崭新的内涵更新评价理念，用精准的数据"把脉"评价过程，用鲜活的实例示范评价方法。

---

① 新华社：《中共中央　国务院印发〈深化新时代教育评价改革总体方案〉》，见中国政府网（https://www.gov.cn/zhengce/2020-10/13/content_5551032.htm?eqid=e8c0feb600000d2a0000000664918682）。

② 中华人民共和国教育部：《教育部关于印发〈普通高中学校办学质量评价指南〉的通知》，见中华人民共和国教育部政府门户网站（http://www.moe.gov.cn/srcsite/A06/s3732/202201/t20220107_593059.html?eqid=836c3c39000313d400000003646d6540）。

③ 中华人民共和国教育部：《义务教育语文课程标准（2022年版）》，北京师范大学出版社2022年版，第48页。

二、以评促改,强化课堂教学主阵地

课堂教学评价的对象是教师的教学活动,尽管会涉及对学生学习的评价,但其目的仍在于评价教师的教学活动及其效果,而且这种评价一般是由教师实施的。钟启泉教授认为,"'课堂评价'在本质上是有助于教学活动的检点与修正,借以促进学生的学习与发展的教学实践的一环"①。课堂教学评价不同于外部总结性评价(考试),这是一种形成性的课堂过程性评价,其实质在于收集课堂信息。评价与教学过程结合得越紧密,评价所收集的信息就越有针对性,对下一步教学的引导就越明确有力,对教学的正面影响也就越大。课堂教学评价提供的信息,成为教师做出下一步教学决策的依据。通过对教学目标、教学内容、教学方式、教学结果信息的分析,实现对教学的实然影响,把"教、学、评"一体化落到实处。

以华东师范大学崔允漷教授的 LICC 课堂观察模式为理论指导,基于合作、注重证据、崇尚改进的理念,我们在湛江市二中海东中学设计了"三步五环成长 +" LICC 课堂评价模式。该评价模式由课前会议、课中观察与课后会议三步持续的专业活动组成;确定观察点、开发量表、课中观察、推论报告、反馈改进,构成"三步五环成长 +" LICC 课堂评价的五个关键环节(如图 1 所示)。其中,确定观察点、开发量表、推论报告是课堂观察最关键的环节。这需要评价者从教学法的角度思考问题解决的框架,从课堂的显性信息中设立课堂观察指标体系,从指向性、合理性和可行性考虑如何开发观察量表。

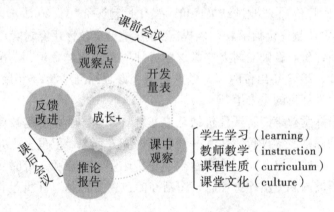

图 1 "三步五环成长 +" LICC 课堂评价模式

三、"三步五环",课堂教学评价赋能螺旋式成长

"三步五环成长 +" LICC 课堂评价模式为教师提供了一个观察、思考、评价课堂教学的支架。这种模式以课堂教学评价为切入点,旨在构建系列化、精细化、可复制化的课堂教学评价体系,使评价指向教学的成长、教师的成长、学生的成长。"三步五环成

---

① 钟启泉:《课堂研究》,华东师范大学出版社 2016 年版,第 134 页。

长+"LICC 课堂评价模式是过程性评价,评价的过程即学习的过程,也就是教师或学生成长的过程。教学、反馈、提升,循环往复,推进多元主体的螺旋式成长。

(一) 回归育人本位,评价改革旨归核心素养

"三步五环成长+" LICC 课堂评价模式以核心素养的培育为导向。本着"为学习而评价"的理念,以课程标准为根本依据,引导教师准确理解义务教育课程的基本理念,把握学生核心素养发展的基本规律。体现学习任务群特点,整体规划学习内容;创设真实而富有意义的学习情境,凸显学习的实践性;关注互联网时代生活的变化,探索教与学方式的变革,从而保证课程、教学、评价三者的内在一致性。在"三步五环成长+" LICC 课堂评价模式的构建上,本着"目标有导向、过程可调控、结果能应用"的原则,为教学评价的实施做好顶层设计,提升课堂教学评价工作的系统性、科学性和实效性,较好地引领课堂教学评价工作高位发展。

(二) 确定观察维度,设计量表建构评价支架

评价牵着教学的"鼻子",评价内容涉及教学取向、教学内容和教学方法。以课标为导向,结合湛江市二中海东中学课堂教学改革的难点,科研组多次外出学习、反复商讨,最终选取"学习目标""情景任务""探究活动""学习资源""学习支架""作业设计"6个观察维度作为评价主题,依照"研究问题—设计依据—使用说明"的逻辑,分别设计观察评价量表。课堂观察评价量表为教师理解课堂提供了一个支架,为教师评价、解读课堂教学提供了一个参照体系,为观察、分析、评价教学提供了清晰的思路。根据观察评价量表,参与课堂观察评价的教师合作分工。在实际操作中,结合量表内容可以采取一人观察一点、多人观察一点、一人观察多点、多人观察多点等观察模式。

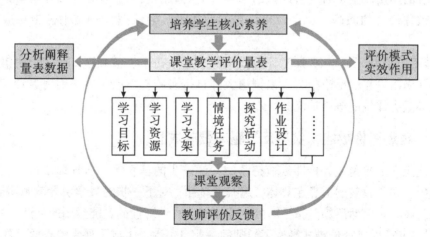

图 2 "三步五环成长+" LICC 课堂评价模式研究流程

（三）驱动"三步五环"，闭环逻辑赋能提质增效

课前会议、课中观察与课后会议三步持续的专业活动是驱动"三步五环成长+"LICC课堂评价模式的基本程序。确定观察点、开发量表、课中观察、推论报告、反馈改进，这五个关键环节构成了完整的闭环逻辑。基于"教、学、评"的一致性，"三步五环成长+"LICC课堂评价模式将学习目标设为统领，评价任务设定要先于教学活动，使课堂教学评价成了课堂提质增效的"GPS"。以问题解决为宗旨，以合作协同为途径，以课堂观察评价量表为基础，课堂教学评价以数据为支撑，客观、专业实现对教学过程的评价。

以数据信息的生成分析为逻辑链条，环环相扣。数据生成，评课者进入课堂观察教学，系统收集数据；数据"信息化"，结合具体教学情境，深入分析推论，提取关键结论；制订改进方案，将关键结论转化为富有改进意义的教学决策与策略。这种闭环逻辑的听评课，倒逼授课教师关注教学目标的设定，认真钻研教材，合理开发课程资源，创设真实且富有意义的学习情境，灵活运用多种教学策略，赋能课堂教学提质增效。

（四）分析信度和效度，数据信息倒逼教学改革

在总结性评价中，高信度和高效度都是必须保证的技术指标。但课堂教学评价是过程性评价，在这个过程性评价中，高效度和高信度却不是必要的。即使需要信度，也着重于收集信息的准确性和充分性。评价应能提供足够的信息来推断标准是否达到，即充分性和准确性。教学的效果是否达到预定的学习目标？如果没有达到学习目标，那么教学的效果与学习目标之间的差距有多大？这都需要靠掌握可靠的数据或信息并结合本节课的质性分析来证明。信息不会自己说话，分析赋予了它们意义。数据获取、数据分析、数据匹配，形成可靠的信息反馈。评价必然会产生结果，在本书中，我们更关注结果效度，即评价的运用产生了研究所期望的结果。最明显的结果体现在对被评价者的教学改进。作为被评价者的教师，也是评价结果的使用者，会依据评价结果做出相应的教学决策。

"三步五环成长+"LICC课堂评价模式的重点不在于价值判断，而在于收集课堂教学信息，并做出可靠的推论报告，以倒逼教师自行实施教学改革。正因为这种实践，促使教学改进成了评价的核心功能。

（五）聚焦评价效能，实然反馈驱动螺旋成长

从一定意义上来说，评价即创造持续的关注进步的信息流。所评即所得，在当前的评价范式中，评价收集的信息越具体，越有针对性，对下一步的教学引导就越明确有力，正面影响就越大。实然反馈是指及时的、持续的、有针对性的、能运用的反馈。"三步五环成长+"LICC课堂评价模式激发了教师的专业自主性，生成了课堂的教学智慧。

评价观念、评价知识与评价效能感是教师评价素养的重要组成部分。就某个评价任务或问题来说，教师在合作共同体之间深入探讨时，经过不断交流、碰撞，自己的评价观念被潜移默化地调整和重构。这种听课和评课活动为教师获得同行的宝贵经验、提升

自身教学水平创造了良好机会。对于成长型教师来说，他们更愿意学习和接受促进自身成长的评价理念。通过自觉的、有计划的、持续的专业听评课活动，"三步五环成长+"LICC课堂评价模式驱动教师的螺旋式成长。

（六）反思评价模型，扬长避短发掘合作张力

课堂教学观察往往只能观察师生的行为和课堂呈现的直观现象。这种方法强于展示课堂教学的局部分析诊断，而不善于对课堂事件的整体的、综合的、宏观的把握。所以，教师确定的评价主题应尽量是可观察、可记录、可解释的。因此，采用课堂教学评价法时，就要注意结合教学设计的质性分析，要多人多点合作观察分析，以实现对课堂教学的整体把握。

选取主题，明确观察点，分析出核心概念，结合信息对教学提出适切的建议，这些高阶思维活动对课堂教学评价者的数据分析能力、教学反思能力、理论素养等都提出了较高要求。所以，课堂教学评价者需要接受专业培训，掌握"三步五环成长+"LICC课堂评价模式的流程，以解决评价模式普适性较差的问题。

面对复杂的课堂教学问题，仅凭教师个体的力量难以解决，需要群体的智慧参与，需要教师抱着求同存异、尊重多元的心态，通过倾听、对话、讨论等就交流方式开展合作研究。以合作体为组织依托，可以使课堂教学评价更加专业化。反思"三步五环成长+"LICC课堂评价模式，扬长避短，发掘合作张力，使课堂教学评价更持续、更专业、更有活力。

作为广东省深化新时代教育评价改革试点项目、广东省普通高中新课程新教材实施示范校、广东省中小学教师校本研修示范培育学校的结项成果，"三步五环成长+"LICC课堂评价模式搭建了一个平台，让教育者尝试着从"考试文化"走向"评价文化"，让教学从成绩排名走向素养培育，让教师从考核问责走向专业成长，让学生从被动学习转向主动学习。

序二　LICC 过程性评价赋能课堂提质增效

为深入贯彻落实中共中央、国务院印发的《深化新时代教育评价改革总体方案》（简称《总体方案》），积极开展广东省深化新时代教育评价改革试点工作，以教育评价改革牵引教育领域综合改革，从而建设高质量教育体系，推动新课标、新教材、新教学、新评价，及教师的校本研修工作，湛江市二中海东中学以崔允漷教授的 LICC 课堂观察模式为理论指导，建立了"三步五环成长+"LICC 课堂评价模式。

基于合作、注重证据、旨在改进的课堂理念，此模式回归育人本位，建构评价量表，通过评价报告为课堂提质增效。通过探索与实践此课堂评价模式，湛江市二中海东中学近两年办学声誉大幅提高，教师迅速成长，高中录取线提高 120 分，学校取得了教育部、广东省教育厅的一系列荣誉，在各类全国、省、市学科竞赛中取得 300 多项荣誉。

一、"三步五环成长+" LICC 课堂评价模式的特点

LICC 模式是一种由学生学习（learning）、教师教学（instruction）、课程性质（curriculum）与课堂文化（culture）四个维度构成的课堂评价范式。"三步五环成长+" LICC 课堂评价模式由课前会议、课中观察与课后会议三步持续的专业活动组成。确定观察点、开发量表、课中观察、推论报告、反馈改进，构成"三步五环成长+"LICC 课堂评价模式的五个关键环节。上课老师与评课老师的合作贯穿全程，以问题为导向共同开发观察量表，并以不同方式参与课堂评价。

评价的过程即学习的过程，也是改进的过程。不同于外部的总结性评价（考试），这是过程性评价，其实质在于收集课堂信息。评课提供的信息成为教师做出下一步教学决策的依据。教学、反馈、研究、提升，循环往复，"三步五环成长+"LICC 课堂评价模式以评促教，以评促学，大力促进教师专业化发展。

1. 革故鼎新，更新教师的评价观

评价观念是评价行为的导向，驱动着学生在课堂上学习，影响着教师的教学。教师作为课堂观察评价的关键执行者，需要革故鼎新，建构以评促学的评价观。在假期，学校还号召全体教师阅读华东师范大学崔允漷教授的《课堂观察 LICC 模式》《促进学习的课堂评价》等书，多次组织骨干教师外出学习，分批邀请专家进校对教师进行集体培训。就"减负提质 以减促增""作业牵改革 一子活满盘"等专题，开展全校培训；全校教师统一思想、上下齐心、凝心聚力，共同推进课堂评价改革。

2. **制度牵引，校长会审定评课安排**

以"三步五环成长+"LICC课堂评价模式为内核，确立校本评价制度，发挥制度的牵引作用，学校将每周一下午第八、九节课定为全校教研时间，要求全校每一位教师都参与课堂观察评价，以提高评价的针对性与实效性。为适应深化新课标、新教材、新中考和新高考的需要，更新教学理念，改进教学方法，每个科组根据学科特色以及具体课堂问题，自行编制、修改课堂观察量表，开展有组织、有反馈、有创新、有成果的LICC课堂评价。

3. **校本研修，重塑学校评价文化**

随着广东省校本研修示范校项目"校本研修课堂评价的行动研究"的成功立项，学校借助校本研修强大的组织能力，动用行政力量建立制度，提供财政保障，构建交流平台，使LICC课堂评价模式落地生根，行之有效并推而广之。在学校场域中，评价文化渗透进教育教学的方方面面，并持久地、潜移默化地引导教师形成良好的习惯。基于校本教研的LICC课堂评价就是要改变以往"重考不重评"的惰性，从根本上重塑学校的课堂评价文化。

4. **课题引领，激发教师评价内驱力**

近两年，学校各学科老师先后从各个层面申请了11项省、市LICC课堂评价相关课题，如广东省规划课题、广东省教育研究院专项课题、广东省百千万培训专项课题、湛江市重点规划课题等。在课题的引领下，全校老师努力主动提高自身评价素养，对LICC课堂评价产生了源源不断的学习热忱与动力。

二、"三步五环成长+"LICC课堂评价模式成效显著

1. **办学效益成效显著**

依托"三步五环成长+"LICC课堂评价模式，湛江市二中海东中学被评为广东省深化新时代教育评价试点学校（湛江市唯一入选项目）、湛江市深化新时代教育评价改革试点学校。此模式以教学评一体化为导向，以评促教，使评价更精准有效，教师获得专业化提升，学校实现内涵式发展。由此，学校获得了"广东省双新示范校""广东省校本研修示范校""广东省课改特色学校"等荣誉称号。此评价模式促使学校办学社会声誉不断提高。2022年，湛江市二中海东中学高中入学分数上浮120分。

2. **科组建设品牌凸显**

"三步五环成长+"LICC课堂评价模式以科组为单位开展教学评价。通过评价量表，LICC评价为描述、反思真实的课堂提供了支架，为培训、竞赛、课改、研究提供了一整套话语体系。这套话语体系可以形成深刻的团队精神，形成教研组的品牌。这两年，湛江市二中海东中学语文教研组荣获教育部"国家通用语言文字推广普及先进集体"（广东省唯一获此殊荣的中学）表彰；学校共有4个广东省学科教研基地校落户；英语教研组被评为"湛江市三八红旗集体"。

3. 教师成长催化加速

"三步五环成长+"LICC课堂评价模式直接指向教师的专业成长。2022年2月，湛江市教育局组织优秀教师编印《湛江市义务教育阶段12个学科作业设计与实施示例》给全市义务教育阶段教师参考学习。在这些活动中，湛江市二中海东中学语文、数学、英语三科教师的作业设计被湛江市教育局向全市推广示范。

2021年，在第三届湛江市青年教师教学能力大赛中，学校13位老师获得湛江市一等奖，而全校专职教师仅130余人。2022年，学校26位教师被聘为湛江市兼职教研员。在2022年"基础教育精品课"遴选活动中，24位老师获市级荣誉，5位老师的精品课被评为省级精品课。在2022年广东省"双新优质课"遴选中，学校老师共提交了9节课到市教育局，其中有7节课获湛江市一等奖、4节课获省一等奖、2节课获省二等奖。近两年，教师获国家、省、市各类学科竞赛300余项奖励。

4. 评价研究硕果累累

《"三步五环成长+"语文课堂观察评价模式研究与实践》等十余篇论文发表在《中学语文教学参考》等国家核心期刊上；《从考试文化走向评价文化》获广东省教育厅深化新时代教育评价改革二等奖；《语文课堂LICC理论与实践》《"三步五环成长+"LICC课堂评价》等专著由中山大学出版社出版。2022年，湛江市二中海东中学以课堂评价模式为基础的研究项目获广东省、湛江市基础教育教学成果奖。

5. 成果辐射久久为功

近两年，通过广东省教育厅、广东省教育研究院、南方教研大讲堂以及各高校组织的省培项目，学校教师陆续开设了十余个省级讲座推广我校"三步五环成长+"LICC课堂评价模式，取得良好的推广效果。2023年3月，"三步五环成长+"LICC课堂评价模式成为八个教育评价典型案例之一，经湛江市教育局向全市推广。

2023年8月，湛江市二中海东中学"三步五环成长+"LICC课堂评价模式探索实践作为广东省教育评价改革试点项目，被中共广东省委教育工作领导小组办公室编入《广东教育工作情况》，上报至省委常委、中央教育工作领导小组秘书组秘书局。

21世纪是"课堂革命"的世纪，基础教育改革的主战场在课堂。我们用LICC课堂评价撬动课堂提质增效，实现"真实性教学—真实性评价"，切实推动广东省深化新时代教育评价改革试点项目、广东省普通高中新课程新教材实施示范校、广东省中小学教师校本研修示范培育学校的建设。

目 录

理论篇

"三步五环成长+"LICC课堂评价模式下语文教学评价的实践探究 ……… 戚慧文 / 2
中学数学"三步五环成长+"LICC课堂评价模式研究 ………… 黄小浪 杨小荷 / 6
基于"三步五环成长+"LICC课堂评价模式的高中数学课堂观察与评测 …… 仲 允 / 11
基于"三步五环成长+"LICC课堂评价模式的高中英语课堂评价量表的
 开发及实践 ……………………………………………………………… 袁天磊 / 19
"三步五环成长+"LICC课堂评价模式在思政(道法)课堂的实践和思考
 ——以情境设置的观察点为例 ………………………………………… 陈海滨 / 27
围绕情境的历史课堂自我观察
 ——以高考复习课"战后世界格局的演变"为例 …………………… 关兴业 / 33
基于"三步五环成长+"LICC课堂评价模式的初中地理学生学习行为过程性评价研究
 ——以地理跨学科综合实践课"'藕'遇乾塘,点土成金"为例
 …………………………………………………… 陈 凤 钟倩颖 陈 盼 / 39
基于初中地理核心素养的"三步五环成长+"LICC课堂评价模式研究
 ——以"交通运输"第2课时为例 …………………………………… 欧彩霞 / 46
"三步五环成长+"LICC课堂评价模式在物理课堂的实践与研究
 ——以教学"目标设计"与"目标达成"为例 ……………………… 李 龙 / 54
利用课堂观察提高物理教学中学生活动的有效性 ………………………… 温振锋 / 61
"三步五环成长+"LICC课堂评价模式在化学课堂的实践与研究
 ………………………………………………………………… 王莉萍 黎洪玲 / 67
"三步五环成长+"LICC课堂评价模式对体育听评课的适用性研究 …… 郭元博 / 78
基于核心素养的生物学"情境"资源应用观课量表设计 ………………… 郑玉嫦 / 83

"三步五环成长+"LICC课堂评价模式在信息技术课堂教学中的应用 …… 梁志鹏 / 90

"三步五环成长+"LICC课堂评价模式与中学劳动教育课程评价切适性探究
………………………………………………………………………………… 李 玲 / 96

◆ 实践篇 ◆

课例一 《送东阳马生序》……………………………………… 万杏梅 / 102

课例二 领略中华成语的文化魅力 ……………………………… 梁碧兰 / 110

课例三 公式法解一元二次方程 ………………………………… 谢燕琼 / 121

课例四 数列的递推关系与通项 ……………………… 曹保丽 彭 霞 高 霞 / 128

课例五 Adversity and Courage：Reading and Thinking 阅读教学 ……… 彭文义 / 138

课例六 国家好，大家才会好 …………………………………… 郑 丽 / 151

课例七 高考第一轮复习：从隋唐盛世到五代十国 ……………… 关兴业 / 157

课例八 走进喀斯特 ……………………………… 吴华虹 龙志婵 蒋宁华 / 167

课例九 通过了解硝酸，培养学生科学探究和创新意识 ………… 陈树华 / 178

课例十 改进实验：探究酒精对水蚤心率的影响 ………………… 闫 芳 / 190

课例十一 篮球技战术组合：持球突破与掩护配合 ……………… 鲁嘉杰 / 200

课例十二 局域网的组建方案 …………………………………… 陈绍志 / 208

课例十三 文化游园大揭秘 海油精神共传承 …… 钟倩颖 陈 盼 邱芬慧 / 214

理论篇

"三步五环成长+"LICC课堂评价模式下语文教学评价的实践探究①

戚慧文

摘　要： 本文基于推进课堂评价改革，构建多元评价体系，创新评价工具的时代发展，尝试在教研活动中借助"三步五环成长+"LICC课堂评价模式，开展语文教学评价研究，力图改进传统的听评课习惯及思路，探求更有效的听评课教研模式。

关键词： 核心素养；LICC课堂评价模式；语文课堂评价

2020年10月13日，中共中央、国务院印发了《深化新时代教育评价改革总体方案》（简称《总体方案》），要求落实立德树人根本任务，系统推进教育评价改革。改革的重点任务是推进学校、教师、学生的评价，构建多元评价体系，创新评价工具，完善评价结果运用。2022年教育部修订的《义务教育语文课程标准（2022年版）》提出："倡导课程评价过程性和整体性，重视评价的导向作用。"② 课程评价应该准确反映学生的学习水平和学习状况，考查学生的语文核心素养能力，关注学生学习过程和学习进步，注重评价主体的多元与互动，以及多种评价方式的综合运用，充分利用现代信息技术促进评价方式的变革。

教育部基础教育课程改革工作组专家、华东师范大学课程教学与比较教育研究所所长、博士生导师钟启泉教授在专著《课堂研究》中提到课堂评价乱象有三种表现。

（1）重视"教"的评价，轻视"学"的评价，陷入了"以教论教"的模式，把学生摆在次要地位。

（2）重视单一的学业成绩的评定，轻视综合学历的评价，用"知识点"衡量学生的"学"，违背了素质教育的发展目标。

（3）重视个人层面的评价，轻视集体层面的评价，只是针对学生个人学科的学习过程，忽略了学生之间、师生之间交互作用的过程，导致评价过程不完整，不符合国家培养德智体美劳全面发展接班人的要求。③

LICC课堂观察模式是由华东师范大学崔允漷教授带领其团队在浙江余杭高中经过两年探索实践后提出的一种课堂观察范式。LICC课堂观察模式包括4个维度——学生学习

---

① 本文系湛江市教育科学"十四五"规划2021年重点课题"互动生态课堂评价体系的实践研究"（2021ZJZD016）阶段性研究成果。
② 中华人民共和国教育部：《义务教育语文课程标准（2022年版）》，北京师范大学出版社2022年版，第3页。
③ 参见钟启泉《课堂研究》，华东师范大学出版社2016年版，第130-131页。

（learning）、教师教学（instruction）、课程性质（curriculum）、课堂文化（culture），并根据这4个维度划分了20个视角68个观察点，使得听评课走向专业化。

我们在教学过程中必须扭转只对教师课堂进行教学评价的单一模式，应使评价指向教学改进、教师发展、教育研究、学生学习、学生活动等，要尽力避免评价指标不合理、评价过程不完整等情况。课堂评价方式的转变，会更加关注学生发展核心素养的落地，提升教师专业能力。湛江市二中海东中学语文科组成员在认真学习了华东师范大学崔允漷教授探索实践提出的 LICC 课堂观察模式后，尝试将 LICC 模式运用到语文课堂教学评价中，将基于语文核心素养的培养和基于证据的教学研究结合起来，形成适合语文课堂的"三步五环成长+"LICC 课堂评价模式，使当前的语文课堂观察走向专业化、科学化。

在学科核心素养的基础上，通过不同维度的测评指标来设计评价量表，确定学习目标、情境任务、探究活动、学习资源、学习支架、作业设计6个观察维度，使得课堂评价能够用科学的量表来进行数据分析和阐释，量表也能作为检测评价模式实效作用的依据。通过课堂观察分析，教师们在评课议课中反馈课堂教学是否已经达成学生核心素养的培养。

学习目标是一切教学行为最终取舍的依据，在当前学科核心素养的课程改革导向下，学习目标不仅包括认知维度，还包括知识、技能、情意的综合，甚至包括价值观念、必备品格和关键能力"三位一体"核心素养的反映。因此，对学习目标达成度的观察点应具有广度，应贯穿到整个课堂各个环节中。从学生学习维度中的达成视角来观察，课中有哪些证据证明目标的达成？从教师教学维度中的环节视角来观察，教学环节是怎样围绕目标展开，又是怎样促进学生学习的？从课程性质维度中的目标视角来观察，目标预设的依据是什么？适合学生的水平吗？从课堂文化维度中的思考视角来观察，学习目标怎样体现认知技能？如何关注不同学生的需求？听课者可以从不同的观察点来观察授课教师的学习目标设置是否合适，对学习目标的呈现进行合理的评议。例如，通过学习目标与学生能力水平切合度如何，是否对学生有明确的导向作用，可否进行增减处理等，这样的观察评议能够使得课堂更高效。

在这个评价体系中，在课程标准和核心素养的指导下，教师有了更合理、更完善、更科学的评价内容设置。例如，量表中的情境任务、探究活动和作业设计的评价设置。情境任务是根据学习目标构筑了一定的情景，借助情境，让学生在情境活动中运用语言，提升直觉思维、形象思维，并产生审美体验。这样情境创设就为学科核心素养的表现提供了"舞台"，用《普通高中语文课程标准（2017年版2020年修订）》中的话来说，即"以具体情境为载体"设计典型任务。在学生的学习过程中，教师从真实情境或创设情境的角度切入，让情境任务指向解决实际问题的方法和路径，有助于学生体验发现问题、提出问题、分析问题的过程，形成多种观念和看法，采用能检测学生的认知思维和推理能力以及运用知识去解决真实、有意义的问题的能力的表现性评价。例如，教师常在教学过程中让学生分角色朗读或表演，再现文本情境，目的就是让学生去体验角色的情感、个性，展示人物形象，从而把握人物形象塑造手法、归结形象特点，这样就可以解决单纯的人物讲解带来的枯燥及抽象的问题。在课堂观察评价中，教师就可以从不同的维度、不同的视角设置相同的观察点。在学生学习维度互动视角中,教师可以设计"学生有哪些互动/合作行为?""有哪些行为直接针对问题解决或目标达成?"等问题。教师在教学维度指导中可以设计"怎样指导学生开展活动?""结果怎样?"等问题。教师在课程性质维度实施视角中可以设计"创设了什么样的情境?""结果怎样?"等问题。教师在课堂文化维度民主视角中可以设计"学生参与课堂情况是怎样的?"等问题。根据这些观察点来评价情境任务的效果会更客观、更全面。

新课程标准中提出了学科实践,语文教学中情境任务设计,学生开展合作探究。探究活动是学生思考、师生交流、解决问题的过程,可形成"人文归一、言文融合"的课堂教学新境界。探究活动有利于避免学生简单机械地回答,具体活动可以从"学生活动参与的广度""学生的倾听""学生学习的主动性"等方面进行量化、数据化的关注。例如,从学生的倾听视角可以观察"有多少学生倾听老师的讲课?""倾听多少时间?";从学生学习主动性的视角可以观察"自主学习的时间有多少?""有多少人参与?";从学生互动的视角可以观察"参与小组讨论的人数、时间、过程、结果怎样?"等。这些观察可以形成数据,通过数据来了解探究活动的情况,从而了解学生在课堂的参与度和目标的达成度,能促进教师思考教学环节、教学任务与学生的契合度。

学习资源是指可用于学习的一切资源,分为硬件资源和软件资源。在课堂的有限空间里,教师能够给予学生更多的是软件资源,例如视频音频、课文、导学案、教具等。这些资源都会在课堂上通过各个教学环节展示出来,并具有不同的效果。对学习资源的观察,从学生学习维度的达成视角来看,学生是否都能合理利用学习资源?从教师教学维度的呈现视角来看,在哪个教学环节中呈现学习资源?怎样呈现?是否适当?从课程性质维度的资源视角来看,预设哪些资源?生成哪些资源?向学生推荐哪些课外资源?可达到怎样的程度?从课堂文化维度创新视角来看,教学设计、情境创设与资源利用是怎样体现创新的?学习资源在课堂中的合理利用能极大调动学生学习的积极性和主动性,有利于知识的掌握和能力的培养,有利于增大课堂容量、拓宽学生视野。

"学习支架"一说源于维果斯基社会文化学说中的"脚手架"比喻,即通过支架(教师的帮助)把管理学习的任务逐渐由教师转移给学生自己,最后撤去支架。在支架教学中,教师作为文化的代表引导着教学,使学生掌握、建构、内化那些能使其从事更高认知活动的技能,引导学生从被动学习转为主动学习,支持学生的探究性活动,助力提升学生的核心素养。学习支架对学生的学习影响取决于设计和利用两大方面,所以对其在课堂中的观察,从学生维度来看,学生的参与兴趣状态如何?是否能引发学生思考?从教师教学维度来看,教师如何指导学生利用学习支架?从课程性质维度来看,学习支架出现的时机是否符合学生的思维发展状况?从课堂文化维度来看,学习支架是否有创新意识?对情境效果影响如何?学习支架作为学生展开高质量自主学习的脚手架,能有效地帮助他们主动地解决问题,加深对这一知识领域的理解,在探究活动中习得知识、获得能力、提升素养。

2021年中共中央办公厅、国务院办公厅印发的《关于进一步减轻义务教育阶段学生作业负担和校外培训负担的意见》(简称"双减"),这个政策的目的看似要减少学生过多的学习任务的"量",实质上是要增强学习的"质"。在LICC模式中对"作业"一项的观察评价较为欠缺，一节完整的课堂教学应在教学内容结束后设置作业或拓展训练环节，对教师设计的作业开展评价，如是否能给学生提供发挥和创新的空间，是否有利于测量和培养学生运用知识和技能的能力，是否发挥评价的学情分析和改进教学的功能，等等，这样才能达到以评促学、以评促教的目的。

课堂评价是一个收集学生学习信息、解释信息，并以此为依据实施教学决策的过程；是一种内部评价，所要评价的是学生在学校课程教学过程中获得的学习结果；目的在于改进学生的学习，是一种形成性评价。正如美国教育评价专家斯塔弗尔比姆所指出的，"评价最重要的意图不是为了证明，而是为了改进"。"三步五环成长+"LICC课堂评价模式下的语文课堂评价实践探索，利用课堂评价透视教学规律，增强教师的反思意识，促使教师提升科研能力；对课堂的观察侧重于关注学生的学习状态，能促进学生有效学习。

只有确保语文教育评价改革的完整性、内部一致性和语文评价体系的丰富性，才能使语文评价各个层面、环节一起做出相应的调整，彼此呼应、形成合力。在LICC课堂评价模式理论的基础上结合语文学科核心素养，继续构建量化探究和质性研究相结合的专业化课堂评价框架体系，才能让学生获得符合语文学科规律的学习方法和符合未来发展需要的学习结果，核心素养才能在语文课程体系中真正落地。

参考文献

[1] 钟启泉. 课堂研究［M］. 上海：华东师范大学出版社，2016.

[2] 沈毅，崔允漷. 课堂观察：走向专业的听评课［M］. 上海：华东师范大学出版社，2008.

[3] 瞿葆奎. 教育学文集·教育评价［M］. 北京：人民教育出版社，1989.

中学数学"三步五环成长+"LICC课堂评价模式研究

黄小浪　杨小荷

摘　要：本文深入探讨了中学数学"三步五环成长+"LICC课堂评价模式的应用及其优势和不足。通过对实际教学的调查和访谈，发现LICC课堂评价模式在提高学生的数学能力和自信心方面具有显著的优势，但也存在着一些实施难度和挑战。本文旨在为中学数学教师提供有益的参考，以提高教师的教学质量和学生的学业成绩。

关键词：数学；LICC课堂；评价模式

在中学数学教学中，课堂评价模式对于学生的数学能力和思维的培养具有重要的影响。传统的课堂评价模式往往只注重学生的知识掌握程度，忽略了学生在学习过程中的情感、态度和价值观等方面的发展。为了更好地促进学生的全面发展，诸多教育工作者开始关注并研究新型的课堂评价模式。其中，LICC课堂评价模式作为一种关注学生学习过程和个性发展的评价模式，逐渐受到了人们的广泛关注。

一、课堂评价顺势转变与发展

在中学数学教育领域，教学与评估策略的发展至关重要，因为教育领域正在不断快速发展，并引入了新的技术和方法。教育者越来越意识到，仅仅传授知识不足以满足学生的需求。学生需要培养定量推理能力和问题解决技能，这对于他们未来的学业和职业成功至关重要。中学数学教育扮演着培养这些关键技能的角色，因为它不仅为更高层次的数学教育奠定基础，还鼓励学生思考、分析和解决问题。"三步五环成长+"LICC课堂评价模式作为一种新兴的评价方法，为评估中学数学课堂的有效性提供了一种结构化的方式。传统的评价模式主要侧重于学生的知识掌握程度，而LICC模式更加全面，注重学生的学习过程和个性发展。这种模式的引入可以帮助教育者更好地了解学生的需求，并根据这些需求调整他们的教学策略，以更好地培养学生的数学能力和自信心。在这个背景下，本文旨在深入研究"三步五环成长+"LICC课堂评价模式的应用及其在中学数学教育中的优势和不足。

二、LICC 课堂评价模式在数学教育中的应用

（一）课堂学习目标的实现

在评估"三步五环成长+"LICC 课堂评价模式在中学数学教育中的应用时，首要关注的是课堂学习目标的实现。通过调查和观察实际中学数学课堂，我们发现 LICC 课堂评价模式有助于更有效地实现课堂学习目标。例如，一个典型的学习目标是学习如何解决代数方程式。在传统评价模式下，学生可能只关注得出正确答案，而不了解解题过程。但通过"三步五环成长+"LICC 课堂评价模式，学生被要求解释他们的思维过程，这鼓励他们深入理解数学概念。研究表明，学生在这种情况下更有可能达到课堂学习目标。而且，LICC 评价模式还对个体和协作学生行为产生重要影响。在个体层面，学生更倾向于积极参与，因为他们知道他们的思考过程会受到关注。教师通过这种方式使学生更注重自己的学习过程，而不仅仅是追求答案。在协作层面，这一评价模式鼓励学生共同探讨和合作解决问题，促进了学生之间形成知识分享和互相学习的氛围。例如，学生可以一起研究一个复杂的几何问题，分享他们的思考，并相互提供反馈。因此，LICC 课堂评价模式通过鼓励深思熟虑的学习方法，有助于更好地实现课堂学习目标；其对个体和协作学生行为产生积极影响，有助于提高中学数学教育的质量，培养学生的批判性思维和问题解决能力。

（二）教学材料和资源的有效使用

在研究关于"三步五环成长+"LICC 课堂评价模式的应用时，应重点关注教学材料和资源的有效使用，以及它们在课堂中的应用、与课程目标的一致性和学生参与度。首先，我们对中学数学教育中使用的教学材料和资源进行了深入分析，包括教科书、练习册、多媒体资源和在线工具等。我们研究了如何使用这些材料来支持课堂教学，以及它们在课堂中的角色。例如，数学教师可能会使用教科书中的示例问题来解释新概念，然后提供额外的练习题来巩固学生的理解。然后，我们评估了这些教学材料和资源与课程目标的一致性。我们致力于研究这些资源对于达到课堂学习目标是否有益的。例如，如果课堂目标是培养学生的几何推理能力，那么教材中提供的示例和练习题是否涵盖了这个方面？最后，我们还关注了学生在使用这些教学材料和资源时的参与度，包括学生是否积极参与课堂活动、是否主动提出问题、是否与同学合作解决问题等。例如，当教师提供了一个在线数学模拟工具时，我们研究了学生是否积极使用它，是否与同学分享他们的发现。通过深入分析教学材料和资源的应用，以及评估其与课程目标的一致性和学生参与度，我们可以更全面地了解 LICC 课堂评价模式如何影响中学数学教育。这有助于教育者更好地选择和使用教学资源，以满足课堂目标，并鼓励学生更积极地参与学习。

（三）课堂提问的有效性

在探讨"三步五环成长+"LICC 课堂评价模式的应用时，我们需要深入研究教师的提问技巧和学生的回应质量，以及提问对促进批判性思维和积极参与程度的影响。其一，

我们研究了教师在中学数学课堂上的提问技巧。有效的提问技巧可以引导学生深入思考和探索数学概念。举例而言，一位数学教师可能使用开放性问题，鼓励学生自由表达他们的观点，而不仅仅是寻求标准答案。这种提问方式可以激发学生的好奇心和培养学生的批判性思维。其二，我们评估了学生对教师提问的回应质量。有效的提问应该引导学生提供深入的、有条理的回答，而不仅仅是简单的"对"或"错"。学生的回应质量反映了他们是否真正理解了问题，是否能够用数学概念来解释和支持他们的回答。举例来说，如果教师提问关于几何形状性质的问题，学生的回应应该包括解释性语言和图形支持。其三，我们还评估了提问对于学生的批判性思维和积极参与程度的促进。有效的提问可以激发学生深入思考、分析问题，并表达他们的观点。通过提问，教师可以鼓励学生参与课堂讨论，互相学习，共同解决问题。这有助于培养学生的批判性思维，使他们更积极地参与数学学习。总而言之，教师的提问技巧在"三步五环成长+"LICC 课堂评价模式中扮演着关键角色。通过有效的提问，教师可以引导学生深入思考，促进学生的批判性思维，提高学生的参与度。这有助于提高中学数学教育的质量，培养学生的数学能力和解决问题的技能。

（四）教师的课堂表现和参与

在研究"三步五环成长+"LICC 课堂评价模式的应用时，我们进行了调查，关注了教师在保持学生关注方面的整体效果，以及教师的热情、自信和幽默对课堂参与的影响。首先，我们研究了教师在课堂中保持学生关注度的整体效果。这一步是至关重要的，因为学生只有在专注的情况下才能有效学习。我们观察了教师是否能够引起学生的注意，是否采用吸引人的教学方法，以及是否能够维持课堂秩序。例如，一个数学教师可以使用有趣的数学难题或数学趣闻来吸引学生的注意力，从而更好地保持学生的关注度。其次，我们观察了教师的热情、自信和幽默对课堂参与的影响。热情的教师可能会激发学生对数学的兴趣，自信的教师可能会鼓励学生提出问题和参与讨论，而幽默可以增加课堂氛围的轻松度。例如，一位自信并具有幽默感的数学教师能够减轻学生对数学的紧张感，从而鼓励他们更积极地参与。通过研究教师的课堂表现和参与，我们能更好地了解教师如何影响学生的参与度和学习体验。这有助于教育者更好地营造积极的课堂氛围，提高学生的参与度，从而促进中学数学教育的成功。

（五）学生参与和合作

在研究"三步五环成长+"LICC 课堂评价模式的应用中，我们对学生在课堂中的参与和合作程度进行了分析，并评估了课堂氛围是否具有相互尊重性和包容性。第一，我们观察了学生在课堂中的参与和合作程度。学生的积极参与和合作对于课堂的成功至关重要。我们研究了学生是否主动提出问题、分享观点、与同学合作解决问题，以及是否愿意参与小组或团队项目。例如，在一个合作性数学项目中，学生可能需要共同解决一个复杂的数学难题，这需要良好的合作。第二，我们评估了课堂氛围是否具有相互尊重性和包容性。这种氛围对学生的学习体验至关重要。学生应该会感觉到他们的观点被尊重，他们有权提出问题和表达意见。一个包容性的数学课堂会鼓励学生接受不同的观点，并欢迎观点的多样性，无论是在思考方式还是在数学能力方面。通过分析学生的参与和合作程度，以及评估课堂氛围的相互尊重性和包容性，我们可以更全面地了解 LICC 课堂评价模式对学生学习体验的影响。这有助于创建积极的学习环境，培养学生的合作和沟通技能，并提高中学数学教育的质量。

（六）整体课堂氛围

对整体课堂氛围的研究是探讨"三步五环成长＋"LICC 课堂评价模式应用的关键方面。在本文中，我们总结了整体课堂氛围，包括思考、民主、创新和关怀等元素，并检查了这些元素对学生的激励和表现的影响。一方面，整体课堂氛围是指学生和教师之间的互动和学习环境。它包括是否鼓励思考，是否提倡民主、平等，是否鼓励创新思维，以及是否表现出对学生的关怀和支持等。在积极的课堂氛围中，学生会感受到教师鼓励学生提出问题，表达观点，并尝试用新的方法来解决问题。他们也会感到教师关心他们的学习需求和情感需求。另一方面，这种积极的整体课堂氛围可以激励学生，并对其之后的学习产生深远的影响。学生感受到他们的思考被尊重，就会更有动力去探索和学习。他们可能会更积极地参与课堂学习，提出问题，并尝试新的方法。在课堂上鼓励学生提出不同的解题方法，并给予他们表达自己观点的机会，能激发学生寻找多种解决方案，而不仅仅是追求标准答案。综合而言，整体课堂氛围是 LICC 课堂评价模式中至关重要的因素。它不仅影响学生的被激励水平，还有助于让学生充分表现和全面发展。创造积极的学习环境能促进中学数学教育的发展。

三、"三步五环成长＋" LICC 课堂评价模式在数学教学中的作用

（一）"三步五环成长＋"LICC 课堂评价模式效力

"三步五环成长＋"LICC 课堂评价模式强调了学生参与、合作、创新和沟通的重要性，为中学数学课堂的评估提供了有力的工具。第一，提高学生参与度。"三步五环成长＋"LICC 课堂评价模式鼓励学生积极参与课堂学习，提出问题，分享观点，并与同学合作。这有助于建立积极的学习氛围，能促进学生更深入地理解数学概念。第二，培养学生综合技能。该模式强调创新和沟通，注重培养学生的综合技能，这对于他们未来的学习和职业发展至关重要。第三，关注学生全面发展。"三步五环成长＋"LICC 课堂评价模式不仅关注学科知识，还注重学生的情感、态度和价值观的发展，从而促进学生的全面发展。然而，该模式也存在一些局限性。例如，实施"三步五环成长＋"LICC 课堂评价模式可能需要更多的时间和资源，这可能给教育系统带来挑战。此外，评估学生的创新和沟通技能可能更加主观和复杂，需要教师努力提高专业水平。因此，在实际应用中，教育者需要仔细考虑如何平衡"三步五环成长＋"LICC 课堂评价模式的优点和挑战。综上所述，"三步五环成长＋"LICC 课堂评价模式在中学数学教育中具有显著的适用性和相关性，它强调了学生的参与、合作、创新和沟通，有助于提高学生的数学能力和促进学生全面发展。然而，教育者需要认识到实施该模式可能面临的挑战，努力充分发挥该模式的优势。

（二）对教学和学习的启示

"三步五环成长+"LICC课堂评价模式为教学和学习提供了有益的启示，帮助教育者改进教学策略和课堂管理，以提高学生的学习体验。首先，在教学方面，它促进了学生积极参与课堂学习。LICC模式强调学生参与课堂学习，意味着教育者可以采用互动性更强的教学方法，如提问、小组合作和项目驱动型学习等，这有助于激发学生的兴趣，增强他们的学习动力。该模式还鼓励多样性的评估方法，如采用开放性问题、项目作业等方式，这鼓励教育者综合评估学生的能力，而不仅仅是依赖标准化考试。其次，在课堂管理方面，它建立了支持性的学习环境。LICC模式强调关怀和尊重，这意味着教育者可以努力营造一个有支持性、包容性和尊重性的学习环境，鼓励学生表达自己的观点。同时，教育者还可以通过积极的互动和协作减少课堂混乱，提高课堂的效率。这可以在提供更好的学习体验的同时，确保教学目标得以实现。最后，在改善学生学习体验方面，它增强了学生的自信心。通过鼓励学生分享他们的观点和解决问题，LICC模式有助于学生自信心的培养，这对于学生的学习和未来的发展至关重要。而且，该模式还强调创新和沟通，帮助学生培养综合技能，这些技能对于他们未来的学习和职业成功至关重要。总的来说，"三步五环成长+"LICC课堂评价模式为教育者提供了宝贵的参考，指导他们改进教学策略、课堂管理和学生学习体验。通过强调学生的参与、合作、创新和沟通，该模式有助于创造积极的学习环境，促进学生的全面发展，使中学数学教育更为丰富和有趣。

四、结论

"三步五环成长+"LICC课堂评价模式在中学数学教育中具有广泛的适用性和重要性。这一模式强调学生的参与、合作、创新和沟通，有助于提高学生的数学能力，促进学生全面发展。LICC课堂评价模式的优点包括提高学生的参与度、培养学生的综合技能，以及关注学生的全面发展。然而，实施该模式可能需要更多的教育资源和时间，同时也需要克服一些挑战，如多样性的评估和教师培训。通过"三步五环成长+"LICC课堂评价模式，教育者可以获得宝贵的启示，这些启示能够指导他们改进教学策略、课堂管理和学生学习体验。这有助于营造积极的学习氛围，提高学生的参与度，促进学生的全面发展。综合而言，"三步五环成长+"LICC课堂评价模式为中学数学教育提供了有益的评价工具，有助于提高教育质量，培养学生的数学能力和综合技能。通过不断改进和研究，它可以在未来的中学数学教育中发挥更大的作用。

参考文献

[1] 李艳. 基于LICC课堂观察模式的教学评价研究：以S校初中信息技术课程为例 [D]. 乌鲁木齐：新疆师范大学，2020.

[2] 付连敏. 中学数学课堂教学评价最优化探讨 [J]. 现代农村科技，2017（7）：86.

[3] 修东. 构建中学数学课堂教学质量综合评价模式 [J]. 辽宁教育研究，2003（9）：94-95.

基于"三步五环成长+"LICC课堂评价模式的高中数学课堂观察与评测

仲 允

摘 要：本文基于"三步五环成长+"LICC课堂评价模式中课程性质维度下的评价观察视角，将学生的听、说、读、写、做五个学习行为作为观察点编制观察量表，并通过课堂实践中的观察记录对课堂进行评价。探讨课堂观察量表的优势及局限。

关键词：课堂观察；LICC模式；课堂评价

课堂教学的听课与评课是教师必不可少的教学教研活动，更是新教师快速成长成才的"不二法宝"。每所学校都会要求相应的老师在规定的时间内完成相应的节数的听课和评课。以湛江市二中海东中学为例，新入职的教师每学期要听20节课，中级教师和高级教师也有相应节数的要求。从提升教师自身的业务水平，打磨自身教育功底的角度来说，这无疑是非常必要的，但是从实施的效果来看，却存在许多问题。

一、 传统听评课存在的问题

传统的听评课主要存在三个方面的问题。

一是课前无交流。观察者与被观察者之间在上课之前没有对所讲授内容和讲授对象相关的内容进行较为深入的交流，大多是观察者直接进入课堂进行观察，少数情况下两者之间有短暂的交流，但往往因没有提前准备且时间仓促而浅尝辄止。

二是观察过程太随意。因为学校一般只规定听课节数，而对于如何听课却不做要求，也缺少相应的培训，所以在大多数情况下，听课者在听课过程中都非常随意，且听课关注的重点也各不相同。有的关注教师教的过程，有的关注学生学的状态，有的关注各阶段所占时间比例，有的关注授课教师教学过程中的亮点和不足，等等。观察的关注点全凭观察者的个人喜好，没有统一的标准和安排。

三是课后交流不专业。课后交流做得好，既能让被观察者通过自我反思和观测者的评价明确自身的优势和存在的不足，又能让观察者之间交流不同观点和视角，从而达到互相借鉴、取长补短的效果。但是在大多数情况下，观察者碍于情面，往往对优点进行放大，而对缺点则点到为止，起不到反思提高的效果。大部分观察者只评价教师的教而很少评价学生的学。

二、专业的听评课范式——"三步五环成长+" LICC 课堂评价模式

LICC 课堂观察模式是由崔允漷教授等开发出来的一种听评课范式。LICC 是学生学习（learning）、教师教学（instruction）、课程性质（curriculum）、课堂文化（culture）4 个要素英文开头第一个字母的缩写，该模式整合课堂观察的理念，是一种专业化的、规范化的听评课技术（如图 3-1 所示）。它认为，课堂观察需要具备一定的工作程序，在正式观察前要进行一系列的准备工作，要重视观察后的总结与分析。基于此，湛江市二中海东中学结合学校实情，开发出"三步五环成长+" LICC 课堂评价模式。

LICC 课堂观察框架为："维度—视角—观察点" 3 个层次建构。设置 4 个维度分别为：学生学习、教师教学、课程性质、课堂文化。每个维度又被分为 5 个观察视角，每个视角又开发出 3～5 个观察点，总共 4 个维度、20 个视角、68 个观察点。

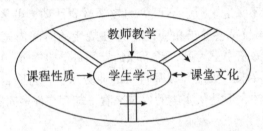

图 3-1 LICC 课堂观察范式模型

（资料来源：沈毅、崔允漷《课堂观察：走向专业的听评课》，华东师范大学出版社 2010 年版）

三、基于"三步五环成长+" LICC 课堂评价模式的校本研修

数学学科组选择"课程性质"这个观察维度下的评价视角为切入点，以学生在课堂教学中的听、说、读、写、做 5 个观察点来进行课堂观察，设计了"数学课堂观察量表——学生学习行为评价信息的获取与利用"课堂观察量表（见表 3-1）。

表 3-1 数学课堂观察量表——学生学习行为评价信息的获取与利用

一级指标	二级指标	评价标准
听	内容来源	A. 老师的讲解；B. 同学的展示；C. 小组的讨论；D. 课件；E. 视频；F. 其他（请说明）
	听的状态（投入程度）	A. 积极投入；B. 反应平淡；C. 消极被动

续表

一级指标	二级指标	评价标准
说	说的内容分类	A. 重复定义定理等规范知识；B. 解题思路；C. 质疑与询问；D. 其他（请说明）
说	说的状态（是否流畅、是否自信、表情是否自然）	A. 说得流畅，表现自信，表情自然；B. 说得一般，表现一般，表情正常；C. 说得词不达意，表现不佳，表情反常（如左顾右盼）
说	说的方式	A. 齐答；B. 不同意见的自由讨论；C. 个人回答；D. 无人回答（每个字母下面用正字记录频数）
读	内容来源	A. 课本；B. 教辅；C. 笔记；D. 其他（请说明）
读	读的方式	A. 老师要求齐读（课前、课中）；B. 课代表组织齐读（课前预备、课中）；C. 老师带领读；D. 自由读；E. 无读
读	读的状态（声音大小、是否整齐、是否有气势）	A. 声音大，读得整齐，有气势；B. 声音一般，读得一般，普通气势；C. 声音小，读得杂乱，有气无力
写	写的方式	A. 默写；B. 做标记（重难点划线等）；C. 记笔记（对比、归纳、补充，例题写规范的解题过程等）；D. 其他（请说明）
写	写的状态（书写是否工整，书写是否及时，内容是否全面）	A. 优良；B. 一般；C. 差
做	做的分类	A. 做题；B. 动手操作（例如折纸、做教具等）；C. 其他（请说明）
做	做的方式	A. 独立完成；B. 同学互助完成；C. 老师帮扶完成；D. 完成
做	做的态度（速度、正确率）	A. 做题速度快，正确率高；B. 自己看书理解，老师、同学帮助才能做完题目，正确率一般；C. 毫无头绪，不会做题

说明：
(1) 课堂中学生的学习行为分为：听、说、读、写、做。
(2) 学生学习行为的评价信息可以分为五大类：听的评价信息、说的评价信息、读的评价信息、写的评价信息、做的评价信息。
(3) 参与人数：A. 全班；B. 大部分；C. 一半；D. 小部分；E. 几个人；F. 无人。
(4) 时间：以分钟为单位。
(5) 评价信息的利用：主要记录①教师和学生对相关信息的利用行为（例如教学行为可能有提问、举例讲解、借助板书讲解、引导、提醒、强调等）；②教师与学生利用相关信息的表情（包括赞许、喜悦、生气、焦急、愤怒等）；③观察者的推论、建议等。

四、LICC 课堂观察模式的实践

（一）课堂观察的步骤

课堂观察一般分为三个阶段：课前会议、课中观察和课后会议。

1. 课前会议

课前会议的目的是为观察者和被观察者、观察者与观察者之间提供一个交流沟通的平台，让观察者和被观察者对课情有所了解。课前会议是对课中观察提前做的一项准备工作，包括了解教学设计、教学环节，明确观察目的，确定观察对象和视角，分配观察任务等。比如，教师要对学生学习过程中的听、说、读、写、做 5 种行为进行观察，首先要了解教学设计环节、教学设计意图及学生基本情况（包括学生学习层次、座位表等），然后准备合适的观察工具，选择合适的观察位置。

2. 课中观察

课中观察需要借助相应的观察技术，制定合适的观察量表，辅以录音录像等工具进行观察和记录。进行观察时，不同的观察者应该有明确的合作分工，各自明确自己的观察任务，根据观察主题和视角选择合适的观察位置和观察角度，做到各司其职，准确记录自己的观察量表。

3. 课后会议

课后会议的主要任务是对课堂观察进行总结、反思和完善。观察者通过与被观察者及时进行沟通，与其他观察者之间进行交流讨论，针对课堂中的一些现象进行反思和追踪访谈，对课堂观察进行分析总结，对被观察者提出改进的建议和对策，并形成观察报告。

（二）课堂观察的实践

针对"学生学习行为评价信息"的观察，湛江市二中海东中学张寅明老师在高一年级上了一节公开课，课题为"9.2.1 总体取值的规律的估计"，观察者将课堂教学中学生的"听、说、读、写、做"这 5 种学习行为作为 5 个观察点。

在课前会议阶段，张寅明老师首先阐述了本节课的教学目标、课堂教学环节、学生层次及分布，以及学生的课前准备情况。各观察者则了解熟悉观察量表的使用，分配观察任务和选择观察位置。

在课中观察过程中，观察者根据准备好的观察量表进行观察记录，各自记录自己的观察任务，详细并准确地记录学生听、说、读、写、做的各项学习行为。在此节选部分观察记录（见表 3-2 至表 3-5）。记录时间为 2023 年 6 月 29 日，由学科组成员共同记录，学科组长魏登科老师整理、汇总。

表 3-2 听的评价信息

环节	学习内容	参与人数	听的内容来源	（投入程度）			听的时间/分钟
				学优生	中档生	学困生	
1	学习目标	B	A	A	A	A	1
2	问题导入	A	A	A	A	B	1
3	频率分布表和频率分布直方图	A	AE	A	A	B	8
4	根据样本数据估计总体情况	A	A	A	A	B	1
5	思考总结	B	B				1
6	当堂训练	A	BC	A	B	C	8
7	高考真题	B	AB				4
8	解题技巧						

表 3-3 说的评价信息

环节	学习内容	参与人数	说的内容分类	（是否流畅、自信，表情是否自然）			说的方式	说的时间/分钟
				学优生	中档生	学困生		
1	学习目标							
2	问题导入	B	C	A	B	C	A	1
3	频率分布表和频率分布直方图	C	B	A	C	C	B	3
4	根据样本数据估计总体情况	C	C	A	\	\	B	3
5	思考总结	B	A	A	A	C	A	2
6	当堂训练	E	B	A	B		C	6
7	高考真题	E	B	A			C	2
8	解题技巧							

表 3-4 写的评价信息

环节	学习内容	写的评价信息				
		参与人数	写的方式	写的状态（书写是否工整、及时，内容是否全面）		写的时间/分钟
				学优生	中档生	学困生
1	学习目标					
2	问题导入					
3	频率分布表和频率分布直方图	A	B	A	A	A
4	根据样本数据估计总体情况	A	B	A	A	A
5	思考总结	C	D	B	B	A
6	当堂训练	B	C	A	A	A
7	高考真题	A	C	A	A	A
8	解题技巧	B	C	B	A	A

表 3-5 做的评价信息

环节	学习内容	做的评价信息				
		参与人数	做的方式	做的状态（速度、正确率）		做的时间/分钟
				学优生	中档生	学困生
1	学习目标					
2	问题导入	\				
3	频率分布表和频率分布直方图	\				
4	根据样本数据估计总体情况	\				
5	思考总结	\				
6	当堂训练	A	A	A	B	
7	高考真题	A	A	A	B	2
8	解题技巧	\				

在课堂观察结束后，科组成员围绕本节课进行探讨。首先张寅明老师对自己本次课的情况做了一个简短的总结和反思，接着观察者根据自己的观察记录情况对张老师的课进行评价。大家一致认为，本节课目标明确、重点突出，课前预习工作安排到位，课堂中学生的主体地位得到充分体现。之后笔者汇总各位观察者的观察记录，并与被观察者协商达成较一致的观点，结合课前、课中和课后的观察交流，形成研究报告。

在听的评价中，听的人数分为：A. 全班；B. 大部分；C. 一半；D. 小部分；

E. 几个人；F. 无人。听的来源分为：A. 老师的讲解；B. 同学的展示；C. 小组的讨论；D. 课件；E. 视频；F. 其他（请说明）等。听的状态（投入程度）分为：A. 积极投入；B. 反应平淡；C. 消极被动。在本节课中，从听的人数来看，几乎全班都能积极参与听课活动。听的内容则丰富多样，既有老师讲解，又有同学展示，还有小组讨论和视频。在听的状态这一项，学优生的评价全部为 A，中档生评价为 A 的情况也达到了 80%，而学困生评价为 A 的情况仅为 20%（如图 3-2 所示）。这说明对于学优生和中档生来说，绝大部分学习内容是可以当堂课掌握、吸收的，此堂课基本达到了课前预设的目标，但是，学困生对知识的掌握情况不容乐观，还需要老师在课后做进一步的指导。

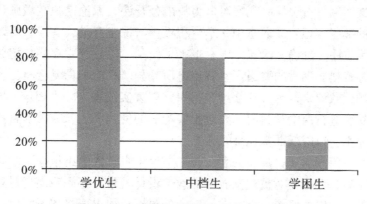

图 3-2 各类学生听的状态所占比例统计

在说的评价中，说的人数分为：A. 全班；B. 大部分；C. 一半；D. 小部分；E. 几个人；F. 无人。说的内容分为：A. 重复定义定理等规范知识；B 解题思路；C. 质疑与询问；D. 其他（请说明）等。说的状态（是否流畅、自信，表情是否自然）分为：A. 说得流畅，表现自信，表情自然；B. 说得一般，表现一般，表情正常；C. 说得词不达意，表现不佳，表情反常（如左顾右盼）。说的方式分为：A. 齐答；B. 不同意见的自由讨论；C. 个人回答；D. 无人回答（每个字母下面用正字记录频数）。在本节课中，从说的参与人数来看，明显要少于听这项活动的参与人数。其中，在齐答时，大部分的同学能够参与；在不同意见的自由讨论部分，大约有一半的同学参与；在个人回答阶段，则全部是由学优生作答。

因为整节课没有涉及读的内容，所以没有记录数据。在写的记录数据中，全班或大多数同学都能认真参与。在书写的认真程度方面，反而是学困生做得最好，说明学困生的学习态度是认真的，有学好数学的内在动力，但仍需要老师耐心引导。做的评价信息主要集中在当堂训练和高考真题训练这两个环节，全班同学都能认真参与，学优生基本能够自己独立完成，中档生和学困生则需要同学互助完成。

总之，这节课教学目标明确，教学形式丰富多样，在教师的引导下，大部分同学能够积极主动地参与到听、说、读、写、做的各种学习活动中。本节课充分发挥了教师的主导作用，突出了学生的学习主体地位，调动了学生的学习积极性和主观能动性。大部分学生能够紧跟教师的节奏，掌握本节课所教授的内容，少部分的学困生在学习过程中存在学习困难，还需要教师课后进一步辅导。

五、总结

　　本文将课堂中学生的学习行为分为听、说、读、写、做 5 个观察点，依据"三步五环成长+"LICC 课堂评价模式中的课程性质维度的评价这一观察视角，编制了中学数学课堂观察量表。通过案例分析，对听、说、读、写、做 5 个观察点进行观察、记录和评价，对数学课堂观察量表进行实践性研究。本文的研究对课堂观察实践研究有一定的参考和借鉴价值，但也存在一些不足。

　　首先，本文案例分析选择的观察对象为校内公开课，无论是执教教师还是学生，都做了非常充分的准备和预习。课堂中，学生积极参与课堂互动，有序、高效地完成课堂合作探究，展示有序、准确，给课堂观察带来了便利，但是课堂存在一定的表演性，观察得到的数据和资料与平时的普通课堂肯定有所差异。平时的课堂会有更多的突发状况和与学习无关的无效课堂行为，这会给进行课堂观察实践带来较大困难，因此，在用本文编制的观察量表进行课堂观察时，要对观察量表的使用和记录方法非常熟悉，并且要遵循抓大放小原则，以降低课堂观察的难度。

　　其次，本文中编制的观察量表是湛江市二中海东中学数学组根据本学科特点进行编制的课堂观察量表，无论是对被观察教师的教学设计要求，还是观察者对观察量表的使用熟练程度，都有一定的要求，也具有一定的局限性。如果要将本研究应用于其他模式的课堂观察，需要进行相应的调整和改进。

参考文献

沈毅，崔允漷. 课堂观察：走向专业的听评课 [M]. 上海：华东师范大学出版社，2008.

基于"三步五环成长+"LICC课堂评价模式的高中英语课堂评价量表的开发及实践

袁天磊

摘　要：基于中共中央、国务院印发的《深化新时代教育评价改革总体方案》的宏大背景，笔者作为深耕高中英语一线教学20多年的教师，积极响应国家教育改革号召，内化教育教学改革新理念，研究高中英语课堂评价量表的架构，学习LICC课堂观察模式，以"教、学、评"一体化教学思想为指导，创新评价形式，拓宽评价主体，开发英语课堂评价量表，为有效评价教师的教和学生的学提供依据。

关键词：高中英语教学评价；量表

一、课堂评价量表开发之缘由

（1）国家深化评价改革方案的提出。2020年10月，中共中央、国务院印发的《深化新时代教育评价改革总体方案》提出，要改革学校评价，推进落实立德树人根本任务；要改革教师评价，推进践行教书育人使命；要改革学生评价，促进德智体美劳全面发展。同时，构建多元评价体系，创新评价工具，完善评价结果运用。

（2）英语学科新课标课程评价提出的建议。《普通高中英语课程标准（2017年版2020年修订）》在评价建议中指出，基于英语学科核心素养的教学评价应以形成性评价为主并辅以终结性评价，定量评价与定性评价相结合，注重评价主体的多元化、评价形式的多样化、评价内容的全面性和评价目标的多维化。通过评价，可以促进学生英语学科核心素养的全面发展，提高教师教育教学水平，改进学校管理方法，促进英语课程的不断发展和完善。

（3）国内研究现状。2010年，崔允漷在《论指向教学改进的课堂观察LICC模式》中介绍了一种新的课堂观察模式。该模式认为，课堂教学由学生学习（learning）、教师教学（instruction）、课程性质（curriculum）与课堂文化（culture）4个维度组成，故简称"LICC模式"。该模式由课前会议、课中观察与课后会议三步持续的专业活动组成，它强调专业的听评课必须基于合作、注重证据、崇尚研究。LICC模式从4个维度、20个视角、68个观察点进行课堂观察，在长三角地区得到迅速推广，成为许多学校校本研修活动的首选。

（4）关于"教、学、评"一体化。"教、学、评"一体化是日本学者水越敏行等人提出的教学评价原则，它以多元智能理论、建构主义和后现代主义为理论依据，认为评价的直接目的是改善教学，最终目的是促进学生的发展；评价应贯穿于教学活动之中，是一个"教与学—教与评—再教与学"的相互融通的循环过程。它呈现了持续评价教与学的目标达成度、教与学的进步度、决定教与学的需求并使之呈现调整完善的螺旋上升的态势,丰富了学生学习的过程,使教学和评价更有意义。

(5)目前面临的评价难题。课堂评价评课人员对课程标准的理解不够精准,课堂观察角度不够全面,课堂评价缺乏专业性;课堂教学缺少测评活动来建立教与学的联系,缺少评价量表对教师的教学和学生的学习成效进行标准量化。这不利于学习目标的及时调整和有效达成,导致无法设计与学习目标匹配的评价任务和选择恰当的评价方式。

鉴于上述缘由,笔者在教学实践中,研究开发出"三步五环成长+"LICC课堂评价模式"教、学、评"一体化的评价量表,为优化教学评价量表做出尝试。

二、课堂评价量表开发及实践过程、成果

课堂评价量表开发及实践过程是一个科学、系统的过程。笔者依托课堂主阵地,基于LICC课堂观察法的指导,借鉴多元智能理论等教育学理论,在发展学生英语学科核心素养的基础上,构建英语学科课堂评价系列,即创建精细化量化表格,对课堂教学中教师的"导"和学生的"学"进行评价,实现教师、学生与课堂三位一体,师生是评价的对象,亦是评价主体。这样做可以有效促进学生学习,提高教师专业素养,达到"教、学、评"一体化。

LICC课堂观察框架为教师选择观察点、选择或开发观察量表提供了参照体系。笔者创建的课堂评价量表也是基于该框架,其操作流程如图4-1所示。

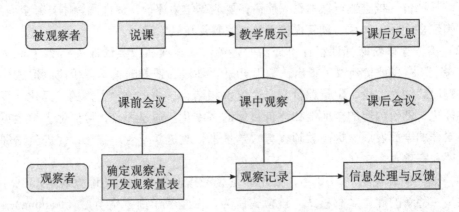

图4-1 基于"三步五环成长+"LICC课堂评价模式的高中英语课堂观察框架流程

笔者参照LICC课堂模式中课前会议、课中观察和课后会议三个环节,依据湛江市二中海东中学教师和学生的实情,在2021年学校被推为湛江市唯一的广东省深化教育评价改革试点校后实施课堂教学评价研究和改革的基础上,与科组团队一道创建了学校英语学科第一代课堂评价量表,并将其应用于课堂实践。

以钟洁瑜老师的授课——"新高考读后续写系列之无灵主语+有灵动词思维训练"的课堂观察为例。从参与课堂教学评价的观察者的资料中选取了高老师的观察记录和观课评感。本表在LICC课堂模式的基础上基于学情进行创新,选取了3个观察维度和12

个分级指标。

第一代高中英语课堂教学评价量表见表4-1。

表4-1 课堂教学评价表——课堂整体评价

维度	指标	指标描述	观课评感
学生学习（L）	学习准备	学生学习准备形式（预习、前测）灵活√，学习动机高，教师有组织√、有评估	学生整体活跃程度高
	倾听	学生认真听教师讲课√、同学发言√，辅助行为（记录√、查阅、回应√）得当	学生参与度高，教师在授课期间提醒过1次做笔记
	学生互动	合作互动形式多样，参与人数多√，质量高	
	自主学习	自主学习时间得当√、形式多样、有序、质量高	自主活动就是词组归类和写句子
教师教学（I）	教学行为	讲解：表达清晰√、逻辑性强√	钟洁瑜老师的强项
		提问：面向全体√、解答及时√	
		板书：布局清晰、紧扣目标√、与多媒体协调√	希沃平台运用得当
		信息化媒介：设计科学√、使用适度√	奥斯卡获奖视频的引入非常适切
	指导学习	创设情景化活动，指导学生开展自主、合作、探究三种学习，指示清晰√、组织有方√、评价及时√	自评表中"must""should""could"三个层次的要求明确，评价有效
	教学机智	教学生成合理√，突发情况处理得当，体现一定特色	
	教学特质	个人教学风格明显√、独特√	
课堂氛围（C）	思考	问题引发思考√、思考度深、学生思考氛围浓√	
	民主	教学行为民主化√，人际关系和谐√，课堂氛围融洽√	
	创新	教学设计有新意√，情境创设有新意，学生成处理巧妙，教学促进学生创新思维	无灵主语+有灵动词作为读后续写提分点的切入比较创新
	关怀	面向全体√，关怀特殊、困难学生，话语和行为体现关爱	

注：观课者可直接在"指标描述"栏相应位置√，有亮点可在"观课评感"栏用简要文字描述。

高老师详细观察钟老师的课堂，除了在课堂评价量表中标出本节课的亮点以外，还备注了课前要探讨的问题以及课后观察带来的思考，形成了有条例、有逻辑的课前、课中、课后三个闭环的课堂观察评价成果。

为了更加详细描述钟洁瑜老师的授课,科组全体教师分别就课前会议、课中观察和课后会议进行记录。表4-2、表4-3分别是对钟老师的课堂教学评价课前会议和课后会议的实录摘要。

表4-2 基于"三步五环成长+"LICC课堂评价模式的高中英语课堂课前会议摘要

序号	环节	要点
1	执教教师说课	学情分析:高三(3)班以艺体生为主,学生文化基础薄弱,读后续写是难点,部分学生无从下手,需要教师教授答题技巧,力争写出吸睛句子,提高得分点
2	听课教师与执教教师交流	因材施教的做法可取,但无灵主语的概念是什么?如何转换学生的中英文思维差异?学生的表现是否能达成预期授课目标?课堂节奏和教学难易度是否可以准确把握
3	本节课主要观察任务	课堂是否融入新课标提倡的单元整体教学视域下的英语课堂思政功能实践探索,是否培养学生"学—用—评"一体化的言语思维、跨国际文化意识

表4-3 基于"三步五环成长+"LICC课堂评价模式的高中英语课堂课后会议摘要

序号	环节	要点
1	执教教师反思	基本上顺利落实了本节课的教学目标和任务。学生从教师搭建的单词、短语到句子的阶梯中领悟答题技巧并且运用得不错,能据此仿写出一两句读后续写中吸睛的无灵主语的衔接句子和第一段续写,效果良好
2	观课教师交流	是否一定要仿写样句?如何教会学生灵活多变应对写作?本节课帮助学生对比和纠正了中英文思维差异,力求达成地道的英语思维。从学情出发,教学节奏适中,学生有充分的讨论和生成新知识的时间,实现了教师主导,学生主体的教学目标
3	本次观课的效果评述(呼应课前确定的观察点)	钟洁瑜老师达成了根据学情设定的教学目标,课堂内容落实到位,学生思维与课堂节奏匹配,上课手段新颖,由易到难,层层铺垫,生生互动、师生互动、小组互动活动落到实处,教学中充分体现"学、用、评"一体化,完成了从"仿写"到"敢写"到"写好"的写作进化过程。同时通过教学内容贯彻了思政教育理念——捡到手机后通过破除语言障碍将失物完璧归赵的拾金不昧的良好品德。机主也表达了感激之情

从表格中的记录情况来看,优点是观察者按照预先设计评价量表从3个观察维度和12个分级指标对被观察者的课堂进行了比较全面的诊断和评价,提取了课堂观察维度和观察点呈现的信息,为交流、讨论和思考提供了依据。不足之处在于教师没有很清晰地紧扣《普通高中英语课程标准(2017年版2020年修订)》中列举的学生英语学科核心素养,授课教师挖掘和培养学生素养的能力有待完善。

课堂教学评价表是一个动态变化的过程,根据不断观察不同类型老师、不同层次学生的表现,持续完善评价指标。基于此,笔者与科组教师深度学习《普通高中英语课程标准（2017年版2020年修订）》，挖掘学生英语学科核心素养，不断总结和反思第一代英语课堂教学评价量表，以课程性质、学生学习、教师教学为观察维度，生成了第二代英语课堂教学评价量表（见表4-4）。

1. 评价标准

表4-4 课堂教学评价表——教学目标的设计与达成

一级指标	二级指标	指标说明	记录说明
目标设计	C1. 教学语境	教师设计了什么活动或语境	以"1""2"等编号，将内容记录在观察量表"教学情景"区域
	D1. 语言能力	具有一定的语言意识和英语语感，在常见的具体语境中整合性地运用已有的语言知识，理解口头和书面语篇所表达的意义，识别其恰当表意所采用的手段，有效地使用口语和书面语表达意义和进行人际交流	A1. 语言意识和语感；A2. 理解语篇表达的意义；A3. 识别采用的表达手段；A4. 有效地使用口语和书面语表达意义和人际交流
	D2. 文化意识	获得文化知识，理解文化内涵，比较文化异同，汲取文化精华，形成正确的价值观，坚定文化自信，塑造自尊、自信、自强的良好品格，具备一定的跨文化沟通和传播中华文化的能力	B1. 获得文化知识、理解文化内涵、比较文化异同、汲取文化精华；B2. 树立正确的价值观；B3. 培养自尊、自强、自信的良好品格；B4. 培养跨文化沟通、传播中华文化的能力
	D3. 思维品质	能辨析语言和文化中的具体现象，梳理、概括信息，建构新概念，分析、推断信息的逻辑关系，正确评判各种思想观点，创造性地表达自己的观点，具备多元思维的意识和创新思维的能力	C1. 辨析具体现象；C2. 建构新概念；C3. 分析、推断信息的逻辑关系；C4. 正确评判各种思想观点，创造性地表达自己的观点；C5. 具备多元思维意识和创新思维能力
	D4. 学习能力	树立正确的英语学习观，保持对英语学习的兴趣，具有明确的学习目标，能够多渠道获取英语学习资源，有效规划学习时间和学习任务，选择恰当的学习策略与方法，监控、评价、反思和调整自己的学习内容和进程，逐步提高使用英语学习其他学科知识的意识和能力	D1. 树立正确的英语学习观；D2. 具有明确的学习目标；D3. 多渠道获取英语学习资源；D4. 有效规划学习时间和学习任务；D5. 选择恰当的策略与方法

续表

一级指标	二级指标	指标说明	记录说明
目标达成	R1. 目标有效性	目标是否贴近学生实际	A. 密切；B. 一般；C. 脱离
	R2. 目标规范性	目标是否体现课标要求	A. 符合；B. 一般；C. 不符合
	R3. 目标清晰度	目标是否简约、明晰	A. 明晰；B. 牵强；C. 模糊
	R4. 知识联系性	目标是否体现前后知识的联系	A. 充分体现；B. 一般；C. 未体现
	R5. 目标切合度	学生对各目标任务的切合度	A. 切合；B. 一般；C. 不切合
	R6. 目标持续性	短期目标是否具有长效性内涵	A. 具有；B. 一般；C. 不具有
	R7. 课堂互动	教师是否有恰当的方法点拨	A. 恰当；B. 一般；C. 不恰当
	R8. 教师评价	教师是否有针对目标任务的恰当评价	A. 恰当；B. 一般；C. 不恰当
	R9. 学生评价	学生之间展开生成评价情况	A. 积极；B. 一般；C. 不能生成

该评价量表体现了以下两大创新之处。

（1）评价维度创新：以教学语境、语言能力、文化意识、思维品质和学习能力评价为核心，设计课堂教学评价量化表格，围绕学生发展维度、素养、要素，从活动内容、行为表现、实证材料活动展示效果等方面，采用学生自评、生生互评多元评价组成活动课堂评价量化表格，评价标准丰富化，从多元角度考查学生。

（2）评价途径创新：确定观测角度，设计量表，记录数据，结合数据的分析和推论，进行常规课堂评价。通过观察、记录、分析学生在活动课程中的表现，依据学生核心素养发展指标，进行活动课堂评价，使得评价更为全面、科学、完整。在课堂评价常态化的同时，开展阶段性师生问卷调查和访谈，量化评价与质性评价相结合，以提高评价系统的效度。

2. 观察量表

彭老师利用新开发的评价量表对吴老师的阅读课进行了多角度观察，将目标设计和目标达成分解成14个分级指标，分别进行定量和定性评价。从表4-5中的各项指标可以发现，吴老师的课堂教学质量很高，达成了预期目标，整体效果好。

表 4-5　基于"三步五环成长＋"LICC 课堂评价模式的高中英语课堂观察评价量表

日期：2023-5-14				星期：一				第 8 节			
年级：初一				学科：英语				课题：Unit10 I'd Like Some Noodles			
课型：阅读				被观察者：吴老师				观察者：彭老师			

	目标设计				目标达成							
C1.教学语境	D1.语言能力	D2.文化意识	D3.思维品质	D4.学习能力	R1.目标有效性	R2.目标规范性	R3.目标清晰度	R4.知识联系性	R5.目标切合度	R6.目标持续性	R7.课堂互动	R8.教师评价	R9.学生评价
1	A1	B4	C5	D2	A	A	B	A	A	B	B	A	A
2	A2	B4	C4	D5	A	B	A	A	B	A	A	A	B
3	A4	B2	C4	D2	B	A	A	A	A	A	B	A	A
4	A4	B1	C3	D2	A	B	A	C	A	B	A	B	A
5	A3	B3	C2	D1	A	A	C	B	A	B	A	A	C

3. 课堂评价量表开发及实践反思

笔者通过课堂评价体系的实践探索，关注中学英语课堂"教、学、评"一体化理念下的评价量表的开发和成效，深挖"教、学、评"三者之间的关系，集科组力量对量表的开发、使用策略、成效等多方面展开研究。

（1）助力构建"教、学、评"一体化课堂教学。构建符合新课标评价建议要求的"教、学、评"一体化评价量表，搭建课堂教学内容和学科核心素养之间的联系，有效测评学生课堂听课成效，提升学生的学科核心素养。

（2）助力观察课堂，有效反馈教师课堂教学成效。

（3）助力学校调控管理措施。学校根据收集到的针对同一位教师的多次评价反馈，可以了解和诊断这位教师的教学能力，便于学校灵活调控管理措施，提升管理成效。最后，助力推动教育教学改革的健康发展。

参考文献

[1] 崔允漷. 论课堂观察 LICC 范式：一种专业的听评课 [J]. 教育研究，2012 (5)：79-83.

[2] 沈毅，崔允漷. 课堂观察：走向专业的听评课 [M]. 上海：华东师范大学出版社，2008.

[3] 中华人民共和国教育部. 普通高中英语课程标准（2017年版2020年修订）[M]. 北京：人民教育出版社，2020.

[4] 新华社. 深化新时代教育评价改革总体方案[EB/OL]. (2020-10-13)[2023-12-20]. https://www.gov.cn/zhengce/2020-10/13/content_5551032.htm.

"三步五环成长+"LICC课堂评价模式在思政（道法）课堂的实践和思考

——以情境设置的观察点为例

陈海滨

摘　要：政治科组借鉴 LICC 课堂观察评价模式，形成了可操作的、有本学科特色的"三步五环成长+"LICC 课堂评价模式，最主要的成效是以更规范更科学的教研范式引导课堂教学的发展，授课老师在反馈和反思中，改进了教学设计能力，改善了学生的课堂学习。针对其在实践中存在的不足和问题，本文进行了思考和分析，并提出了改进的设想。

关键词：课堂观察评价法；思政（道法）课堂；实践和思考

无论是高中思政的课程标准，还是初中道法的课程标准，都强调以具体的真实情境为依托，引导学生在执行任务的过程中发展学科核心素养。作为广东省的校本研修示范项目，"三步五环成长+"LICC 课堂评价模式在湛江市二中海东中学课堂已实施两年。本文以情境的设置为观察点，谈谈"三步五环成长+"LICC 课堂评价模式在思政（道法）（简称"思政"）课堂实施中的经验与不足。

一、主要的经验与做法

政治科组借鉴 LICC 课堂观察评价模式，形成了可操作的有本学科特色的课堂观察评价法。

（一）一般做法

学科组执行"三步五环成长+"LICC 课堂评价模式。

课前准备：备课组接到公开课任务后，进行集体备课，确定主备课人和上课老师，根据课程性质内容和学生实际选择确定课堂的观察点，上报教研组和学校教研处，并提前制作课堂观察量表。在周一下午的教研活动时间，提前30分钟召开课前会议，上公开课的老师向全体听课老师讲述本节课共创设的几个情境、预设要实现的教学目标、要促进学生哪种核心素养、学情分析等，观课老师对预设的教学情境和教学目标做好记录，填写在观察量表上。

在观课环节，观课老师严格执行课前商议好的观察计划，按照量表的指标观察，做好观课记录。

在课后会议上，上公开课的老师对本节课的情况进行小结和反思，观课老师根据观察点和评价量表对这一节课进行分析评价，并提出指导意见。

（二）科组开发出符合教学教研实际的课堂评价量表

以教学评价量表"教学情境的创设与利用"为例。评价量表细化为2个一级指标，14个二级指标。

一级指标"教学情境的创设"下有7个二级指标：教学情境（教师创设了什么情境）、学习目标（情境为了实现哪些学习目标）、呈现形式（情境以怎样的形式呈现）、新颖性（情境是否与时俱进或别出心裁）、生活化（情境是否与生产、生活密切联系）、问题意识（情境是否产生问题并使问题指向清晰）、适切性（情境是否适合学习要求和学生特点）。

一级指标"教学情境的利用"下也包括7个二级指标，如素养导向（情境促进了学生哪种核心素养的培养）、认知导向（情境发展了学生哪种认知能力）、课堂互动（情境作用下的师生、生生互动情况）、学生表情（情境作用下大多数学生的学习表情）、学习状态（情境作用下学生参与学习的状态）等。

此评价量表涵盖了学生学习、教师教学、课程性质、课堂文化4个观察维度的多个视角。

（三）观课老师带着任务，有所侧重地观课和评课

例如，Z老师上"公平正义的价值"一课，设置了情境一：分析故事知公平——"分黄金"的故事。古时候，一位父亲临终前要把四锭等重的黄金分给三个儿子。三个儿子中，大儿子精明能干，为赚取这四锭黄金出力最多；二儿子能力一般，但很有孝心，在父亲生病时，端茶送药，最得父亲喜欢；三儿子身残体弱，为人善良，父亲最担心他以后的生计。请你思考以下四个问题。

（1）假如你是这位父亲，你会怎样分配这四锭黄金？为什么？
（2）故事析理：结合"分黄金"的故事，谈谈你对公平的看法。
（3）故事深究：同学们设计的各种分配方法的相同点是什么？
（4）故事设想：父亲公平分配黄金对个人与家庭会起到什么作用？

A组老师（5人）侧重观察和记录的是：情境为了实现哪些学习目标；情境促进了学生哪种核心素养的培养（A. 政治认同；B. 道德修养；C. 法治观念；D. 健全人格；E. 责任意识）；情境发展了学生哪种认知能力（A. 综合/分析评价；B. 理解/应用；C. 识记）。

A组老师的观课记录统计：在情境促进了学生哪种核心素养的培养的选项上，4名老师选了B（道德修养）和E（责任意识），1名老师选了A（政治认同）、B（道德修养）和E（责任意识）。在情境发展了学生哪种认知能力的选项上，3名老师选了A（综合/分析评价）和B（理解/应用），2名老师选了A（综合/分析评价）、B（理解/应用）、C（识记）。

在评课总结时，A组老师代表的发言主要有：情境一及学习任务引导学生认识和理解公平的现象、内涵及价值。通过阅读思考和探究展示，引导学生去认识、分析公平的分配方法，从个人和家庭的角度去理解公平的作用，这有利于培养学生的公平感、正义

感素养，引导学生正确对待社会生活中的不公平现象，提升学生的道德修养。通过对公平正义的学习，有利于培养学生崇尚公平、追求正义，培养学生的责任意识，引导学生努力做遵纪守法、有正义感的好公民。

B组老师（5人）侧重观察和记录的是：情境作用下师生、生生互动情况（A. 整体互动；B. 个别互动；C. 不互动），情境作用下大多数学生的学习表情（A. 兴奋/感动/震撼；B. 一般；C. 无所谓），情境作用下学生参与学习的状态（A. 积极投入；B. 反应平淡；C. 消极被动）。

B组老师的观课记录统计：在互动情况的选项上，5名老师选了A（整体互动）。在学习表情的选项上，4名老师选了A（兴奋/感动/震撼），1名老师选了B（一般）。在学习状态的选项上，5名老师选了A（积极投入）。

在评课总结时，B组老师代表的发言主要有：此情境以故事的形式为背景并引出的探究问题，贴近生活实际，围绕教材知识，是学生感兴趣的。学生乐于参与交流探讨并尝试展示，积极投入课堂，使课堂氛围轻松愉快，师生对话融洽，生生互动踊跃。例如，一名学生在阐述分配黄金时提出平分，受到了其他同学的质疑和反驳，马上就有小组代表申请发言："大儿子精明，二儿子有孝心，一人一锭，三儿子生计困难自然理应多分，这也符合中华传统。"从学生投入课堂的程度可以说明，本情境创设的适切性和有效性高。

二、对教与学的引导与促进作用

课堂观察评价法最主要的成效是以更规范、更科学的教研范式引导课堂教学的发展。观察成员和被观察的老师在观评课过程中，共同探讨，交流互鉴，共同进步；上课老师在反馈和反思中，提升了教学设计能力，改善了学生的课堂学习。以教师在教学情境的创设方面为例，授课老师在观评课后的进步明显可见。

（一）认知导向上：关注学生的成长需求

案例1，Y老师在上公开课"价值的创造与实现"时，引用2022年度感动中国人物徐淙祥的事迹创设教学情境，设置了情境探究任务：如果你是徐淙祥，你会把一生都扎根在田间地头苦干实干吗？为什么？他的故事对实现人生价值有何启示？

此情境试图引导学生像徐淙祥那样在劳动和奉献中创造价值，但无法让学生真正从自身的立场去思考和判断模范人物的价值，也没有引导学生去思考个人独特的实现人生价值的方式。经过观课议课和反思反馈后，该老师将情境创设修改为：观看视频《麦王徐淙祥》，探究以下三个问题。

（1）你如何评价徐淙祥一生都扎根在田间地头苦干、实干的事迹？

（2）徐淙祥曾说过："作为一名共产党员，最重要的精神就是奉献。"你觉得徐淙祥的人生价值是如何实现的？

（3）你打算怎样度过一生，什么样的人生才是幸福的？

这样的设置让学生真正从自身的角度去思考情境中的故事和问题，主动参与获取知识的过程，在深度的参与中去了解和掌握必备知识。

(二) 能力培养上：遵循学生的认知规律

案例2，Z老师在上公开课"公平正义的价值"前，集体备课，拟采用社会热点"唐山烧烤店打人事件"创设教学情境，设置了情境探究任务：观看视频——聚焦"唐山烧烤店打人事件"，明确正义的要求、价值是什么？探究什么叫正义？什么叫非正义？打人者受到正义审判有什么价值？对打人者的审判结果体现了正义的哪些要求？

备课组其他成员对照"教学情境的创设与利用"评价量表，认为：设置的三个探究任务目的性强，学习任务与理论知识的对接性好，但也存在两个问题，一是任务直接指向正义的内涵、价值与要求，而正义的内涵和价值具有较强的抽象性，没有经历感性认识再上升到理性认识的过程，直接指向理论知识违背了学生的认知规律；二是设置的问题简单浅显，只停留在解决"是什么"的层面，没有制造思维的冲突和思辨。因此，Z老师在公开课上，将此教学情境探究任务修正如下：

（1）观看视频——聚焦"唐山烧烤店打人事件"，如何评判打人者的行为？

（2）辨一辨：视频中，打人者及同伴、受害者及同伴、饭店老板、围观者，他们的哪些行为是正义行为？哪些行为是非正义行为？

（3）有人说，诉讼是维护公平正义的最后一道屏障，因此，当我们遇到不公不义时，应积极打官司，请你辨一辨。结合本节课所学知识，分析打人者受到正义审判的价值。

（4）唐山烧烤店打人案的快速侦破和审判，体现了正义的哪些要求？

教学情境探究任务修正后，学生能从视频的具体情境中去理解抽象的理论知识，能结合实例去论证知识，而不是简单识记；能在思维冲突中去思考和分析问题，而不是被动接受。

(三) 情感认同上：重视学生的真实体验

案例3，C老师在上公开课"全民守法"时，借用四川破获重大跨省考试作弊案创设教学情境：四川泸州警方破获一建、监理等特大跨省组织考试作弊案（观看视频），探究国家为什么要严肃追踪打击考试作弊犯罪行为？如何看待考试作弊行为？这对我们有何启示？

在评课议课时，大家提到，此教学情境选择贴近学生实际、能激发学生学习的兴趣，有助于学生更好地理解理论知识，但设置的探究任务及探究过程没有关注学生的情感体验，没有真正进入学生的内心世界，无法实现学生情感上的共鸣。

基于此，C老师在议课后，将探究任务进行调整。四川泸州警方破获一建、监理等特大跨省组织考试作弊案（观看视频），探究：

（1）国家严肃追踪打击考试作弊犯罪行为，说明了什么？

（2）在生活中，你有没有遇到考试作弊或不守规则的人和事，请跟大家分享一下？

（3）作为公民，在规则和法律法规面前，应该怎么做？

调整后的探究任务更能走进学生的内心世界，引导学生结合生活实际去分享内心体验；更能让学生明白，考试作弊违背了考试的公平公正原则，不仅仅是人品与诚信问题，而且是法律明令禁止的行为；更能增强守法光荣、违法可耻的法治意识，引导学生自觉成为社会主义法治的忠实崇尚者、自觉遵守者、坚定捍卫者，形成情感上的政治认同。

（四）核心素养上：注重课内外联动

案例4，L老师在上公开课"公正司法"时，引用"江歌母亲诉刘鑫案"创设教学情境：江歌案二审维持原判，刘鑫微博募捐赔偿款挑战司法权威（观看视频），探究刘鑫为什么会通过微博募捐赔偿款？如何推进公正司法？

观课结束后在评课议课时，观察小组指出：情境素材新颖，探究任务与知识点紧密连接，但存在两个问题，一是本探究的目的是探究损害司法公正的危害，而不是刘鑫通过微博募捐赔偿款的原因；二是本课需要实现多个学科核心素养，需要拓展课堂任务。

L老师经过反思后，将此情境活动进行修正。江歌案二审维持原判，刘鑫微博募捐赔偿款挑战司法权威（观看视频），探究：

（1）刘鑫通过微博募捐赔偿款属于什么行为？有何消极影响？

（2）你所了解的挑战司法权威行为还有哪些？

（3）从江歌母亲诉讼刘鑫案中分析如何推进公正司法以彰显正道之光？

课后任务：参加一次公开庭审或观看一个线上庭审案例，了解体会法庭是如何维护公平正义的，并组织一次模拟法庭。

调整后的情境活动通过引导学生思考分析刘鑫通过微博募捐赔偿款的实质及危害，涵养学生的科学精神；通过举例实证引导学生思考分析推进公正司法的价值与要求，增强学生的法治意识；通过设置议学延伸，布置课后任务，实现课堂内外联动，引导学生在社会实践中感悟推进公正司法离不开公民个人的自觉参与，培养学生的公共参与能力。

三、课堂观察评价法存在的不足与改进设想

（一）偏重局部观察与诊断，忽略整体分析与反馈

例如，观察小组一负责记录和分析"教学情境的创设与利用"中的"教学情境的创设"，评价量表中共有7项评价指标，如果一节课设置了5个情境，观课老师就要记录35项内容，那么他就无暇关注其他观察点。在观课过程中，知识、能力、方法维度的结果性目标，便于观察，而情感、态度和价值观方面表现的目标，不大好考察。所以，在开发制作评价量表时，应加上"总体感受"一栏，要求观课老师在观评课的同时记录和分析课堂的整体感受，关注整个教学过程，从宏观上评价和反馈整个课堂事件。

（二）关注教学内容任务的呈现，忽视教学方法的运用

观课老师是带着任务，分小组观课评课的。例如，要完成"教学情境的创设与利用"评价量表，观课老师就要在课前会议上初步记录本节课总共设计几个情境，每个情境预期要实现的教学目标；在课中观察和课后会议上，还要思考和分析情境内容和情境任务是否新颖、是否生活化、是否具有问题意识等，考虑和关注的是教学内容的合理性。而对上课老师教学方法的观察不足，没有关注老师针对不同教学内容、不同班级、不同

个体采用何种教学方法并进行记录和评价。因此在开发使用评价量表时,要统筹教学内容和教学方法的评价,不同课型、不同年级的评价量表也要有差异。

(三)重视观察学生的课上表现,轻视考察学生的学习效果

在观课时,观课教师容易观察到课堂互动、学生表情、学习状态等情况,但课堂观察不仅仅是看学生是否参与互动、是否有激情、是否投入,不是简单地看学生写了什么、说了什么,更要看学生的学习效果和真实体验。因此,在开发使用评价量表时,应制作出一种评价工具来检验学生的已有经验,评价学生的预习习惯和预习能力;应制定一种量表,下课后,通过练习、作业、测验等手段跟踪评价学生的课堂学习效果。

参考文献

[1] 崔允漷. 课堂观察 LICC 范式:贡献与局限 [M] // 崔允漷. 沈毅,吴江林,等. 课堂观察Ⅱ:走向专业的听评课. 上海:华东师范大学出版社,2013.

[2] 刘石成,林燕云. 高中思政课情境任务设置的生本化 [J]. 福建基础教育研究. 2008 (8):79-81.

围绕情境的历史课堂自我观察

——以高考复习课"战后世界格局的演变"为例

关兴业

摘　要：本文以定性的叙事报告形式，对高考复习课"战后世界格局的演变"进行自我课堂观察。首先，从家、国、世界的角度出发，依次介绍设置三个情境的设计思路；其次，将主体部分分为三个情境的叙事报告；最后，从本次自我观察中反思在高考备考中应当重视学生的主体地位，尽可能选取有情节的材料设置情境，充分开展生生互动的小组合作探究。

关键词：中学历史教学；自我观察；情境；家国情怀；冷战

随着课改不断深入，听评课已由"领导对课堂教学进行监督、检查、指导"[①] 逐渐转变为"通过观察对课堂的运行状况进行记录、分析和研究，并在此基础上谋求学生课堂学习的改善、促进教师发展的专业活动"[②]。一般来说，课堂观察的主体是课堂教学情境中的"他者"。[③] 华东师范大学李美华强调教师也要"学会观察自己的课堂"，且认为自我课堂观察很难用定量记录，由此倡导使用定性的叙事性报告。[④]

近年来，通过新材料设置新情境已是高考历史试题命题的常态。2020 年出台的《中国高考评价体系说明》明确指出："高考评价体系中的'四层'考查内容和'四翼'考查要求，是通过情境与情境活动两类载体来实现的。"[⑤] 为此，笔者在复习课"战后世界格局的演变"中尝试运用新材料设置问题情境，并开展自我课堂观察，希望能够为学生今后的高考备考带来启发。

一、设计思路

高中新课标与高考评价体系都明确强调要落实立德树人的根本任务，作为历史学科核心素养之一的"家国情怀"，则被视为高中历史学科"立德树人"的根。[⑥] 甚至立德树

[①] 张念宏：《中国教育百科全书》，海洋出版社 1991 年版，第 54 页。
[②] 沈毅、崔允漷：《课堂观察：走向专业的听评课》，华东师范大学出版社 2008 年版，第 74 页。
[③] 参见崔允漷、沈毅、吴林江等《课堂观察Ⅱ：走向专业的听评课》，华东师范大学出版社 2013 年版，第 10 页。
[④] 参见李美华《学会观察自己的课堂》，载《教学与管理》2009 年第 17 期，第 17-18 页。
[⑤] 教育部考试中心：《中国高考评价体系说明》，人民教育出版社 2019 年版，第 36 页。
[⑥] 柳向阳：《家国情怀：高中历史学科"立德树人"的根》，载《中学历史教学参考》2018 年第 14 期，第 40-41 页。

人的"一核"、核心价值的"一层"与家国情怀的"一级"是不同维度上的目标和要求在同一主题上重叠式的统一。①

"家国"一词由"家"与"国"二字构成。家，《说文解字》曰："家，居也。"《周礼·地官·小司徒》："上地家七人。"郑玄注："有夫有妇然后为家。"意即家庭。国，《说文解字》曰："邦也，从囗，从或。"其本义为疆域、地域，现在泛指国家。"家"与"国"属于上、下两个层级。先秦时期，"家"与"国"体现分封制下的等级秩序。在现代汉语语境中，家庭是社会的基本细胞，国大家小。

人们看到"家国情怀"一词时，往往想到的是对家庭、对国家的情感关怀。但课程标准关于"家国情怀"还有"了解世界历史发展的多样性，理解和尊重世界各国、各民族的文化传统，具有广阔的世界视野"②这样的要求。因此，家国情怀在"家""国"之上，还应有一个更高层级——"世界"。中学历史教学中的"家国情怀"还应包含对世界的"天下情怀"。

实际上古代往往将"家""国""天下"并提。《孟子·离娄上》曰："天下之本在国，国之本在家。"这反映了家国同构、家国一体的传统。正所谓，家是最小国，国是千万家。家、国、天下（世界）尽管有层级之分，但在个人情感上是相互连结的。"家国情怀把主体置于家国同构的共同体意识之下。"③李惠军老师指出，"人类命运共同体"的理念是"世界史教学中涵养学生'家国情怀'的基本遵循和核心要义"④。课程标准明确要求学生"牢固树立构建人类命运共同体意识，共同担当，同舟共济，共促全球的和平与发展"⑤。对于已进入高考复习的学生而言，对本课的基础知识并不陌生，但对冷战的认识还没有上升到理论高度。基于以上认识，笔者将"树立人类命运共同体理念"作为本课的"课魂"和素养目标，着重在课堂导入、冷战探源、冷战启示三个教学环节按照"家""国""世界"三个层级分别创设历史情境，在层层递推中落实立德树人这一根本任务。

二、课中观察

（一）课堂导入，以图片情境激趣（家）

教师向学生展示一幅关于柏林墙的历史照片，并配以文字介绍：柏林墙西侧的居民将刚出生不久的孩子举起，展示给住在柏林墙东侧的亲人。

---

① 参见孙殿元《由新高考评价体系看高三历史教学策略》，载《中学历史教学参考》2019 年第 21 期，第 74-77 页。
② 中华人民共和国教育部：《普通高中历史课堂标准（2017 年版 2020 年修订）》，人民教育出版社 2020 年版，第 7 页。
③ 杨清虎：《家国情怀的内涵与现代价值》，载《中共桂林市委党校学报》2016 年第 2 期，第 43-49 页。
④ 李惠军：《海纳百川 有容乃大——从"人类命运共同体"高度审视"家国情怀"》，载《中学历史教学参考》2018 年第 7 期，第 20-23 页。
⑤ 中华人民共和国教育部：《普通高中历史课堂标准（2017 年版 2020 年修订）》，人民教育出版社 2020 年版，第 17 页。

教师：为什么照片中的家庭要采用这样的方式见面？

学生齐答：因为被柏林墙挡住了。

教师：柏林墙是什么事件的标志性建筑？

学生齐答：冷战。

教师：大家看了这张照片后有什么感受？

郭同学：这两个小孩刚出生不久就不能和亲人团聚，好可怜呀！

高考每年都有以图片设置情境的历史试题，并且往往通过历史细节考查宏观事件，即所谓"小切口，大历史"。笔者在导入环节通过照片刻画历史细节，材料的选取新颖，问题的立意鲜明，指向清晰。学生反应积极，作答迅速，在笔者的带领下很快进入学习状态。一般而言，人的感情按照由近及远，先"家"后"国"。通过照片中普通柏林家庭的悲欢离合，学生在同理心的作用下感受到国家分裂之下，柏林家庭虽近在咫尺，却相隔如远在天涯的凄凉，由此将对"家"之情与对"国"之情相联结，为最终形成"人类命运共同体"理念提供良好的情感铺垫。

（二）冷战探源，以学术情境启智（国）

教师：为什么美、苏两国从战时盟友变为战后对手？

学生齐答：国家制度和意识形态的差异。

教师：为什么美、苏两国国家制度和意识形态的差异将世界最终引向冷战？

没有学生能回答上来。

为此，教师补充统编新教材中《罗斯福在美国外交政策协会发表关于美国外交政策的演说》（1944年10月21日）与《1945年2月斯大林在雅尔塔会议上的讲话》两则材料，逐步引导学生认识到美苏冷战不仅源于国家制度和意识形态的差异，还有美国的全球扩张战略和苏联的保障国家安全战略之间发生激烈碰撞的原因。①

在此基础上，教师向学生介绍沈志华、余伟民对冷战史研究的最新成果：在对美国的猜疑下，为维护国家安全，斯大林制造了"伊朗危机"和"土耳其危机"，这激发了美国对苏联的过度反应，导致杜鲁门宣言和马歇尔计划出台。而在亚洲，中国与北朝鲜政权的建立已经"溢出"雅尔塔体系，对美国和西方世界形成了实际挑战，导致冷战全面开启。②可惜的是，只有个别学生有反应。

高考评价体系强调："高考要为国家和高校选拔出符合要求的新生。"③近年来，高考多次引入学术最新成果来考查学生的核心素养。对于冷战起源，中学历史教学传统认为是由于国家利益与意识形态的冲突。为满足高考服务选材的要求，笔者充分利用统编

---

① 统编教材《中外历史纲要》（下）主编徐蓝撰写的《试论冷战的爆发与两极格局的形成》："第二次世界大战结束后，美国的全球扩张战略和苏联的保障国家安全战略之间发生了直接碰撞，并导致两国的斗争日益激烈。"载《首都师范大学学报（社会科学版）》2002年第2期，第87-95页。

② 参见沈志华、余伟民《斯大林是怎样掉入"修昔底德陷阱"的——战后苏美从合作走向对抗的路径和原因》，载《俄罗斯研究》2019年第1期，第3-20页。

③ 教育部考试中心：《中国高考评价体系》，人民教育出版社2019年版，第11页。

新教材，介绍最新成果，引导学生从战略互疑与防范层面认识冷战起源，以及苏联方面的责任。让学生由此认识维护国家利益是外交活动的根本出发点，从"国"之层面推进"家国情怀"。同时也让学生意识到过度关注本国利益而忽视他国要求可能会对全世界的和平安定产生影响，为下一步推进"世界"层面的"人类命运共同体"理念打下基础。

笔者在此引入学术情境，其本意是引导学生克服"简陋思维"之窠臼，对历史问题有更深刻全面的思考与认识，以期适应综合型、应用型、创新型的高考试题。但是，由于对学情估计过高，在实施中学生反应一般，学习目标的达成并不理想。

（三）冷战启示，以数据情境育情（世界）

笔者以古巴导弹危机为切入口，引用如下材料：

> 从1962年10月22日到12月14日间，肯尼迪和赫鲁晓夫之间来往的信件就有25封……在这些信件中，两人虽然相互指责对方的行为，但是都明确表达了避免世界因为这场危机陷入核大战、通过和平谈判的途径解决危机的强烈愿望。另外，还有其他秘密渠道……美苏避免发生直接的军事对抗、防止世界大战特别是核大战的发生是古巴导弹危机最后得以平息的根本原因。
>
> ——刘金质《冷战史》[①]

教师：1962年10月14日美国拍摄到导弹发射场照片，一个星期后的10月22日，美苏两国最高领导人就有了信件往来，这个速度怎样？

学生齐答：快！

教师：在这54天中，双方信件往来共25封，平均大概两天就有一封，这个数量怎样？

学生齐答：多！

教师：快和多说明什么？

杨同学：说明双方都有和平解决危机的强烈愿望。

教师：1962年11月20日古巴导弹危机已经解除，但是双方领导人在此之后将近一个月还有信件往来，在这期间的信件会讨论什么内容？

卢同学：可能会讨论一些善后的问题。

吴同学：我想他们也许还会讨论怎样避免危机再次发生吧。

教师小结：通过这场危机，我们看到美、苏两国再怎样剑拔弩张，都会坚持以对话解决争端，以协商化解分歧，从而避免了整个世界卷入更大的灾难——核战争。

古巴导弹危机被认为是美苏冷战时期正面对抗最严重的事件。学生通过以上资料分析，直观地感受到美苏最高领导人在危机下争取世界和平的努力。"家国情怀的最终情感归宿，不是仇恨，不是敌视，而是一种爱的思想。"[②] 由于数据的直观性，学生状态积极投入。通过层层设问，教师最终将"人类命运共同体"理念在"世界"层面达成了"家国情怀"方面的素养目标。

---

① 刘金质：《冷战史》，世界知识出版社2003年版，第538-539页。
② 杨清虎：《家国情怀的内涵与现代价值》，载《中共桂林市委党校学报》2016年第2期，第73-76页。

三、反思报告

2020年，在学校的一次大教研活动中，笔者承担公开课任务。在高考评价体系与统编新教材刚刚面世的背景下，笔者在高考复习课"战后世界格局的演变"中，将家国情怀解构为三个层级，依次设置问题情境：在课堂导入环节，通过历史照片，从"家"的层面吸引学生进入课堂；在冷战探源环节，借助新教材与学术前沿，从"国"的层面带领学生理性思考，在维护国家利益的同时，又要避免盲目爱国；在冷战启示环节，使用历史数据，从"世界"层面引导学生形成"坚持以对话解决争端、以协商化解分歧"的认识，在层层递推下，最终树立"人类命运共同体"理念。情境创设贴近学生的最近发展区，由近及远生成情感，符合认知规律。

高考评价体系强调，情境"指的是真实的问题背景"①。笔者创设的三个问题情境在历史上都是真实发生而非虚构的，并且这三个情境创设对学生来说都很新颖，有利于形成课堂吸引。第二个情境的创设突破学生现有认知，有利于培养批判性思维。但是，学生对最新学术成果的理解难度过大。反观第一个情境的图片与第三个情境的数据，则较为直观，并且教师问题指向清晰，方便学生作答，有利于教学环节顺利推进。在能力要求上，第一个情境是获取和解读信息，第三个情境是分析历史问题，相对较为容易。

在情境利用上，由于对学情估计过高，学生反应平淡，第二个情境没有达到预期效果。而在第一、第三个情境的教学中，学生反应积极，学习目标达成度较高。此外，三个情境的课堂互动多为整体互动、个别互动，都没有使用小组合作讨论的生生互动方式。

就第二个情境在课堂实践出现的问题而言，首先，情境设置要贴近学生，选择有情节的材料更有利于学生思考。为兼顾完整与简洁，笔者直接使用了论文摘要，结果出现了问题。其次，要在课堂上留够充足的时间给学生小组讨论，自主展示。当然，在问题设置上也要注意贴近高考要求，最好能形成问题链，引领学生的思考方向。总之，要充分发挥学生的主体地位。

此外，"家国情怀教育具有长时性，结果非显性的特点"②。"人类命运共同体"理念之丰富，不是短短一节课所能涵盖的，"家国情怀"素养目标的实现与立德树人目标的达成也不可能一蹴而就。因此，如何进行长时段的教学设计，细化每节课的目标达成度，这也需要笔者做进一步的思考。

当然，本文的自我课堂观察属于定性分析，存在"主观性较强，记录的水平与观察者个人的经验、描述能力和相关的理论水平有很大的关系"等局限。③ 囿于笔者教育学、

---

① 教育部考试中心：《中国高考评价体系说明》，人民教育出版社2019年版，第36页。
② 周刘波：《家国情怀：教学意蕴与生成路径》，载《历史教学（上半月刊）》2018年第7期，第18－23页。
③ 参见符黎黎《走向专业的听评课：有"质"有"量"的课堂观察》，《当代教育科学》2009年第10期，第29－31页。

心理学理论浅陋,本文所谓的课堂观察仅停留于"就事论事""就课论课",远未达到"教育学观察"层面。① 因此,还需要与"他者"的定量观察有效结合,让定性与定量优势互补,这样自己的专业成长之路才会走得更远。

---

① 参见崔允漷、沈毅、吴林江等《课堂观察Ⅱ:走向专业的听评课》,华东师范大学出版社2013年版,第20页。

基于"三步五环成长+"LICC课堂评价模式的初中地理学生学习行为过程性评价研究

——以地理跨学科综合实践课"'藕'遇乾塘，点土成金"为例

陈　凤　钟倩颖　陈　盼

摘　要：以往的教学偏向于对学生学习地理进行总结性评价，而忽视对其进行过程性评价，这不符合新时代的育人要求。本文结合"三步五环成长+"LICC课堂评价模式，以地理核心素养为导向，选取湛江市二中海东中学初中地理跨学科综合实践课"'藕'遇乾塘，点土成金"的学生学习行为作为研究对象，从"准备、倾听、互动、自主、达成"5个视角开发对学生学习进行过程性评价的量表，以促进学生有效学习，落实对初中学生核心素养的培养。

关键词：初中地理；学习行为；过程性评价；LICC模式；核心素养

一、进行地理学习行为过程性评价的原因

评价是地理教学过程中不可或缺的一环。依据地理课程标准，"地理学习过程性评价"是在地理教学活动中，以优化学习过程、提高学习效果、促进个体生命发展为目的，以学习过程中的知识建构、能力发展、学习动机激发、学习策略运用以及情感态度形成等过程性因素为评价对象，对学生学习的各类信息加以即时、动态的解释，从而揭示、判断和生成教学价值的活动。[①]

我们以往偏向于通过考试来对学生学习地理目标的达成度进行总结性评价，而忽视了对学生学习行为的过程性评价。成绩既是衡量老师教学能力的秤砣，也是评价孩子学习效果最重要的指标。考试作为教学的指挥棒，容易导致唯分数、唯升学的评价导向。大部分学生通过考试的方式巩固了知识，获得了文凭，但是将考试作为唯一的评价方式培养出来的人才容易存在高分低能，缺乏能动性和创造性，解决实际问题的能力差等问题，根本无法适应社会发展的需要，有悖于培育"有理想、有本领、有担当"的时代新人的要求。

藏铁军在《教育考试与评价》一书中提道："教学评价不是为了证明，而是为了改进。"地理学习的最终目标是提升初中学生的地理核心素养，而学生地理核心素养的达成是一个不断变化的过程。因此，要多途径收集学生在学习过程中的表现、达成课程目标

---

① 参见义务教育地理课程标准修订组、韦志榕、朱翔：《义务教育地理课程标准（2022年版）解读》，北京师范大学出版社2022年版，第269页。

要求的学业成就等信息，强化过程评价，健全综合评价，科学、客观、准确和有效地测评学生核心素养的发展状况。这不仅可以帮助教师掌握学生地理核心素养在不同阶段所达到的水平，从而及时调整教学策略，也可以帮助学生了解自己的地理学习阶段性成果，体会成功的喜悦，发现不足，不断进步。因此，在地理教学过程中应当如何对学生的学习行为进行过程性评价是值得深究的课题。

二、开展地理学习行为过程性评价的依据

"三步五环成长 +" LICC 课堂评价模式是一种新的课堂观察范式，是学生学习（learning）、教师教学（instruction）、课程性质（curriculum）及课堂文化（culture）的简称，其中学生学习是核心要素，另外 3 个要素对影响学生的学习有着关键作用。①

课堂观察的最终目的是什么？华东师范大学崔允漷认为："教学的改进、教师的专业发展、教育研究，还是合作文化建设，最终目的都是促进学生的学习，课堂观察的起点与归宿都是指向学生课堂学习的改善。"② 那么，我们为什么要进行教学评价？目的是利用评价发现教学存在的问题，明确改进的方向，以评促教，以评促学。由此可见，课堂观察与课堂评价的起点和归宿是一致的——以学生发展为中心。因此，我们可以借鉴 LICC 课堂评价模式中对学生学习的观察维度和视角，制定对学生学习行为的过程性评价方法，并运用到地理教学中对学生的学习进行评价，对评价结果做出科学合理的解释，使学生准确了解自己的学习成果，体会成功，让学生知道自身在核心素养方面发展的情况，明确努力和提升的方向。

"三步五环成长 +" LICC 课堂评价模式以教育学理论为基础选取课堂观察点，然而地理学科作为初中教学的主要学科之一，除了具有学科共性之外，还有明显的地理学科特性，因此，需要立足地理学科视角选取观察点，制定观察评价量表。义务教育地理课程以习近平新时代中国特色社会主义思想为指导，引领学生认识人类的地球家园，对培育学生的人地协调观、家国情怀、全球视野，以及批判性思维、创新精神和实践能力具有重要价值。③ 地理是一门与生活联系非常密切、涉及面极其广泛的学科，地理学科内容繁杂且涉及不同区域地理现象之间的联系与差异等，具有明显的区域性、综合性和实践性特征。《义务教育地理课程标准（2022 年版）》把跨学科主题学习作为一项重要内容单列出来，规定地理课程跨学科主题学习的课时容量不少于本课程总课时的 10%。地理课程跨学科主题学习是基于学生的基础、体验和兴趣，围绕某一研究主题，以地理课程内容为主干，运用并整合其他课程的相关知识和方法，开展综合学习的一种方式。④

---

① 参见沈毅、崔允漷《课堂观察：走向专业的听评课》，华东师范大学出版社 2008 年版，第 28 页。
② 崔允漷、沈毅、吴江林等：《课堂观察Ⅱ：走向专业的听评课》，华东师范大学出版社 2013 年版，第 75 页。
③ 参见中华人民共和国教育部《义务教育地理课程标准（2022 年版）》，北京师范大学出版社 2022 年版，第 1 页。
④ 参见中华人民共和国教育部《义务教育地理课程标准（2022 年版）》，北京师范大学出版社 2022 年版，第 21 页。

本文要探讨的就是如何在地理跨学科主题学习课程中对学生的学习行为进行过程性评价。将本校独立研发的"三步五环成长+"LICC课堂评价模式应用于学生地理学习行为评价时,在观察点的选择上要以地理核心素养为导向,重点考虑不同区域地理事物的联系与差异、地理事物的发展变化规律、人地关系理念等内容,将这些体现地理学科特性的内容融入评价角度,使"三步五环成长+"LICC课堂评价模式在学生地理学习行为中立足学科特性进行课堂观察,从而得出更具专业参考价值的结果。

三、基于"三步五环成长+"LICC课堂评价模式的地理跨学科实践学习行为过程性评价量表开发

笔者基于"三步五环成长+"LICC课堂评价模式,选取湛江市二中海东中学初中地理跨学科综合实践课"'藕'遇乾塘,点土成金"的学生学习行为作为观察对象,从"准备、倾听、互动、自主、达成"5个视角对学生的学习行为进行观察、分析与评价,以促进学生的有效学习,落实初中学生地理核心素养的培养工作(如图7-1所示)。

图7-1 基于"三步五环成长+"LICC学生学习行为结构示意图

"'藕'遇乾塘,点土成金"是湛江市二中海东中学校本综合实践课程。课程取材于乡土地理素材——乾塘莲藕,以乡土地理为核心,融合语文、生物、美术、劳动等学科元素,主要以实践活动的形式开展教学。课程共分5个课时,具体课程环节、学生活动及对应观察评价见表7-1。

表7-1 基于"三步五环成长+"LICC课堂学生活动及对应观察评价

课时	准备	倾听/互动/自主	达成
第一课时:"藕"遇湛江,"香"约乾塘	将制作乾塘莲藕美食、亲历莲藕节等活动拍成视频或照片并剪辑成作品	开展乾塘莲藕美食、莲藕节摄影作品分享活动	运用评价量表和文字分享本次活动的感受

续表

课时	准备	倾听/互动/自主	达成
第二课时:因地制宜,佳"藕"天成	课前阅读老师提供的导学案材料并思考	小组合作讨论、分析乾塘莲藕种植的有利自然条件、人文条件	小组交流本节课的感受与启发,树立人地协调发展观
第三课时:以"藕"为媒,"莲"通"三产"	了解乾塘莲藕产业发展现状,完成综合实践问题清单	小组合作探讨:乾塘是如何融合三大产业发展莲藕经济的	小组交流讨论三大产业间的关系,结合乾塘莲藕产业发展思考:给我们怎样的启示?树立可持续发展观
第四课时:藕蟹混养,生态循环	阅读材料,了解乾塘藕蟹混养的特色生态农业发展。根据文字材料绘制相应的循环图	观看学习黏土制作荷花生态池的操作视频,根据所绘制的循环图,用超轻黏土制作藕蟹混养生态系统模型,并以小组为单位展示模型	小组思考,讨论藕蟹混养模式的优势,深刻理解生态文明建设的意义
第五课时:莲乡振兴,我来献计	课前收集关于莲乡发展、乾塘莲藕的相关资料,制作手抄报	通过"画廊漫步"的方式了解各组手抄报的相关内容	小组讨论为莲乡发展献计,增强乡村振兴的社会责任感

(一)对学生课前学习行为的评价

以第一课时准备活动为例,课前学生到菜市场购买乾塘莲藕回家制作美食,并把美食制作过程的图片和视频拍摄下来,剪辑成作品在班级展示。我们参考 LICC 课堂评价模式"学生学习"维度下"准备"视角的观察点,结合劳动教育的要求制定评价量表(见表 7-2),以此来观察学生课前准备的情况,对学生进行表现性评价。将该表格发给每个学生,在他们完成课前预习任务后进行自评,然后家长评价、老师评价,最后反馈给学生。这样可以督促学生课前关注到课程的学习内容,体会劳动的乐趣,充分认识自身的优势和不足,明确进步的方向。

表7-2 "'藕'遇乾塘，点土成金"课堂准备——莲藕美食制作评价

项目	评价维度	评价标准	个人评价	家长评价	教师评价
意志品质	积极性（20%）	A. 积极参与，独立完成烹饪；B. 跟随家长进行烹饪；C. 劳动中不够积极			
	探究与合作（20%）	A. 善于质疑，提出有意义的烹饪问题并寻找答案；B. 虽无法提出问题，但可以主动随他人提出问题去思考交流；C. 既不思考问题，也不参与探究			
	反思与进步（20%）	A. 在烹饪过程中不断反思，精进厨艺；B. 在烹饪过程中存在反思行为，努力提高劳动水平；C. 在烹饪过程中没有反思，只是按部就班			
行动力	技能掌握（20%）	A. 对所学的烹饪知识掌握牢固；B. 大致了解所学的烹饪知识和技能；C. 未能掌握相关烹饪知识和技能			
	技能应用（10%）	A. 灵活运用所学烹饪知识和技能；B. 能够完成本次烹饪任务；C. 本次烹饪任务主题未能完成			
	自主性（10%）	A. 自主学习能力强，会倾听、思考所讲授的烹饪技能；B. 自主学习能力一般，但会仔细倾听所讲授的烹饪技能；C. 自主学习能力较弱，不会主动思考			

（二）对学生课堂学习行为的评价

课程成功的关键是课堂活动中学生的学习取得好效果，而这很大程度上由学生在课堂系列活动中的学习行为决定。对学生在综合实践课程中的学习行为的分析与评价，可综合参考LICC课堂评价模式"学生学习"维度的"倾听""互动""自主"等视角来进行，开发评价量表见表7-3。

表7-3 "'藕'遇乾塘,点土成金"课堂学习行为评价

课程环节		因地制宜,佳"藕"天成	以"藕"为媒,"莲"通"三产"	藕蟹混养,生态循环	莲乡振兴,我来献计
准备	①				
	②				
	③				
倾听	自评				
	他评				
	师评				
互动	自评				
	他评				
	师评				
自主	自评				
	他评				
	师评				
达成	自评				
	他评				
	师评				

评价量表说明以下五个问题。

(1) 准备。①课前同学们准备了什么？A. 导学案；B. 问题清单；C. 评价量表；D. 展示性作品。②同学们是怎样准备的？A. 合作；B. 独立；C. 在教师指导下完成。③课前准备任务完成情况如何？A. 全部完成；B. 大部分完成；C. 少部分完成；D. 没有完成。

(2) 倾听。从以下选项中选出并填入表7-3的相应位置：A. 认真听讲，边听边思考、做笔记；B. 认真听讲，偶尔做笔记；C. 听讲，但很少做笔记；D. 听讲不认真，不做笔记。

(3) 互动。包括生生互动、师生互动两项组合选择，从以下选项中选出并填入表7-3的相应位置。

生生互动：A. 积极与其他同学交流合作，提出建设性的观点，展示时，语言流畅，逻辑清晰；B. 偶尔参与小组合作探究展示，补充质疑；C. 很少参与小组合作探究展示，补充质疑；D. 从不积极参与。

师生互动：A. 积极回应老师互动；B. 较多回应老师；C. 偶尔回应老师；D. 极少回应老师。

(4) 自主。从以下选项中选出并填入表7-3的相应位置：A. 主动获取并整合地理信

息，综合分析问题，得出结论；B. 能获取所需的地理信息，但是综合分析推断结论能力较弱；C. 获取地理信息有限，不能分析推导结论；D. 不主动获取地理信息并综合分析。

（5）达成目标（参考提供的条目来填写，条目的设置参考地理核心素养要求）：①阐述达到的课程目标；②获得的思维方式和能力提升（如区域认知能力、表达能力、多学科知识迁移运用能力、发现地理问题及综合分析成因的能力、动手操作能力等）；③意志品质提升（如反思能力、求真务实的科学态度等）；④价值观的变化（如人地协调观、家国情怀等）。

四、结论与展望

借鉴崔允漷团队的 LICC 课堂观察模式，结合义务教育地理新课程标准的要求，在地理跨学科综合实践课程开发了这一套基于"三步五环成长+" LICC 课堂评价模式的初中地理学生学习行为过程性评价量表。教师利用这一套量表引导学生进行课前活动，一方面，通过评价说明给学生明确了准备活动应该做什么，做到什么样的程度，从而增强了学生的自信心，也提高了学生的学习兴趣；另一方面，评价多元化，学生通过自评对自身的学习行为先进行了一次审视和调整，再通过家长、教师的评价体会学习的成就，明确自己的优缺点，为学生不断改进学习指明了方向。

通过表 7-2 记录的数据，教师可以在课前掌握学生的课堂准备情况，了解学生的能力水平及对相关课题的了解程度，从而及时地调整课堂教学策略。教师根据表 7-3 反映出的课堂中学生倾听、互动与自主的情况，思考所设置的课堂环节是否合理，课堂活动是否受学生喜欢并有益于激发学生的自主学习的意识而提高能力，并对课堂环节做出相应改进。这套评价量表的实施也给教师的教学成效提供了反馈，协助教师不断调整教学策略，提高教学水平。这套评价量表可操作性强，有助于"教、学、评"一体化的落实。此外，这套评价体系还设计了家长评价部分，可以帮助家长了解孩子，让家长参与到孩子的学习成长中，有助于家校合作，共育英才。

在此基础上，笔者将继续使用基于"三步五环成长+" LICC 课堂评价模式的初中地理学生学习行为过程性评价量表，并不断改进，使地理跨学科综合实践课程向更好的方向发展。

参考文献

[1] 义务教育地理课程标准修订组，韦志榕，朱翔. 义务教育地理课程标准（2022年版）解读［M］. 北京：北京师范大学出版社，2022.

[2] 沈毅，崔允漷. 课堂观察：走向专业的听评课［M］. 上海：华东师范大学出版社，2008.

[3] 崔允漷，沈毅，吴江林，等. 课堂观察Ⅱ：走向专业的听评课［M］. 上海：华东师范大学出版社，2013.

[4] 中华人民共和国教育部. 义务教育地理课程标准（2022年版）［M］. 北京：北京师范大学出版社，2022.

基于初中地理核心素养的"三步五环成长+"LICC课堂评价模式研究
——以"交通运输"第2课时为例

欧彩霞

摘　要：2022年，初中地理课程标准提出了地理核心素养的育人方针。本文以崔允漷教授的LICC课堂观察模式为理论指导，利用课堂观察评价表——地理核心素养课堂观察评价表，检测地理核心素养的达成度。根据地理核心素养来确定听评课标准，更适于学情和育人目标。本文以人教版八年级上册第四章第一节"交通运输"第2课时为例，浅谈基于地理核心素养的听评课，并将其作为评价教师教学成效的重要依据。LICC课堂评价模式在初中地理教师专业成长方面具有示范和引领作用，并具有现实指导意义。

关键词：地理核心素养；课堂观察；达成度；交通运输

一、LICC课堂观察模式简介

评价课堂有多种模式，其中LICC课堂观察模式是现在教育界使用频率比较高的模式。该模式是华东师范大学崔允漷教授和浙江省余杭高级中学经过长达两年的探索实践提出来的。

LICC课堂观察模式包含4个维度：学生学习（learning）、教师教学（instruction）、课程性质（curriculum）、课堂文化（culture）。LICC课堂模式认为，对一节课的评价应该从教师、学生、内容、氛围4个维度展开，同时每个维度下存在着不同的观察视角，从不同观察视角出发，又可以细分出不同的观察点。课堂观察可以从4个大维度20个视角68个角度进行。① LICC课堂模式对当今课堂教学的研究、反思具有指向作用。

二、地理核心素养在LICC课堂评价模式的必要性

2022年，初中地理课程标准提出了四大地理核心素养，即区域认知能力、地理实践力、人地协调观、综合思维能力。

（1）具有区域认知能力，提高区域认知是学习地理的必然要求。

---

① 参见崔允漷《论课堂观察LICC范式：一种专业的听评课》，载《教育研究》2012年第5期，第79-83页。

（2）将课本知识，通过不同的方法如地理观察、地理实验、地理调查、地理手抄报等运用于实践中，增强地理实践力。

（3）树立正确的人地协调观，将培养具有正确的价值观念、优良品格、关键能力的社会主义建设者和接班人作为根本目标，以适应不断变化的国际环境。人地协调观，体现育人价值。

（4）提高综合思维能力，使学生能够较全面、系统地认识地理事物，是地理学科的综合素养。

新课程强调教师在制定教学任务时，要考虑如何更好地体现地理核心素养。关注核心素养就是要关注育人价值，那么 LICC 课堂评价模式也需要围绕地理核心素养进行评价，因此基于地理核心素养的 LICC 课堂评价模式尤为重要。

三、 地理核心素养在课堂评价模式应用

相关的调查问卷显示，60%的教师会参加评课，但评课往往没有注重逻辑，不重证据。[1] 本校自主研发出来的"三步五环成长+"LICC 课堂评价模式为地理教师评课提供了重要的理论指导，既可以改善教师的教学，又可以促进学生的学习。一堂好课是什么样的呢？笔者认为，好课的标准见仁见智，但是有一个共同宗旨：以学生的发展为本，以提升学生的核心素养为宗旨。关注核心素养就是要关注育人价值。[2] 新课程强调教师在制定教学任务时，应考虑要如何更好地体现地理核心素养。听评课活动也需要围绕着地理核心素养进行评价。

2022 年 11 月，陈老师代表地理科组上了一节人教版八年级上册第四章第一节"交通运输"第 2 课时的区级公开课。笔者有幸观察了这堂公开课，聆听了同行专家教师的课后精彩点评。现在结合同行专家教师对该公开课的点评和笔者十多年的教学积累，浅谈如何运用基于地理核心素养的课堂观察评价表对这次公开课进行点评，检测地理核心素养的达成度。

（一）基于地理核心素养的学习目标

本节课基于地理核心素养对应如下的学习目标。

（1）了解我国铁路干线的分布格局及其影响因素，提高区域认知能力和综合思维能力。

（2）能够在我国铁路干线分布示意图上用不同颜色笔画南北、东西走向的主要铁路干线；根据不同的情境设计合理、经济的旅游线路，增强地理实践力。

（3）小组合作探究，研学调查湛江铁路发展史，并为湛江如何利用交通促进经济发展绘制蓝图，树立正确的人地协调观。

---

[1] 参见杜春燕《"三步五环成长+"语文听评课模式研究》，载《中学语文教学参考》2023 年第 3 期，第 2—5 页。

[2] 参见赵占良《基于核心素养的听评课》，载《中学生物教学》2017 年第 7 期，第 4—7 页。

（二）基于地理核心素养的授课思路

授课教师将情境贯穿于课程设计中，运用小组合作探究、画铁路干线、表格归纳法、案例分析法等多种方法进行学习，详略得当，突破难点，掌握重点，充分体现地理核心素养。[①] 课前要求学生以小组为单位搜集资料，了解湛江地区的铁路发展史，分析如何利用交通促进城市发展及旅游之间的关系，思考交通具有带动区域联合发展，为旅游创造条件，带动经济发展等重要作用。具体的教学设计思路如图 8-1 所示。

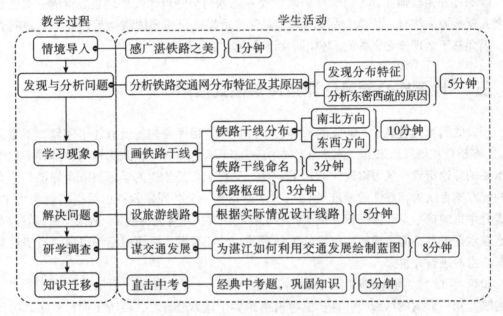

图 8-1 "交通运输"的教学设计

（三）利用课堂观察评价表进行 LICC 课堂观察模式的观察

现结合"教、学、评"一体化，根据课堂上不同的教学情境，利用表 8-1 对本堂课进行评课。

表 8-1 地理核心素养的课堂观察评价表

教学情境：
(1) _____
(2) _____
(3) _____
(4) _____

---

① 参见余云、吴慧伟、叶滢《指向地理核心素养培育的教学设计——以"水循环（第1课时）"为例》，载《地理教学》2023 年第 13 期，第 21-24 页。

续表 8-1

地理核心素养	观察的教学情境	记录	心得
区域认知	(1) 观察的哪一条情境达到培养该核心素养的目的； (2) 体现哪个区域的地理基本概况； (3) 主要通过哪些方法（如读图分析、相关材料介绍等）体现该核心素养； (4) 该培养核心素养的手段是否适合该班学生：A. 适合；B. 较适合；C. 牵强；D. 不适合； (5) 该核心素养注重培养学生的哪种能力； (6) 你认为该核心素养在课堂上的达成度：A. 90%~100%；B. 80%~90%；C. 70%~80%；D. 60%~70%；E. 60%以下		
地理实践力	(1) 观察的哪一条情境达到培养该核心素养的目的； (2) 主要通过哪些方法（如旅游研学、动手实践等）体现该核心素养； (3) 该培养核心素养的手段是否适合该班学生：A. 适合；B. 较适合；C. 牵强；D. 不适合； (4) 该核心素养注重培养学生的哪种能力； (5) 你认为该核心素养在课堂上的达成度：A. 90%~100%；B. 80%~90%；C. 70%~80%；D. 60%~70%；E. 60%以下		
人地协调观	(1) 观察的哪一条情境达到培养该核心素养的目的； (2) 主要通过哪些方法（如旅游研学、动手实践、区域分析等）体现该核心素养； (3) 该培养核心素养的手段是否适合该班学生：A. 适合；B. 较适合；C. 牵强；D. 不适合； (4) 该核心素养注重培养学生的哪种能力； (5) 你认为该核心素养在课堂上的达成度：A. 90%~100%；B. 80%~90%；C. 70%~80%；D. 60%~70%；E. 60%以下		
综合思维能力	(1) 观察的哪一条情境达到培养该核心素养的目的； (2) 主要通过哪些方法（如综合训练、区域对比分析等）体现该核心素养； (3) 该培养核心素养的手段是否适合该班学生：A. 适合；B. 较适合；C. 牵强；D. 不适合； (4) 该核心素养注重培养学生的哪种能力； (5) 你认为该核心素养在课堂上的达成度：A. 90%~100%；B. 80%~90%；C. 70%~80%；D. 60%~70%；E. 60%以下		
你的建议：			

（四）利用基于地理核心素养课堂观察评价表——检测地理核心素养达成的有效度

本堂课主要运用五个教学情境贯穿整堂课。依据 LICC 课堂观察模式，利用课堂观察评价表检测课堂中地理核心素养达成有效度（见表 8-2 至表 8-6）。

1. **情境一（5 分钟）**

讨论分析我国铁路交通网"东密西疏"的原因。

表 8-2 情境一的地理核心素养达成度

体现的核心素养	运用的方法	注重培养学生的哪种能力	是否合适	该核心素养在课堂上的达成度
区域认知	读图分析法	获取和解读地理信息的能力	合适	95%
综合思维能力	知识迁移法	调动和运用地理知识的能力 论证和探究地理事物的能力	合适	90%
人地协调观	区域对比法	论证和探究地理事物的能力	合适	90%

2. **情境二（10 分钟）**

阅读"中国铁路干线分布图"解答下列问题。

（1）画出五条南北走向的铁路干线及其起点和终点。

（2）画出三条东西走向的铁路干线及其起点和终点。

得出结论：我国铁路干线分布呈现"五纵三横"的基本格局。

表 8-3 情境二的地理核心素养达成度

体现的核心素养	运用的方法	注重培养学生的哪种能力	是否合适	该核心素养在课堂上的达成度
地理实践力	读图分析法 动手绘制	获取和解读地理信息的能力 描述和阐释地理事物的能力	合适	100%

3. **情境三（3 分钟）**

（1）在图中找到京沪线、宝成线、兰新线，看看是怎样给它们命名的。

（2）在图中找到主要的交通枢纽——北京、徐州、郑州、兰州、上海、南昌、株洲，并观察哪些铁路线在此交汇。

表 8-4 情境三的地理核心素养达成度

体现的核心素养	运用的方法	注重培养学生的哪种能力	是否合适	该核心素养在课堂上的达成度
地理实践力	读图分析法 动手绘制	获取和解读地理信息的能力 描述和阐释地理事物的能力	合适	100%

4. 情境四（5分钟）

活学活用（设计线路）。

（1）李先生从乌鲁木齐到北京开会的最短线路。

（2）十一期间，小明从哈尔滨到上海旅游，经过济南的线路。

（3）暑假期间，你打算到拉萨旅游，请你设计一条时间最短的线路，并列出准备清单。

补充青藏铁路修建的历程和克服的困难（高寒、缺氧、多冻土），修建青藏铁路的意义。

表8-5 情境四的地理核心素养达成度

体现的核心素养	运用的方法	注重培养学生的哪种能力	是否合适	该核心素养在课堂上的达成度
地理实践力	旅游研学案例分析	调动和运用地理知识的能力 描述和阐释地理事物的能力 论证和探究地理事物的能力	合适	90%
综合思维能力	知识迁移	调动和运用地理知识的能力 论证和探究地理事物的能力	合适	90%
人地协调观	旅游研学案例分析	论证和探究地理事物的能力	合适	90%

5. 情境五（8分钟）

小组研学湛江的铁路发展史，并为湛江如何利用交通发展绘制蓝图。

表8-6 情境五的地理核心素养达成度

体现的核心素养	运用的方法	注重培养学生的哪种能力	是否合适	该核心素养在课堂上的达成度
区域认知	材料分析法	获取和解读地理信息的能力	合适	100%
地理实践力	旅游研学案例分析	调动和运用地理知识的能力 描述和阐释地理事物的能力	合适	100%
人地协调观	旅游研学案例分析	论证和探究地理事物的能力	合适	100%

本次参与课堂观察评课的教师共有25位，课堂观察评价表回收25份，回收率和有效率均为100%。结合笔者的课堂观察，LICC课堂观察模式中的基于地理核心素养课堂达成度如图8-2所示。

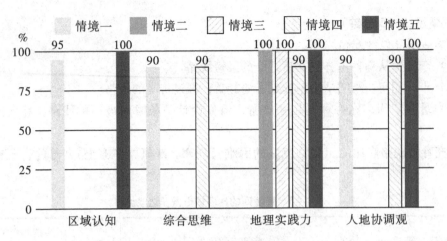

图 8-2 地理核心素养达成度

通过图8-2可以清晰直观地看到，四个地理核心素养在本堂课均有体现，达成度均在90%以上，因此，本堂课地理核心素养达成度较高。情境一体现了区域认知、综合思维、人地协调观三个地理核心素养；情境二和情境三体现了地理实践力；情境四体现了地理实践力、综合思维、人地协调观三个地理核心素养；情境五体现了区域认知、地理实践力、人地协调观三个地理核心素养。其中，地理实践力通过情境二、情境三、情境四、情境五体现，人地协调观通过情境一、情境四、情境五体现。情境一和情境四体现的综合思维在达成度中比例不算高，教师可以通过多样化的教学手段增强学生的综合思维能力。情境一和情境四的人地协调观达成度不高，建议教师可以让学生自行提出问题，小组合作思考，再得出答案。情境四是教师设定相关的情境，学生根据情境去设计经济的旅游线路。如果把情境改为学生自行设计自己想去的旅游城市，并设计相应的旅游线路，这样不仅可以增强学生的自主学习能力，更体现出以学生为中心的新的教学理念。

四、地理核心素养在课堂评价模式的总结和思考

本堂课所运用的基于地理核心素养的课堂观察模式，有以下优点：第一，利用学生熟悉的广湛铁路这一情境了解我国的铁路干线，在真实的情境中分析我国铁路的分布特征、铁路干线的分布特征、铁路干线的设计等，注重地理课堂的生活性。第二，课堂上，教学方式多样化。学生通过绘制南北和东西走向的主要铁路干线，设计出行线路，增强了动手实践能力，培养了地理实践能力。课前以小组为单位，共同调查湛江地区交通的发展，思考如何更好地规划、运用交通促进湛江经济的发展，增强了学生的小组合作能力和探究精神，让学生懂得人只有在尊重大自然、与大自然和谐相处的前提下，才能更好地走可持续发展之路，树立正确的人地协调观。总之，本节课紧扣课程标准，突出和注重培养地理核心素养，尤其是注重学生地理实践力和人地协调观的落实。

通过运用基于地理核心素养的课堂观察评价表对陈老师这节"交通运输"公开课进行评价，笔者从传统的评价模式跳出，对课堂教学评价模式的理解更有深度和高度了。"三步五环成长+"LICC课堂评价模式，使得课堂观察评价更专业。同行教师特别是资

深教师的点评，不仅可以改善学生的学习，还会大大提高教师的教学水平。故教师要多上一些公开课，让同行教师对自己的课堂进行点评。在观察课堂时，可以多借鉴LICC课堂评价模式，以评促教，提高自己的教学和科研能力。

参考文献

[1] 崔允漷. 论课堂观察LICC范式：一种专业的听评课 [J]. 教育研究，2012 (5)：79-83.

[2] 杜春燕. "三步五环成长+" 语文听评课模式研究 [J]. 中学语文教学参考，2023 (3)：2-5.

[3] 赵占良. 基于核心素养的听评课 [J]. 中学生物教学，2017 (7)：4-7.

[4] 余云，吴慧伟，叶滢. 指向地理核心素养培育的教学设计：以"水循环（第1课时）"为例 [J]. 地理教学，2020 (13)：21-24.

"三步五环成长+"LICC课堂评价模式
在物理课堂的实践与研究

——以教学"目标设计"与"目标达成"为例

李 龙

摘 要：课堂观察评价的重点不在于价值判断，而在于收集课堂教学信息，做出可靠的推论报告以促进教师自行实施教学改革。正因为这种实践能促进教学改进，才成了评价的核心功能。高中物理教育评价改革是当前物理教育必须面对的问题，我们应该积极探究合适的评价体系，为学生的知识与能力发展提供有效支持。

关键词：课堂观察；课堂评价；LICC；目标设计；目标达成

近年来，高中物理教育评价改革成为教育界关注的热点话题。本文将从高中物理教育评价的背景、现状、问题及解决方案等方面进行分析。

一、评价的背景

在我国的高考制度下，学生的物理成绩直接关系着他们是否能够顺利考入大学。因此，学生和家长往往会将物理成绩看作衡量学业成就的重要指标。同时，高中物理教学的目标不仅是让学生取得好成绩，还要更好地培养学生的创新思维和实践能力。因此，一种科学、公正、有效的评价体系——"三步五环成长+"LICC课堂评价模式应运而生。

评价观念是评价行为的重要导向，驱动着课堂行动，影响着教师的行为过程，教师作为教育评价的关键执行者，需要在评价观念上革故鼎新。新时代基础教育评价需要建构以评促学的评价观。《高中物理课程标准（2017版）》指出，物理学习评价应围绕物理学科核心素养的具体要求，创设真实而有价值的问题情境，采用主体多元、方法多样的评价方式，客观全面地了解学生物理学科核心素养的发展状况，找出存在的问题，明确发展方向，及时有效地反馈评价结果，促进学生全面而有个性的发展。①

二、评价的现状

目前，高中物理教育评价体系仍存在诸多问题。传统的"笔试"评价方式存在"应试"倾向，重视知识的记忆而忽视思维的培养；实验评价缺乏标准化，难以量化学生的实验操作能力和实验设计能力；综合评价缺乏科学依据，过于依赖学科老师主观的评价意见，等等。

---

① 参见中华人民共和国教育部《普通高中物理课程标准（2017年版）》，人民教育出版社2017年版。

三、评价存在的问题

应试教育给社会带来了很多负面影响。传统的"笔试"评价方式，使得学生容易出现"应试心理"，偏重题海战术；同时也容易让考试成绩作为所有问题的唯一症结，完全忽视了培养学生创新思维和实践能力的可持续长期效益。传统的"实验评价"方法，由于缺乏标准化，容易让实验成为一种"形式"，使人无法真正了解学生的实验水平和实验设计能力。综合评价虽然能够较为全面地了解学生思想、能力的发展情况，但缺少科学方法指导，可能会忽视学生的一些隐藏的能力。

四、问题的解决方案

树立"教、学、评"一体化观念，对教学的评价过程即学习的过程。课堂评价是过程性评价的主流方式。教师应根据课程层次性、阶段性的特点以及学生的个体、个性差异等，设计行之有效的评价任务。授课教师要深入学习，理解物理学科核心素养的内涵，结合学生物理学科核心素养的要求，领会真实物理情境在评价学生物理学科核心素养方面的积极作用。

课堂观察评价是一种形成性的课堂过程性评价，其本质在于收集课堂信息。课堂观察评价提供的信息，能成为教师做出下一步教学决策的依据。通过对教学目标、教学内容、教学方式等信息的分析，把"教、学、评"一体化落到实处。

（一）课堂观察评价流程

课堂观察评价是指观察者以研究的态度，基于对课堂现象的观察和聚焦，就所观察到的事实开展商讨与评议的教学研究活动。"三步五环成长+"LICC课堂评价模式将课堂分解为学生学习、教师教学、课程性质、课堂文化4个维度，每个维度由5个视角构成，每个视角又由3～5个观察点组成，合计68个观察点。课堂观察框架为教师选择观察点、选择或开发观察量表提供了参照体系。课堂观察评价流程如图9-1所示。

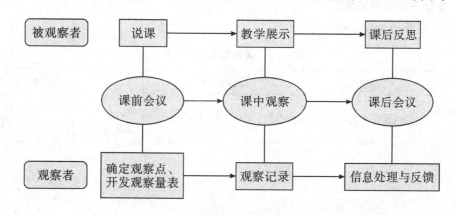

图9-1 课堂观察评价流程

1. 课前会议

在进入课堂进行观察之前，观察者和授课教师集中进行有效商讨，确定课堂教学活动（环节），以便于观察者确认自己的观察点。课前会议最好是在授课前一天进行，准备越充分，越能从课堂情境中收集到更多有用且详尽的资料。

课堂观察课前会议着重解决以下三个问题。

（1）授课教师说课；

（2）观察者一起确定课堂教学活动（环节）内容；

（3）多方商议，共同确定观察点。

2. 课中观察

在进入课堂观察的过程中，根据课前会议制订的观察量表，选择恰当的观察位置、观察角度，迅速进入观察状态，将定量和定性方法结合起来，记录所观察到的教学信息。

课中观察所采集到的信息是课后分析的基础。课中观察的科学性、可靠性关系到研究的信度和效度问题，以及针对行动改进的课后分析报告的质量。在整理、分析数据和做推论时，应注意以下四个方面。

（1）要理解量表的理念和目的；

（2）要注意把定量和定性的方法结合起来；

（3）要注意数据的信度和效度问题；

（4）外推要基于课中所观察到证据，应合理有效。

3. 课后会议

在观察结束之后，观察者和被观察者针对上课的情况进行探讨、分析、总结，在平等对话的基础上达成共识，制订后续行动跟进方案的过程。持续时间视情况而定。

课后会议一般应完成以下两部分内容。

（1）自我反思，并形成自我反思报告；

（2）分析观察结果，思考和对话，提出改进建议，最终对观察资料进行分析、整理，形成观察报告。

（二）课堂观察评价

1. 课堂观察评价标准

课堂观察评价量表见表9-1。

表9-1 课堂观察评价标准

一级指标	二级指标	指标说明	记录说明
教学活动（activity）	教学活动内容	教师设计了什么活动或情景	以"1""2"等编号，内容记录在观察量表"教学"区域

续表

一级指标	二级指标	指标说明	记录说明
目标设计（design）	D1. 物理观念	物质观念、运动与相互作用观念、能量观念	A. 物质观念；B. 运动与相互作用观念；C. 能量观念
	D2. 科学思维	模型建构、科学推理、科学论证、质疑创新问题	A. 模型建构；B. 科学推理；C. 科学论证；D. 质疑创新
	D3. 科学探究	问题、证据、解释、交流	A. 问题；B. 证据；C. 解释；D. 交流
	D4. 科学态度与责任	科学本质、科学态度、社会责任	A. 科学本质；B. 科学态度；C. 社会责任
目标达成（reach）	R1. 目标有效性	目标设计是否贴近学生实际，即是否有学情分析，以及学情分析的准确程度	4. 非常贴近；3. 贴近；2. 基本贴近；1. 一般
	R2. 目标规范性	目标设计是否符合课程标准要求，以及符合的程度	4. 非常符合；3. 符合；2. 基本符合；1. 一般
	R3. 目标持续性	教学活动的设计对目标达成是否具有持续性作用，短期目标是否具有长效内涵	4. 非常具有；3. 具有；2. 基本具有；1. 一般
	R4. 知识联系性	教学内容是否体现知识的前后联系性	4. 充分体现；3. 体现；2. 基本体现；1. 一般
	R5. 目标清晰度	课堂授课时表达目标是否"简约""清晰"，以及表达方式对目标达成的影响	4. 简约清晰；3. 清晰；2. 基本清晰；1. 一般
	R6. 课堂互动	课堂互动对目标达成是否有效；互动是否新颖有趣；能否引发学生参与兴趣，激发学生挑战欲	4. 充分互动；3. 互动；2. 基本互动；1. 一般
	R7. 教师评价	针对目标任务，教师是否有恰当的点拨或评价，教师评价对目标达成的有效程度	4. 非常恰当；3. 恰当；2. 基本恰当；1. 一般
	R8. 学生评价	学生之间是否展开生成评价，评价对目标达成的有效程度	4. 自主生成；3. 生成；2. 基本生成；1. 一般

2. 课堂观察评价标准中部分内容的解读

（1）目标有效性：高中物理的教学目标有效性在于其能够激发学生的兴趣，培养学生的科学素养，提升学生的学术水平和科学思维能力。具体应涵盖四个方面。

1）帮助学生掌握基本的物理概念：学习物理，第一步应理解并掌握基本的物理概念，对于学生来说，掌握物理概念可以帮助他们更好地理解物理现象，开启学习物理的大门。

2）培养学生的实验操作能力：物理是一门实验学科，学生需要通过实验来验证理论的正确性，因此，高中物理的教学目标应该包括实验操作的指导，使学生能够熟练掌握实验操作的方法和技巧。

3）提高学生的物理思维能力：物理也是一门开发思维的学科，可以培养学生的逻辑思维、计算能力、创新思维等多方面的能力。高中物理的教学目标应该注重培养学生的物理思维，使他们能够运用物理知识解决实际问题。

4）培养学生的实际应用能力：学习物理的目的在于应用，教学目标应该将学生应用物理知识、解决实际问题作为一项重要目标，使学生能够掌握物理知识，并且能够将其应用于实际生活中。

综上所述，高中物理教学目标的有效性在于其能够提高学生的学术水平和科学思维能力，并帮助学生更好地理解物理现象，培养他们的实验操作能力和实际应用能力。

（2）目标规范性：帮助学生培养运用科学方法解决问题的能力，加强科学与现实生活的联系，以及将理论知识付诸实践的能力。同时，也应培养学生的创新思维能力和实验探究能力。主要体现在五个方面。

1）知识目标：高中物理教学要求学生掌握基本的物理知识和原理，熟练掌握物理学中常用的数学方法和符号。

2）实验技能目标：高中物理教学要求学生掌握基本的实验技能，如实验设计、数据处理和结果分析等。

3）解决问题目标：高中物理教学要求学生通过物理学知识解决生活中的实际问题，培养学生综合运用物理学知识的能力。

4）意识培养目标：高中物理教学要求学生培养科学研究的意识，提高科学素养和科学精神，鼓励学生积极参与科学研究和创新活动。

5）社会责任目标：高中物理教学要求学生了解物理学对社会和人类的影响，培养学生的社会责任感和环保意识。

（3）知识联系性：高中物理教学的知识联系性是指物理学科中各种知识点、概念、理论之间的联系和相互作用。在教学过程中，应通过多种教学方法和手段，帮助学生掌握物理知识的联系性，促使学生形成系统化、整体化的物理学习思维方式和方法。具体来说，高中物理教学中的知识联系性包括五个方面。

1）空间关系：物理学科中，很多内容涉及空间的运动、排列、变化等方面，如坐标系、向量、几何光学等，这些概念与知识点之间有密切的空间关系。

2）时间关系：物理学科中的很多知识点和概念都涉及时间的变化和影响，如运动学、热力学、波动光学等，这些知识点之间都有密切的时间关系。

3）物理量的联系：物理学科中，很多物理量之间有非常紧密的联系，如动能和势能、电场和电势、功和能等。

4）物理实验与理论联系：物理学科中的实验是验证理论的有效手段，理论也是设计实验的出发点和依据，实验和理论之间密不可分。

5）物理学科的整体性：物理学科的各种知识点和概念之间都是相互联系的，构成了一个整体性的知识体系。高中物理教学应该重视整体性，在教学中应该让学生了解和掌握物理学科的整体结构和内容，形成系统化、整体化的物理学习思维方式。

（4）目标清晰度：高中物理教学的目标清晰度是指学生在学习物理的过程中，能清晰地了解和掌握学科知识体系和教学内容，明确知识目标和能力标准，并具备实验探究、运用科学方法进行解决问题和创新的能力。具体来说，应包括三个方面。

1）知识积累：学生能够系统掌握物理基本概念、量纲、单位，掌握力学、运动学、热学、光学、电学、磁学等基本理论和实验技术；理解和应用牛顿力学、热力学、电磁学等自然科学的基本原理和概念。

2）学科思维：帮助学生具备物理思维方式，包括定量分析问题的能力、数理思维和逻辑分析能力、探索科学规律的能力等。

3）兴趣发展：在教学过程中，应鼓励学生对物理学科进行探究和研究，提高学生对物理学科的兴趣和热爱程度，从而进一步提高学生的学习效果和水平。

课堂观察记录量表见表9-2。

表9-2 课堂观察记录量表

日期：				星期：			第 节			
年级：				学科：			课题：			
课型：				被观察者：			观察者：			
A. 教学活动（环节）	目标设计（design）				目标达成（reach）						
	D1. 物理观念	D2. 科学思维	D3. 科学探究	D4. 科学态度与责任	R1. 目标有效性	R2. 目标规范性	R3. 目标持续性	R4. 知识联系性	R5. 目标清晰度	R6. 课堂互动	R7. 教师评价	R8. 学生评价
1												
2												
3												
4												
5												
教学活动（环节）内容： （1）研究调光台灯的工作情况引入课题——电路的动态分析； （2）通过实验探测电压、电流的变化情况，进而探究功率变化； （3）NB仿真实验——展示电路的动态变化情况； ……												

（三）课堂观察评价局限性

课堂观察评价难以反映课堂生活之全貌。只能从可观察、可记录的教学活动现象来分析、理解本质，不能观察师生看不见的心理活动、思想变化等无外在表象的课堂内容。课堂观察评价善于对课堂行为进行局部分析、诊断，侧重对课堂的微观评价，而不善于对课堂事件进行整体、综合、宏观的把握。

（四）课堂观察评价意义

课堂观察评价是过程性评价。评价需要足够的信息来推断标准是否达到，即充分性和准确性。依据充分、客观、准确的数据信息，形成可靠的分析报告。

课堂观察评价的重点不在于价值判断，而在于收集课堂教学信息，形成可靠的推论报告以促进教师自行实施教学改革。这种实践能促进教学改进，形成评价的核心功能。

选取主题，明确观察点，分析信息，对教学提出适切的建议，这些高阶思维活动都对课堂观察评价者的数据分析能力、教学反思能力、理论素养提出了较高要求。所以，课堂观察评价者需要主动学习，接受专业培训。

面对复杂的课堂教学问题，仅凭教师个体的力量难以解决，需要群体的智慧，以合作体为组织依托，扬长避短，深挖合作力。

综上所述，高中物理教育评价改革是当前物理教育必须面对的问题，我们应该积极探究合适的评价体系，为学生的知识与能力发展提供有效支持。

参考文献

中华人民共和国教育部. 普通高中物理课程标准（2017年版）[M]. 北京：人民教育出版社，2017.

利用课堂观察提高物理教学中学生活动的有效性

温振锋

摘　要：LICC 范式是当前进行课堂观察中比较专业的理论。运用 LICC 范式选择"学生活动有效性"作为观察点，结合教育学、教育心理学等理论筛选观察指标编制观察量表，可以为观察者提供价值判断，提供相对科学且公正的数据。应用该量表组织教师对课堂进行观察，能更具体地反映课堂的优点与不足，为进一步改善课堂提供数据支持。

关键词：LICC 范式；物理课堂；学生活动；有效性

学生活动是指在课堂教学过程中，由老师构建具有趣味性、创造性的活动情境，学生主动参与、主动思考、主动探究，进而获取知识的群体性学习行为。如何设计并实施有效的学生活动，对在物理课堂教学中发展学生的核心素养有关键作用。而怎样的学生活动对发展学生核心素养是有效的，一直是一线物理教师热议的话题。在实际课堂教学中，存在着大量学生活动被异化的情况，例如，为活动而活动，脱离学生实际情况；过度追求让学生活动，课堂热热闹闹，但脱离教学目标等。这显然不利于教师专业能力的发展和学生物理学科素养的培养。

缺乏对学生活动的深入观察、科学评价、及时反馈和指导优化，是导致以往学生活动效果差强人意的重要原因。教师在课堂教学中，在学生活动中创设了什么情境？如何组织学生活动？学生活动是否有效？是否达成学习目标？这一系列问题都是以什么标准做出价值判断的？针对传统听评课中听课无明确分工，评课角度单一、片面，缺乏理论指导等情况，湛江市二中海东中学在听评课活动中广泛应用华东师范大学崔允漷教授的 LICC 范式开展听评课活动，对课堂改进起到较好的推进作用。该范式共包括 4 个维度、20 个视角和 68 个观察点。[①]

本文应用 LICC 课堂观察模式，选择"学生活动有效性"这一观察点，设计观察量表，对物理课堂学生活动进行多角度的观察，分析活动设计的有效性，进而提出改进意见，为教师改进课堂学生活动设计提供理论和数据支持。

---

① 参见崔允漷《论课堂观察 LICC 范式：一种专业的听评课》，载《教育研究》2012 年第 5 期，第 79－93 页。

一、"学生活动有效性" 指标分析

要判断课堂中学生活动是否有效,需要从教师对学生活动方案的设计与实施两个方面进行观察。

(一) 分析学生活动设计包含的指标

学生活动强调学生主动参与和直接体验,教师在活动中起引导作用。有效的学生活动能调动学生的主观能动性,激发学生的学习潜能与学习兴趣,培养学生勤思考、懂合作、善交流、敢表达,在掌握知识的同时发展学生的学科核心素养,促进学生全面成长。

建构主义理论将学生活动过程设计细化为六个要素,分别为情境、协同、支架、任务、展示、反思,它们是进行学生活动设计的重要方式。围绕课堂学习目标创设真实情境,为其他要素提供了重要的根基;协同的过程需要有效组织小组之间的合作,在完成一些难度较大的学习任务时,更好地完成学习的任务,实现互利互惠;支架即所谓的"脚手架",将图表、视频、文字等作为学习支架,能帮助学生将已有知识经验和当下课堂学习内容建立密切的联系;任务是学生活动过程中最重要的一环,常常需要围绕特定的情境进行问题的深化探索;评价主要指的是展示与反思,将学习以可视化的方式呈现出来,确保学生的学习更加可持续。①

学生活动的呈现一般包括活动属性、设计思路、活动过程、活动评价等。教师在进行学生活动设计时,要以学生为主体,从目标导向出发,设计基于问题解决的实践性活动,因为学生在实践性活动中是"吸收"知识而不是"获取"知识。要让学生经历实践性活动过程,从而发展思维能力、认识科学方法、获得成功的体验,进而实现学科育人价值。

结合以上考虑,研究组认为对"学生活动设计是否有效"进行价值判断时,可以基于以下四个指标。

1. 活动目标是否匹配教学目标

活动是为达成教学目标服务的,因此要根据教学目标设计活动目标,并以此策划活动方案。适配的教学目标可以引导学生进行有意义的思维活动,培养他们的分析、解决问题和创造性思维能力。适配的教学目标可以使学生活动更加有针对性、有效和个性化,从而提高学生的学习体验和学习成效。

2. 活动情境能否激发学习兴趣和学习潜能

活动设置的情境是否新颖有趣且具有挑战性,是激发学生参与活动的重要因素。老师需要根据教学目标选择合适的情境,并结合学生的特征,如年龄、兴趣爱好等为学生创造能引起他们兴趣的情境。情境应该越真实越好,与学生日常生活相关的情境更容易被他们接受和理解。情境活动不能超出学生的认知能力和学习难度范围,应保持一定的难

---

① 参见崔允漷《论指向教学改进的课堂观察 LICC 模式》,载《教育测量与评价(理论版)》2010 年第 3 期,第 4-8 页。

度与挑战性，确保学生能够完成任务，从而激发学生参与活动的热情和完成活动的信心。

3. 活动形式能否发展学生的核心素养

活动是课堂中发展学生核心素养的主要方式。授课教师是否能够准确分析相应教学内容所包含的核心素养要素，又如何通过活动使得学生经历过程，获得体验，从而收获核心素养的成长。活动形式需考虑学生的操作能力，避免过于复杂、烦琐的操作，影响学生的学习体验和积极性。

4. 活动资源是否充分，搭建"手脚架"让每个学生都有事可干，获得成功体验

学生的知识储备各有不同，授课老师需要准备充分的活动资源，包括必备的基础知识、必需的操作要求与操作技巧等，并能根据学生的差异规划出不同的方案或者分工，让每个学生都能充分投入活动。

（二）分析影响学生活动有效性的因素

活动设计是否能够在课堂中真实地促进学生成长，从而使学生获得成功的体验、知识上的增加、核心素养的提升、综合能力的发展，直接决定了学生活动是否有效。具体可以从六个指标进行分析。

1. 参与广度

教育学认为，学生活动是一种以学生为中心的教学方法，通过参与活动，学生能够自主探究、自我发现和自我学习，从而增强学生的学习兴趣和学习动机。学生的参与程度是影响学生探究的主动程度和深度的关键因素。参与程度较低，可能导致教育目标难以达成，反之则可以增强学习效果。教育心理学认为，学生活动是一种主动学习的方式，通过积极地参与活动，能够培养学生的主动性、合作性和探究性，促进学生在认知、情感、态度和意志等方面的综合发展。学生的参与程度会显著地影响活动的效果，有效的参与可以增强学生对知识的理解和记忆，提高学习产出，可以增强学生的自信心和提高学生的参与积极性。老师在活动组织过程中应采用多种方法提高学生的积极性和主动性，例如鼓励交流、提出问题、适度调整难度和引导合作等，从而确保教学目标的顺利达成。

2. 活动氛围

学生活动中的氛围对于活动的有效性有重要影响。一个良好的氛围可以提高学生的积极性、动力和合作意愿，增强学生的参与度和主动性，从而有利于活动的有效开展。如果氛围不好，会使学生的参与积极性降低，导致学生不愿意参与活动或出现消极情绪，甚至干扰活动的开展。老师要根据活动的性质创造合适的氛围。比如积极、安全、舒适的氛围可以让学生感受到对他们的支持和认同，从而提高参与积极性和活动效果；团结和谐的氛围可以促进学生之间的相互交流和合作，从而增强学生融入学习活动的意愿；刺激性、有挑战的氛围可以鼓励学生尝试新的思维方式、解决问题的方式，促进学生的核心素养发展。老师在进行学生活动设计时重视并积极创造有益于学生学习的氛围，有助于提高活动的有效性。

3. 准备程度

在开始活动前，老师和学生都要有充分的准备。老师除了进行活动设计之外，还要准备好各种教学资源和"手脚架"，确保学生具备完成活动的能力，确保活动所需要的

材料和工具齐全；明确老师和学生的分工，明确活动的内容、任务、时间和方式，确保活动有序。老师和学生在课堂进行学生活动时都需要做好充分的准备，才能充分发挥学生活动的教育效果。

4. 活动时间

在课堂中组织学生活动时，合理的时间分配可以让学生在适当的时间内完成活动任务，从而提高教学效率。如果活动时间过长，可能导致学生的注意力分散；如果时间过短，则可能无法给学生充分的思考和探索机会。合理的时间分配可以维持一个有秩序、有效的学习氛围。不同年级的学生对时间的掌握和注意力的集中程度不同，规划活动时间要考虑学生的年龄和发展特点。时间分配还要确保学生活动能与其他教学环节的衔接，使得整个教学过程有机地串联起来，形成一个完整的课堂。合理分配时间，确保学生能够在适当的时间内充分参与、思考和完成活动，从而提高学习效果。

5. 师生互动

老师在活动中及时评价和引导可以帮助学生了解自己的表现，并提供他们所需的反馈和指导。这有助于学生了解自己的优点和需要改进的地方，进而提高学习效果；老师帮助学生深化对学习主题的理解，并鼓励他们积极参与课堂活动。评价的目的是促进学生的学习和发展，激发他们的学习兴趣和动力。评价学生活动可以促使学生进行自我反思，思考自己的学习过程和方法，从而促进学生核心素养的发展。通过评价，可以培养学生的学习思维能力，逐渐引导学生形成自主学习的习惯。评价学生活动，可以营造积极的学习氛围，鼓励学生之间的交流和合作；可以帮助老师更好地了解学生的需求和困惑，进而提供更有针对性的教学支持。因此，评价是师生互动的重要环节。

6. 生生互动

在活动过程中，学生之前是否进行有意义的讨论、分组活动之后学生是否进行展示、学生是否有反思，这些环节都会影响学习的效果。通过有意义的讨论、展示活动，学生会更加深入地理解学习内容，并能够及时发现自己的不足，及时加以改进，进而提高学习成效。讨论和展示能让学生充分表现自己的优点和长处，得到同学们的认可和鼓励，从而增强自信心，提高学习积极性。讨论和展示还能让学生在公共场合表达自己的观点，帮助他们提高口头表达能力和沟通能力，促进核心素养的发展。讨论、展示通常由小组完成，每个小组成员都需要充分发挥自己的能力，协作完成任务，从而增强学生的团队合作精神。

综上所述，学生在课堂中进行有意义的讨论和展示活动，是确保课堂中学生的主体地位，提高学生的学习效果，促进学生的交流和合作，提高学生的自信心和掌握知识的深度、广度，促使学生进行协同学习和探究学习的重要方式。

二、"学生活动有效性" LICC 观察量表的设计

从学生活动设计、学生活动效果两个方面设计观察量表，见表 10-1。

表 10-1　课堂观察评价标准——学生活动的有效性

一级指标	二级指标	指标说明	记录说明
活动设计	A1. 活动内容	教师设计活动内容	以"1""2"等编号，内容记录在观察量表"活动内容"区域
	A2. 活动目标	活动对应的学习目标	以"①""②"等编号，内容记录在观察量表"活动目标"区域
	A3. 适切性	活动设计与教学目标是否适配	A. 适配；B. 一般；C. 不适配
	A4. 素养导向	活动培养学生哪个核心素养	A. 物理观念；B. 科学思维；C. 科学探究；D. 科学态度与价值观；E. 其他_____
	A5. 活动方式	活动开展形式	A. 小组讨论展示；B. 分组探究；C. 演示、表扬；D. 体验过程；E. 其他_____
	A6. 激发动机	活动情境能否引发学生参与兴趣，激发学生挑战欲	A. 能；B. 一般；C. 不能
	A7. 活动方案	活动有无具体可操作的方案；探究活动是否有充分的"手脚架"	A. 具体可操作；B. 有简略方案；C. 无
活动效果	E1. 参与广度	参加活动的学生占全体学生的百分比	A. 75%以上；B. 50%~75%；C. 25%~50%；D. 25%以下
	E2. 活动氛围	是否调动学生情绪，激发学生竞争	A. 积极投入；B. 反应平淡；C. 消极被动
	E3. 准备程度	学生是否明确活动任务，并且充分参与	A. 准备充分；B. 准备一般；C. 无准备
	E4. 活动时间	活动从开始到结束所用时长，与活动内容是否匹配	记录实际时长；A. 匹配；B. 时间过长；C. 时间过短
	E5. 师生互动	活动中教师指导的程度（有无提供足够的"手脚架"）	A. 明确指导；B. 一般；C. 无指导（学生自主）
	E6. 生生互动	活动中学生之间的相互协作程度	A. 相互协作；B. 一般；C. 无协作
	E7. 目标达成	活动中学生学习目标的达成情况	A. 达成；B. 基本达成；C. 未达成

三、结语

利用 LICC 范式制成关于学生活动有效性的观察量表,经过课前会议了解授课教师的活动设计,并进行课前观察任务的分工,听课老师通过观察量表对观察点进行深入、全面的记录,最后再根据观察数据分析得出结论。这样的课堂观察更公正,也更专业,能够更科学地发现课堂中学生活动存在的优点与不足。通过评测分析提出的改进意见更切合。这种课堂观察能够加速新教师的成长,对有经验的老师也能够带来很多启发。

根据自己的研究方向制定相应的课堂观察量表,对课堂中真实的情况进行分析,应该是一种更符合一线老师进行教学研究的方法。我们当前的研究还比较基础,还有很多不成熟的地方,欢迎有更多的同行加入,一起讨论。

参考文献

[1] 崔允漷. 论课堂观察 LICC 范式:一种专业的听评课 [J]. 教育研究, 2012, 33 (5): 79 - 83.

[2] 崔允漷. 论指向教学改进的课堂观察 LICC 模式 [J]. 教育测量与评价(理论版), 2010 (3): 4 - 8.

[3] 牟尚婕, 潘莺莺, 盛群力. 聚焦卡干合作结构法:使合作学习成为课堂常态 [J]. 课程教学研究, 2015 (3): 4 - 10.

[4] 胡红杏. 项目式学习:培养学生核心素养的课堂教学活动 [J]. 兰州大学学报(社会科学版), 2017, 45 (6): 165 - 172.

[5] 崔允漷. 课程实施的新取向:基于课程标准的教学 [J]. 教育研究, 2009 (1): 74 - 79, 110.

[6] 崔允漷, 沈毅, 周文叶, 等. 课堂观察 20 问答 [J]. 当代教育科学, 2007 (24): 6 - 16.

"三步五环成长+" LICC 课堂评价模式在化学课堂的实践与研究

王莉萍　黎洪玲

摘　要：随着课程改革的进行，基于教师合作实施教学研究的课堂观察应运而生。为了避免听评课的形式化、任务化，提高听评课的质量，在学校的组织下，化学组从课程性质、学生学习和教师教学3个维度，制定课堂教学评价量表。结合课例展示，研究化学组和其他科组课堂观察的效果。

关键词：教师合作；课堂观察；课例展示；听评课

一、LICC 课堂评价模式的出现

传统的听评课往往流于形式，即兴点评，不注重质量，没有体现"对话"理念，而新课标要求课堂教学应该重点关注学生的有效学习。因此，应以学生课堂的有效学习为出发点，从课程性质、学生学习、教师教学、课堂文化4个维度构建课堂观察的框架。课堂观察包括课前会议、课中观察和课后会议。课前会议确定观察的目的和重点，为课堂观察奠定基础。课中观察，各听课老师根据事先确定好的量表，对授课教师的课堂行为进行观察和记录，选择合适的观察位置和观察角度，通过不同的技术手段进行记录。课后会议，观察者针对被观察者在课堂上出现的情况，进行讨论、分析，在平等的基础上进行对话，最终达成共识，制订后续改进方案以指导教学。LICC 课堂评价模式是一种基于互动性和实践性的教学模式，需要观察者、被观察者和学生通力合作，是一种共享、互惠的真实合作。华东师范大学的沈毅和崔允漷教授提出的 LICC 课堂评价模式认为："建立合作体，有助于改变教师传统的单兵作战的听评课方式。以合作为组织依托，可以使课堂观察专业化。有固定的合作群体，使课堂观察更加有动力，更加持续。"

二、目前听课议课的现状

湛江市二中海东中学开展的大教研是把物理、化学、生物、信息通用技术四个科组放在一起，组成理科综合教研组。这样安排的初衷是想让理科老师互相借鉴，互相学习，取长补短，但是在实际执行中却存在两个方面的问题。

（1）发言不积极。表现明显的是，不同科组的老师以跨学科不懂专业为由，不愿意在评课过程中表达自己的观点。以化学组（8人）为例，统计数据如图 11-1、图 11-2 所示。

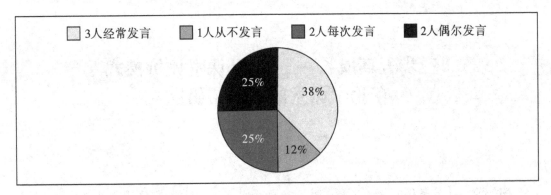

图 11-1 化学组听评化学课发言情况

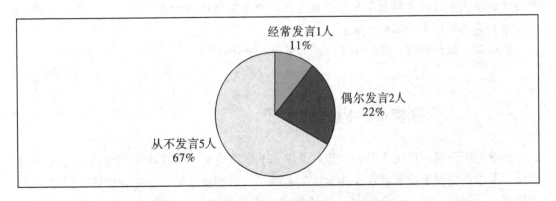

图 11-2 化学组听评其他科组上课发言情况

（2）议课内容比较单一。同科组议课，从专业的角度就有很多可讨论的方面，所以讨论得比较热烈。

从以上两个方面综合来看，理综大教研没有达到预期的效果，反而导致很多老师不愿意参加大教研活动。在这个背景下，学校提出了"三步五环成长+"LICC课堂评价模式，旨在用数据反思课堂，让非专业的老师议课有话讲，也能产生共鸣。从感官式评价转向过程性评价，转向数据式评价。

三、化学组 LICC 评课的形成

教育部发布的化学学科核心素养主要分为初中和高中。初中化学学科素养分四个方面：①化学观念；②科学思维；③科学探究与实践；④科学态度与责任。高中化学学科素养分五个方面：①宏观辨识与微观探析；②变化观念与平衡思想；③证据推理与模型认知；④实验探究与创新意识；⑤科学精神与社会责任。化学组结合初中和高中的核心素养，选择"证据推理与模型认知"和"科学精神与社会责任"这两个维度作为本学期课堂评价的主要内容，确定的教学主题为"制定教学目标，浸入式教学"。以课程性质、学生学习、教师教学为观察维度，化学组制定了课堂教学评价表（见表 11-1、表 11-2）。

表 11-1 教学目标的设计与达成评价标准

一级指标	二级指标	指标说明	记录说明
目标设计 （design）	C1. 教学活动	教师设计了什么活动	以"1""2"等编号，内容记录在观察量表"教学活动"区域
	D1. 化学观念	物质观念、微粒观、元素观、运动观、分类观、构性观、守恒观、科学价值观、平衡观	A. 物质观念；B. 微粒观；C. 元素观；D. 运动观；E. 分类观；F. 构性观；G. 守恒观；H. 科学价值观；I. 平衡观
	D2. 科学思维	比较、分类、分析推理、归纳、模型建构	A. 比较；B. 分类；C. 分析推理；D. 归纳；E. 模型建构
	D3. 科学探究	证据、解释、交流	A. 证据；B. 解释；C. 交流
	D4. 科学态度与责任	科学本质、科学态度、社会责任	A. 科学本质；B. 科学态度；C. 社会责任
目标达成 （reach）	R1. 目标有效性	目标贴近学生实际的程度	A. 密切；B. 一般；C. 脱离
	R2. 目标规范性	目标体现课标要求的程度	A. 符合；B. 一般；C. 不符合
	R3. 目标清晰度	目标"简约""明晰"的程度	A. 明晰；B. 牵强；C. 模糊
	R4. 知识联系性	目标体现前后知识联系的程度	A. 充分体现；B. 一般；C. 未体现
	R5. 目标切合度	学生对各目标任务的切合度	A. 切合；B. 一般；C. 不切合
	R6. 课堂互动	教师是否有恰当的方法点拨	A. 恰当；B. 一般；C. 不恰当
	R7. 教师评价	教师是否有针对目标任务的恰当评价	A. 恰当；B. 一般；C. 不恰当
	R8. 学生评价	学生之间的评价及学生自我评价情况	A. 积极；B. 一般；C. 不能生成

表 11-2 教学目标的设计与达成观察量表

日期：					星期：				第 节			
年级：					学科：				课题：			
课型：					被观察者：				观察者：			
教学活动内容记录												
目标设计					目标达成							
C1.教学活动	D1.化学观念	D2.科学思维	D3.科学探究	D4.科学态度与责任	R1.目标有效性	R2.目标规范性	R3.目标清晰度	R4.知识联系性	R5.目标切合度	R6.课堂互动	R7.教师评价	R8.学生评价	其他
1													
2													
3													
4													
5													
7													
8													
9													
10													

遵循生活处处皆化学的理念，创设情境，让化学从生活中来，到生活中去，成为课堂的主题。

以课程性质、教师教学为观察维度，化学组制定了课堂教学评价表（见表11-3、表11-4）。

表 11-3 教学情境的创设与利用评价标准

一级指标	二级指标	指标说明	记录说明
教学情境的创设（create）	C1. 教学情境	教师创设了什么情境	以"1""2"等编号，内容记录在观察量表下方"情境内容"区域
	C2. 学习目标	情境为了实现哪个学习目标	以"①""②"等编号，内容记录在表下方"学习目标"区域
	C3. 呈现形式	情境以怎样的形式呈现	A. 图片；B. 视频；C. 模型；D. 游戏；E. 实验；F. 单纯口述；G. 其他
	C4. 新颖性	情境是否与时俱进或别出心裁	A. 新颖；B. 一般；C. 陈旧
	C5. 生活化	情境是否与生产、生活密切联系	A. 密切；B. 一般；C. 脱离
	C6. 适切性	情境是否适合学习要求和学生特点	A. 适合；B. 一般；C. 不适合
教学情境的利用（utilize）	U1. 素养导向	情境促进了学生哪种核心素养的培养	A. 宏观辨识与微观探析；B. 变化观念与平衡思想；C. 证据推理与模型认知；D. 实验探究与创新意识；E. 科学精神与社会责任
	U2. 认知导向	情境发展了学生哪种认知能力	A. 综合/分析评价；B. 理解/应用；C. 识记
	U3. 课堂互动	情境作用下，师生、生生的互动情况	A. 整体互动；B. 个别互动；C. 不互动
	U4. 学生表情	情境作用下，大多数学生的学习表情	A. 兴奋/感动/震撼；B. 一般；C. 无所谓
	U5. 学习状态	情境作用下，学生参与学习的状态	A. 积极投入；B. 反应平淡；C. 消极被动
	U6. 目标达成	情境作用下，学习目标的达成情况	A. 达成；B. 基本达成；C. 未达成

表 11-4 教学情境的创设与利用观察量表

日期：		星期：			第 节							
年级：		学科：			课题：							
课型：		被观察者：			观察者：							
学习目标：					情境内容：							
教学情境的创设（create）						教学情境的利用（utilize）						
C1.教学情境	C2.学习目标	C3.呈现形式	C4.新颖性	C5.生活化	C6.适切性	U1.素养导向	U2.认知导向	U3.课堂互动	U4.学生表情	U5.学习状态	U6.目标达成	U7.课外拓展	其他
1													
2													
3													
4													
5													
6													
7													
8													
9													
10													

四、化学组"三步五环成长+" LICC 课堂评价模式的案例展示

以化学组陈树华和黎洪玲两位老师的大教研课为例，可以看出化学组和其他科组用以上两个量表参与听课和议课的效果（见表 11-5、表 11-6、表 11-7、表 11-8）。

表11-5 观察量表一（课例一）

日期：2023-10-16		星期：一		第八节							
年级：高一		学科：化学		课题：氯气的化学性质（第一课时）							
课型：新授课		被观察者：黎洪玲		观察者：王莉萍（化学组）							

| 教学活动内容记录 | （1）导入：日本核废水事件—关注海洋资源—引出氯气；
（2）新闻视频《氯气的泄露》—学生归纳填表：氯气的物理性质；
（3）播放视频《运输车到化工厂》—学习氯气的化学性质：氯气与钠、铁、铜、氢气的反应（记录现象、讨论结构对性质的影响、写化学反应方程式）；
（4）播放视频《运输车到自来水厂》—学习氯气能杀菌、消毒的原理—学生实验：氯气与氯水的性质（学生实验、记录现象、猜想氯水中的粒子、写化学反应方程式）；
（5）播放视频《运输车到漂白粉厂》—学习氯气与碱溶液的反应—学生实验：氯气与氢氧化钠溶液（学生实验、记录现象、写化学反应方程式）；
（6）学生总结—画思维导图 |

	目标设计				目标达成						
C1.教学活动	D1.化学观念	D2.科学思维	D3.科学探究	D4.科学态度与责任	R1.目标有效性	R2.目标规范性	R3.目标清晰度	R4.知识联系性	R5.目标切合度	R6.课堂互动	R7.教师评价	R8.学生评价	其他
1				BC	A	A	A						
2	A	CD	C	C	A	A	A	A	A	A	A	B	偏快
3	BEF	ACDE	ABC	AB	B	A	A	A	B	A	A	B	
4	AE	ACD	ABC	A	A	A	A	A	A	A	A	A	简单
5	A	ACE	C	AC	A	A	A	A	A	A	A	A	偏难
6	E	ACDE	C		B	A	A	A	C	A	A	A	时少
7													

73

表 11-6 观察量表二（课例一）

日期：2023-10-16	星期：一	第八节
年级：高一	学科：化学	课题：氯气的化学性质（第一课时）
课型：新授课	被观察者：黎洪玲	观察者：郑玉嫦（生物）
学习目标： (1) 学习氯气的物理性质； (2) 掌握氯气的化学性质； (3) 了解氯气在生活中的应用		情境内容： (1) 视频《日本核废水排放事件》； (2) 视频《运输车发生氯气泄漏事故及处理》； (3) 教师演示实验与视频资料相结合，学习氯气的化学性质； (4) 学生实验：氯气与氯水的性质； (5) 学生实验：氯气与氢氧化钠溶液

教学情境的创设（create）						教学情境的利用（utilize）							
C1.教学情境	C2.学习目标	C3.呈现形式	C4.新颖性	C5.生活化	C6.适切性	U1.素养导向	U2.认知导向	U3.课堂互动	U4.学生表情	U5.学习状态	U6.目标达成	U7.课外拓展	其他
1		B	A	A	A	D	A	A	A	A			热点
2	1	B	B	A	A	B	A	A	B	A	B	B	
3	2	BCE	A	A	A	ABC	AB	AB	A	A	A	B	热烈
4	2、3	E	B	A	A	ABC	AB	B	A	A	A	A	兴奋
5	2、3	EG	B	A	A	BC	AC	A	B	A	A	A	对比
6													

表 11-7 观察量表一（课例二）

日期：2023-3-20				星期：一				第八节			
年级：高一				学科：化学选科 B 班				课题：硝酸的化学性质			
课型：新授课				被观察者：陈树华				观察者：杨宇（化学组）			
教学活动内容记录				（1）硝酸的展示。利用硝酸实物，带领学生从视觉、嗅觉等方面认识硝酸的物理性质。 （2）通过观看工厂硝酸泄露的视频，思考：①红棕色气体是什么？②产生红棕色气体的原因是什么？③书写反应方程式，联系旧知识，从氧化还原反应的角度分析产物。 （3）硝酸的用途：硝酸与铜的反应。①教师展示硝酸铜的图片，引导学生思考浓硝酸与铜反应。②师生互动，教师展示课前进行浓硝酸与铜反应现象照片，硝酸铜溶液显绿色？学生讨论并思考原因。③结合课本实验装置和课堂展示装置，学生观察对比，阐述改进后的好处，教师进行演示实验，学生协助屏幕。④结合课本化学反应方程式，设计实验如何直观观察并证明稀硝酸与铜的反应产物之一是一氧化氮气体，学生进行实验操作。 （4）硝酸的运输。①学生观察运输硝酸槽车的车体材质，阅读课本，了解金属钝化的原因。②利用思维导图总结不同金属与浓稀硝酸反应的不同现象。 （5）硝酸的生产。①学生进行角色体验，作为化工公司生产线的设计者，结合已学知识进行硝酸合成的路线设计。②学生通过小组讨论，设计路线，通过合成路线和类价二维表征图展示							
目标设计				目标达成							
C1.教学活动	D1.化学观念	D2.科学思维	D3.科学探究	D4.科学态度与责任	R1.目标有效性	R2.目标规范性	R3.目标清晰度	R4.知识联系性	R5.目标切合度	R6.课堂互动	R7.教师评价	R8.学生评价	其他
1	A	CD	AC	A	A	A	A	A	A	B	A	B	
2	AF	CDE	BC	A	A	A	A	A	A	A	A	A	
3	AD	AD	A	AC	A	A	A	A	A	A	A	A	
4	EH	CE	C	AC	A	A	A	A	A	B	A	A	
5	H	CE	C	BC	A	A	A	A	A	A	B	A	
6													

表 11-8 观察量表二（课例二）

日期：2023-3-20					星期：一				第八节		
年级：高一					学科：化学选科 B 班				课题：硝酸的化学性质		
课型：新授课					被观察者：陈树华				观察者：陈海由（信息组）		
学习目标： (1) 硝酸的物理性质和化学性质； (2) 硝酸与金属反应实验、工业制硝酸原理					情境内容： (1) 展示实物：浓硝酸； (2) 视频：工厂硝酸泄露； (3) 学生实验：硝酸与铜的反应； (4) 图片：运输硝酸槽车的车体及材料介绍； (5) 职业体验：设计工业合成硝酸						
教学情境的创设 （create）						教学情境的利用 （utilize）					
C1. 教学 情境	C2. 学习 目标	C3. 呈现 形式	C4. 新颖性	C5. 生活化	C6. 适切性	U1. 素养 导向	U2. 认知 导向	U3. 课堂 互动	U4. 学生 表情	U5. 学习 状态	U6. 目标 达成	U7. 课外 拓展	其他
1	1	E	B	A	A	B	B	B	A	A	A	B	
2	1	B	A	A	A	D	A	A	A	A	A	B	
3	2	B	B	A	A	B	A	B	A	A	A	B	
4	2	A	A	A	A	C	B	A	A	A	A	A	
5	2	G	A	A	A	C	B	A	A	A	B	A	
6													

五、固化模式，学会用数据进行过程性评价

通过对量表进行分析，授课老师可以针对性地设计教学活动，有效地落实核心素养的培养任务，最终达到教学目标。听课教师在活动中观察学生的反馈，从中判断授课教师是否完成教学目标。不仅化学老师能够量化本节课的听课要点，其他科组的老师也能够有很多数据来支撑评课，让听课的老师也能根据数据来反思本节课的教学是否达到预设的目标，在评课的时候就会娓娓道来，真正做到有据可查。

六、课堂观察的意义

"三步五环成长+"LICC课堂评价模式观察既能够促进教师专业发展,也能改善学生的学习,还能有助于学校合作文化的形成。当然,课堂观察也存在一些局限性,例如,观察的点不能面面俱到,必须有所取舍;被观察者需要平常心,观察者需要专业培训,还需要专业技术和设备的保障等。因此,运用者需要扬长避短,克服局限性,才能利用好"三步五环成长+"LICC课堂评价模式。

参考文献

沈毅,崔允漷. 课堂观察:走向专业的听评课[M]. 上海:华东师范大学出版社,2008.

"三步五环成长+" LICC课堂评价模式对体育听评课的适用性研究

郭元博

摘 要：本文旨在探讨"三步五环成长+" LICC课堂评价模式对高中体育听评课的适用性。从"三步五环成长+" LICC课堂评价模式的角度出发，对高中体育听评课活动进行深入探究。该课堂观察范式可以提高高中体育课的评价效果和教学质量，为高中体育课的改革提供有益的参考。

关键词：LICC课堂观察范式；高中；体育听评课

高中体育课作为提高学生身体素质和健康水平的重要课程，其教学质量一直备受关注。传统的听评课方式往往只关注教师的教和学生的学，而忽略了课程本身的设计和实施过程。为了弥补这一缺陷，本文引入LICC课堂观察范式，旨在探究其在高中体育听评课中的适用性。

一、LICC课堂观察范式解读

课堂观察是一种由教师共同参与的专业实践活动，它并不是教师个人随意"观"课的行为，而是一种有组织、有程序的专业活动。在进行课堂观察活动时，备课组、教研组或其他组员在课堂观察任务的驱动下，形成了持续合作的课堂研究团队和科学共同体，这是LICC课堂观察范式形成的基本组成部分。

从实践经验出发，对复杂的课堂环境进行解构，将其分解为4个相对独立的教学要素：学生学习（learning）、教师教学（instruction）、课程性质（curriculum）和课堂文化（culture）。① 对这4个要素进行详细的研究和分析是非常必要的。其中，学生学习是最关键的要素，是课堂的核心，另外的3个要素对影响学生学习起着至关重要的作用。

首先，课堂观察作为一种研究课堂教学的手段，在其程序设计上，包括课前会议、课中观察和课后会议，确保了体育课程的听评研究过程具有针对性和持续性。其次，"三步五环成长+" LICC课堂评价模式的专业特点在于课堂观察的焦点并不是教师的授课，而是学生的学习过程。观察点的设计旨在优化学生的学习体验，这也为体育听评课提供了明确的方向。体育听评课的核心目标和意义并不是为了展示技巧，而是为了确保学生学习得到有效的实施。最后，课堂观察不仅提供了确定观察点的方法，还开发了观察和

---

① 参见于雷《LICC课堂观察模式在高中化学听评课中的应用研究》（学位论文），福建师范大学2017年。

记录的工具、数据的处理和推断,以及课例的编写等技术,这使得它在体育课的听评过程中更专业,更具针对性和实用性。

二、高中体育听评课的现状

首先,尽管教师对听评课活动表现出极高的热情,但他们在课堂上并不是十分投入。大部分教师,特别是那些教龄较短的年轻教师,都非常热衷于参与听评课活动,他们充满活力,视听评课为推动自己专业发展的关键途径,并积极地参与学校的听评课活动。然而,在评课环节,他们并不会主动发表意见,而是选择听取其他教师的评议,并以评课结果为依据来优化自己的教学方法。[1] 有一部分青年教师不重视听课、评课,认为只要上好一堂课就可以了。值得一提的是,教师在参与听评课活动时,很少与学生进行深入的交流,他们主要关注的是"教师的教学方法",很少考虑学生对课堂的评价,这导致许多教师在参与听评课时所关注的内容过于单一。

其次,尽管学校对于教师参与听评课的标准相当高,但在系统性的培训方面仍显不足。大多数学校都会安排时间组织听评课,但多数教师并未重视自己参与听评课后的反思和总结。学校视听评课为年轻教师职业发展的关键路径,并通过制定相关制度和组织各种活动来鼓励教师更加主动地参与听评课。尽管如此,许多学校对于教师听评课的标准仅仅局限于数量上,只有极少数学校规定教师在听评课后需要进行详细的记录和分析。大多数学校并没有对教师听评课进行全面的培训,教师的听评课经验主要是通过自我摸索来获得的。

最后,教师在获取听评课知识方面的途径过于单一,对于听评课的重要性的理解也不够深入。不同类型和年龄的教师在获取听评课的渠道上存在一定差异。教师主要通过学习资深教师的经验来掌握听评课的知识,仅有一小部分教师是通过参与专家的讲座或阅读相关书籍来积累听评课的专业知识。另外,由于受自身教育理念和水平等因素影响,部分教师也不能很好地掌握正确有效的听评课技巧,从而导致课堂效果不理想。经验丰富的教师通过言传身教的方式进行听评课,这种方法是基于长时间的教学实践积累宝贵经验,但如果缺少其他听评课的理论指导,那么这些经验就很难构建起一个专业的听评课体系,也难以满足课程改革的需求。受传统教育思想的影响,许多老师在听课过程中没有把听评课作为一个独立的环节来对待,而是将它与备课和上课结合起来进行分析讨论。随着时间的推移,听评课的评价标准逐渐变得过时和单一。当部分老师积累了足够的教学经验后,他们可能会认为参与听评课是在浪费时间,而忽略了听评课的其他的深远意义。

---

[1] 参见张文姗《基于LICC范式的高职课堂观察量表研制初探》,载《吉林省教育学院学报》2019年第8期,第5页。

三、LICC 课堂观察范式对体育听评课的策略研究

（一）学生学习

学生的学习情况是影响高中体育听评课研究的关键内容之一。在体育课堂中，学生的学习情况对听评课的效果具有重要的影响。首先，学生的学习情况直接关系到学生对体育课内容的理解和掌握程度。如果学生的学习情况良好，学生能够更好地理解和掌握体育课所传授的知识和技能，那么老师就能够更全面准确地听取和评价课堂教学。

其次，学生的学习情况还与学生对体育课的兴趣和积极参与度息息相关。如果学生对体育课感兴趣并积极参与其中，学生会更加专注于课堂内容，更加主动地参与课堂讨论和活动。这种积极的学习情况会促使学生在听评课中更加主动地思考和表达自己的观点，从而对课堂教学提出更有建设性的评价。[①]

最后，在高中体育的听评课过程中，观察者可以通过观察课堂氛围、学生的参与度、运动兴趣等方面来评估学生的学习状态，以及学生的需求是否得到满足。同时，还可借助观察所获得的数据信息来分析影响学生参与教学活动的因素，进而为教师提供有价值的建议，以促进教学效果的提升。比如，在篮球的教学过程中，观察者有机会观察学生是否热衷于练习，以及是否能够熟练掌握基础的投篮方法。此外，观察者还可以了解学生参与体育运动的动机以及他们对于体育课上所做的训练的效果的评价等。在高中的体育教育中，学生应当成为课堂的焦点，应帮助学生积极地参与各类体育活动以及技能的训练。因此，在听评课的过程中，教师可以通过观察来判断学生是否具有良好的学习动机。通过观察学生，观察者能够判断他们是否具备主动参与、相互沟通以及勇于付诸实践的能力。此外，教师还需要引导学生积极投入到课程活动中去，并与他们进行有效的互动交流。比如，在游泳课程中，学生们应当积极地参与游泳的实践，相互分享游泳的技巧和经验，以共同提升游泳能力。

（二）教师教学

教师的教学方法对高中体育听评课的影响是体育教育研究中一个重要的课题。教师的教学方法直接影响着学生的学习效果和兴趣，因此，对于体育听评课的研究具有重要意义。

首先，教师的教学方法对高中体育听评课的影响体现在学生的学习效果上。不同的教学方法会产生不同的教学效果。例如，传统的讲授式教学方法注重知识的传授和灌输，学生在课堂上被动接受，这容易导致学生对体育课的学习兴趣降低，学生对知识的掌握程度也相对较低。而创新的教学方法，如问题导向教学、合作学习等，能够激发学生的学习兴趣，提高学生的学习主动性和参与度，从而提高学生在体育听评课中的表现和学习效果。

[①] 参见杨嘉刚《基于 LICC 范式下体育课堂观察点的选择》，载《当代体育》2020 年第 21 期，第 104 页。

其次，教师的教学方法对高中体育听评课的影响还体现在学生的学习兴趣上。教师的教学方法直接关系到学生对体育课的兴趣和参与度。如果教师能够采用多样化的教学方法，如游戏化教学、实践性教学等，就能够使学生在课堂上更加主动参与，体验到体育课的乐趣，从而增加对体育课的兴趣和热爱。相反，如果教师的教学方法单一、教学内容枯燥乏味，就容易导致学生对体育课的兴趣减退，从而影响到体育听评课的效果。

最后，在高中体育的教学过程中，应该采用多种灵活的教学策略，并设计各种不同的场景来增加学生的学习热情和驱动力。通过观察教师的教学方式，观察者能够判断这些方法是否真正有助于提高学生的学习效果。另外，在体育课中运用一些新颖有趣的方法也会收到很好的效果。例如，在体操课程中，教师可以通过音乐伴奏的方式来激发学生的节奏感和表现力，同时也可以通过创造表演情境来增加学生的参与度和表现力。

（三）课程性质

高中体育课程的性质对听评课的影响是一个备受关注的研究领域。体育课程在高中教育中扮演着重要的角色，既有助于学生的身体健康，又有助于培养学生的团队合作和领导能力。因此，了解课程性质对高中体育听评课的影响，对于改进教学质量和提升学生学习效果具有重要意义。

首先，课程性质对高中体育听评课的影响主要体现在教学目标的设定上。不同的体育课程可能有不同的教学目标，如提高学生的体能水平、培养学生的运动技能、促进学生的健康意识等。[①] 因此，研究课程性质对高中体育听评课的影响，有助于明确教学目标与评价标准之间的关系，从而为教师提供指导和支持。

其次，课程性质会对高中体育听评课的教学环境和教学资源要求产生影响。不同的体育课程可能需要不同的场地设施、器材和教学资源。例如，篮球课程需要室内体育馆和篮球场地，游泳课程需要游泳池和相关的游泳器材。这些教学环境和教学资源的不同，会直接影响教师的教学准备和展示效果，进而影响听评课的观察和评价结果。因此，研究课程性质对高中体育听评课的影响，有助于促进学校为教师提供适宜的教学环境和教学资源支持，从而提高教学效果和优化学生的学习体验。

最后，听评课不只是一个评估教师教学能力的关键手段，也是推动教师职业发展的有效路径。通过采用"三步五环成长＋"LICC课堂评价模式来进行听评课，教师不仅能发现和改进自己在教学过程中遇到的问题，还能激励自己不断地学习新的教学理念和方法，从而提升教育和教学质量。反之，高水平的体育教师如果能运用LICC课堂观察模式进行听评课，将更有助于年轻教师的职业发展。

（四）课堂文化

高中体育课的课堂文化对听评课的影响是一个重要的研究领域。课堂文化是指在体育课堂中形成的一种共同的价值观、行为规范和交往方式。它既受到学生个体特点的影

---

① 参见吴淦栋、李华《设置观察点有效提高体育听评课质量——以"方格课堂：小场地学校体育教学质量提升行动研究"示范课为例》，载《运动》2018年第10期，第2页。

响，也受到教师的教学方式和教育理念的影响。因此，了解课堂文化对听评课的影响，可以帮助教师了解学生在体育课堂中的学习情况和发展需求。①

首先，课堂文化对于高中体育听评课的影响主要体现在学生的参与度和学习动机方面。一种积极向上的课堂文化可以激发学生的学习兴趣，促使学生积极参与课堂活动。例如，如果课堂文化强调团队合作和互助精神，学生会更愿意与同伴合作，积极参与各种团体活动，这将有助于提高学生的学习动机和学习效果。相反，如果课堂文化偏向于竞争和个人主义，学生可能更注重个人成绩和竞争力，而忽视团队合作和互助，这将对听评课的效果产生不利影响。

其次，课堂文化还对高中体育听评课的互动性和氛围产生影响。积极向上的课堂文化可以营造良好的互动氛围，使学生敢于表达自己的观点和想法。这种积极的互动氛围有助于促进学生与教师之间的有效沟通和互动，从而提高听评课的质量。相反，如果课堂文化缺乏互动和表达的机会，学生可能会变得被动和消极，不愿意与教师进行交流，这将影响听评课的效果。

五、总结

综上所述，本文通过对 LICC 课堂观察范式在体育听评课中的应用进行了深入的研究，发现其在提高教学质量和教师专业素养方面的重要作用。未来的研究可以进一步探讨如何优化和改进课堂观察范式，以更好地支持教师的教学实践和学生的学习发展。

参考文献

[1] 于雷. LICC 课堂观察模式在高中化学听评课中的应用研究 [D]. 福州：福建师范大学, 2017.

[2] 张文姗. 基于 LICC 范式的高职课堂观察量表研制初探 [J]. 吉林省教育学院学报，2019, 35 (8)：5.

[3] 张玲. LICC 课堂观察范式对高中英语听评课的适用性研究 [D]. 安庆：安庆师范大学, 2019.

[4] 杨嘉刚. 基于 LICC 范式下体育课堂观察点的选择 [J]. 当代体育, 2020 (21)：104.

[5] 史加琪. 基于 LICC 范式的初中数学听评课策略研究 [D]. 上海：上海师范大学, 2019.

[6] 吴淦栋，李华. 设置观察点有效提高体育听评课质量：以"方格课堂：小场地学校体育教学质量提升行动研究"示范课为例 [J]. 运动, 2018 (10)：2.

[7] 张永强. 基于 LICC 范式的初中物理复习课观察 [J]. 中学课程辅导（教师通讯），2018 (12)：2.

---

① 参见张永强《基于 LICC 范式的初中物理复习课观察》，载《中学课程辅导（教师通讯）》2018 年第 12 期，第 2 页。

基于核心素养的生物学"情境"资源应用观课量表设计

郑玉嫦

摘 要：基于生命观念、科学思维、科学探究和社会责任的生物学学科核心素养，确定生物学"情境"资源应用为课堂观察点，结合情境类型、来源、呈现方式、等级层次、呈现时机、呈现作用和能力导向等方面设计观课量表，优化课堂学习，促进教师发展。

关键词：核心素养；生物学情境；观课量表

随着新课程标准的修订、课程改革的深入推进及校本教研的实施，课堂观察活动在湛江市二中海东中学得到广泛开展。课堂观察，顾名思义就是通过观察课堂的运行状况并对其进行记录、分析和研究，在此基础上谋求学生课堂学习的改善、促进教师发展的专业活动。它是一种研究方法，将研究问题具体化为观察点并借助观察工具来搜集、描述与记录相关的信息，再对观察结果进行反思、分析、推论，以此改善教师的教学，促进学生的学习。确定观察点和制定合乎校情的观课量表是第一个关键步骤。

一、确定课堂观察点：生物学情境资源应用

情境，《现代汉语词典》将其解释为："情景；境地。"[①] 从学生角度看，"情境"可以理解为学生从事学习活动、产生学习行为的一种环境和背景，它为学生提供思考空间的智力背景，让学生产生某种情感体验。建构主义学习理论认为："学习是学生主动的建构活动，学习应与一定的情境相联系，在实际情境下进行学习，可以使学生利用原有知识和经验同化当前要学习的新知识。这样获取的知识，不但便于保持，而且容易迁移到新的问题情境中去。"解决真实情境中的问题，不仅能让学生学习生物学知识，而且能提高学生的科学探究能力、社会责任感，并有效培养学生的生物学学科核心素养。

二、制定观课量表

（一）学科素养导向

生物学学科核心素养是学生在生物学课程学习过程中逐渐发展起来的，在解决真实情境中的实际问题时所表现出来的必备品格和关键能力。

---

① 中国社会科学院语言研究所词典编辑室编：《现代汉语词典》，商务印书馆2016年版，第1068页。

1. 生命观念

生命观念是指对观察到的生命现象及相互关系或特性进行解释后的抽象概念，是经过实证后的想法或观点，是能够理解或解释相关事件和现象的品格和能力，如结构与功能观、物质与能量观、进化与适应观、稳态与平衡观（生态观）等。例如，人教版必修一课本中提到，细胞膜不是静止不动的，而是具有流动性，主要表现为构成膜的磷脂分子可以侧向自由移动，膜中的蛋白质大多也能运动，可以通过胞吞和胞吐的方式实现一些大分子物质的进出，在此体现了结构与功能相适应。①

2. 科学思维

科学思维是指尊重事实和证据，崇尚严谨和务实的求知态度，运用科学的思维方法认识事物、解决实际问题的思维习惯和能力，如归纳与概括、演绎与推理、模型与建模、批判性思维、创造性思维等。例如，在艾弗里的肺炎链球菌转化实验中，将加热致死的 S 型细菌破碎后分离物质制成不同的细胞提取物，分别进行转化实验检测其转化活性，从而提出"DNA 是使 R 型细菌产生稳定遗传变化的物质"的结论，在此体现了解决"转化因子是什么物质"这一实际问题的创造性思维。

3. 探究实践

探究实践是源于对自然界的好奇心、求知欲和现实需求，解决真实情境中的问题或完成实践项目的能力与品格，主要包括科学探究和跨学科实践。例如，通过一系列环环相扣的问题引发学生的求知和讨论，引导学生运用科学思维看待社会现象，鼓励学生查阅资料探究问题的本质和真相，综合运用生物学甚至跨学科知识，不仅能培养学生的生命观念和科学探究能力，还能培养学生的家国情怀和社会担当。

4. 社会责任

社会责任是指基于生物学的认识，参与个人与社会事务的讨论，做出理性解释和判断，尝试解决生产生活中的生物学问题的担当和能力，包括科学态度、健康意识、社会责任等。例如，利用本地特色的红树林资源设置情境，鼓励学生认识红树林生态系统的组成、识别动植物特征及对生物多样性的影响，从而形成保护生物多样性的意识，积极参与环境保护。

（二）情境类型

基于高考评价体系的要求，结合生物学的学科特点将生物学任务情境分为三类：生活、学习和实践情境，科学实验和科学探究的情境，生命科学史情境。

1. 生活、学习和实践情境

生活、学习和实践情境是指学生日常生活中或社会实践中常见的生物学相关现象或问题，例如设施农业、施肥、浇水等栽培措施与植物生长发育、产量的关系；糖拌西红柿渗出汁液、腌制咸鱼等情境与细胞失水、被动运输的联系等。

---

① 参见朱立祥《新版课程标准解析与教学指导》，北京师范大学出版社 2021 年版，第 10 页。

2. 科学实验和科学探究的情境

科学实验和科学探究的情境主要来自真实的生物学研究的内容以及由这些内容进行知识迁移设定的情境或提出的问题，例如以"保护和利用森林生态系统"为课题，根据"群落演替"的一般规律，指导退耕还林工作，对生态修复提出合理建议等情境。

3. 生命科学史情境

生命科学史述说生物学科发展的脉络轨迹，是生物学知识体系的重要组成成分，含有丰富的生物学知识、生物学研究思路方法以及独特的社会价值。生命科学史也是一部人类适应自然、认识自然、利用自然和改造自然的历史，例如基因工程的建立实现定向改造生物学特性的目标，可通过 DNA 重组和定向编辑技术使生物体获得新的遗传特性，提高生物技术在农业生产、生物医药中的工作效率等情境。

（三）情境来源和呈现方式

中学教学使用的情境可以来源于中学教材、大学教材、文献和习题等，其中，中学教材有很多种版本，高中生物学新教材有人教版、中图版、苏教版、浙江科技版、河北少儿版和香港特别行政区版等版本，初中生物学教材有人教版、苏教版、北师大版、济南版、苏科版、冀教版、鲁教版、河北少儿版等版本。湛江市二中海东中学现用教材是初中北师大版、高中人教版，教材提供了大量的图片、数据、科学史、实验等情境资料。情境呈现方式也是多样的，包括实物、模型、实验、视频、表演、示意图、文字、口述等，例如细胞增殖典型时期的图片或影像资料、DNA 双螺旋结构模型、渗透作用演示实验等。

（四）情境等级层次

基于高考评价体系的考查要求，体现素质教育的评价维度，将情境等级层次确定为基础性、综合性、应用性、创新性。

1. 基础性

基础性是最基本的，强调基础扎实，要求学生运用生物学概念、原理、规律、方法等陈述性知识和程序性知识对相关的生物学问题做出解释或进行推理、判断。例如，支原体是一种单细胞生物，要求据图分析回答支原体与动物细胞、细菌的结构区别以及支原体是真核生物还是原核生物（如图 13-1 所示）。学生通过将情境提供的结构图与所学细胞结构知识进行比较，找出异同点并做出判断。

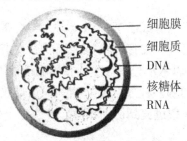

图 13-1　支原体结构模式图

（图片来源：人民教育出版社课程教材研究所生物课程教材研究开发中心《普通高中教科书 生物学 必修 1 分子与细胞》，人民教育出版社 2019 年版）

2. 综合性

综合性强调融会贯通，要求学生能综合运用生物学基本知识和基本方法，解决与生命科学相关的问题，并能对生命现象进行解释或探究。既有学科内容的综合性，也有问题情境的复杂性。例如，由磷脂分子构成的脂质体可以作为药物的运载体，能在水中结晶的药物被包在双分子层中，脂溶性的药物被包在两层磷脂分子之间，由此推断两类药物包裹位置不同的原因，要求学生在掌握磷脂分子的分子结构特点的基础上，推断脂质体的内外层特性并结合情境提供信息分析原因。

3. 应用性

应用性强调学以致用，强调生物学与生活、生产的紧密联系，引导学生从生物学视角思考生活中的问题，综合运用所学知识解决生活、生产实践及科学探究等情境中的问题。例如，虽然目前市场上肉类一般比蔬菜价格昂贵，但现在流行一种说法："蔬菜终将比肉贵，谁赢了蔬菜，谁就赢得未来。"请联系生活实际，结合生态系统能量流动的特点谈谈你的看法。根据情境背景，学生运用能量流动的特点解释肉菜价格区别的原因。

4. 创新性

创新性强调创新意识和创新思维，要求学生在面对新情境、新探究问题时能运用所学知识独立地进行批判性和创新性的思考或设计实验从而解决情境中的问题。例如，"温度变化是否影响水分通过半透膜的扩散速率"这一问题，学生可以根据温度变化会影响分子的运动及水分通过半透膜的方式等相关知识提出假设，并设计检验该假设的实验方案。

（五）情境呈现时机

1. 课前时引入

教师在教学初始时有意识、有目的地创设生动的情境，以激发学生产生积极的情感和行为体验，主要表现为对新知识的渴求、对客观世界的探索欲望，从而激发学生主动理解知识、建构知识体系。例如，课前进行演示实验，在一个长颈漏斗的漏斗口外密封上一层玻璃纸，往漏斗内注入蔗糖溶液，然后将漏斗浸入盛有清水的烧杯中，使漏斗管内外的液面高度相等。过一段时间后，让学生观察并描述现象，思考出现这一现象的原因，从而引出渗透作用的概念和条件。

2. 过渡时引入

教师基于学生的已有知识范围或已学知识点，为学生提供下一阶段或更高难度知识的内容情境，调动学生的积极性，发挥其潜能，超越其现有范畴而进行下一个知识点的发展。例如，观察图 13-2，思考水分子在生物膜的通透性大于人工膜，推测水分子在生物膜的转运与细胞膜组分中的哪一种成分密切相关，由此推断细胞膜上可能存在特殊的输送水分子的通道，从自由扩散过渡到协助扩散，并引导学生分析二者的区别。

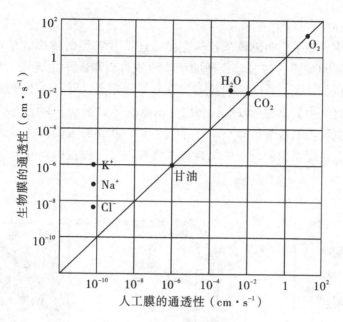

图 13-2 不同物质在人工膜与生物膜的通透性

（图片来源：人民教育出版社课程教材研究所生物课程教材研究开发中心《普通高中教科书 生物学 必修1 分子与细胞》，人民教育出版社2019年版）

3. 解决问题时

课堂提问、课堂练习、课后作业等都是常见的问题形式。问题情境与问题解决密切相关，通过问题情境中所给定信息和要达到的目标之间出现某些障碍并需要被克服的刺激情景，激发学生主动思考，连接知识与问题的桥梁。例如，位伞藻实验，首先演示实验1伞藻去帽实验并提出问题"伞帽形状是受伞柄还是受假根控制的"，设计相关探究实验；然后演示实验2伞藻嫁接实验并得出结论"伞帽形态与假根有关"，再提出问题"伞帽的形态取决于假根中的细胞核还是细胞质"，设计相关探究实验；最后通过演示实验3伞藻核移植实验得出结论"伞藻的伞帽形态由细胞核决定"。

4. 表达观点时

课堂上，教师通过特殊情境鼓励学生多角度分析，大胆质疑，提出问题，并可以分组讨论交流分享信息，提出设想，表达看法，从而使学生获得更多的表达机会。例如，学习噬菌体侵染细菌的实验时，先简要介绍噬菌体的特点和放射性同位素示踪技术，然后请学生根据材料提出实验设计方案，进行讨论，通过问题串细化方案。

5. 阐述重点时

学习重点是依据教学目标，在对教材进行科学分析的基础上确定的最基本、最核心的教学内容。教师需要创设真实、适宜的情境，集中体现本节课所要阐述的重要的原理或规律。例如，在探究自然选择对种群基因频率变化的影响中创设数字化情境，桦尺蛾种群的基因频率在树干变黑不利于浅色桦尺蛾生存这一环境条件下，浅色个体每年减少10%，黑色个体每年增加10%，计算后10年的基因型频率和基因频率，通过数学模型的推理分析生物进化的本质。

6. 突破难点时

在课堂教学中，除了要明确教学目标之外，还要注重突破解决教学中的难点问题，这是学生难于理解和掌握的内容。合理的情境设置可以帮助学生轻松、快速突破难点，并能举一反三。例如，蛋白质的结构及多样性是学习难点，可通过氨基酸脱水缩合、某种胰岛素的二硫键、由氨基酸形成血红蛋白的示意图（如图13-3所示）或变化动画等，帮助学生得出不同种类氨基酸的排列顺序千变万化，肽链的盘曲折叠方式及其形成的空间结构千差万别，决定蛋白质分子的结构极其多样，每一种蛋白质分子结构与其功能相适应的结论。

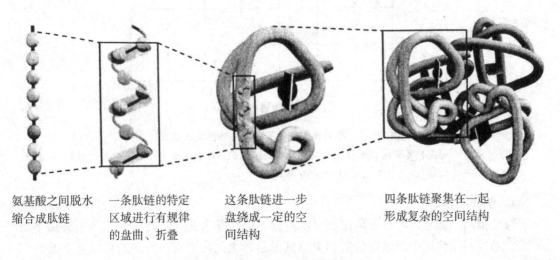

氨基酸之间脱水　　一条肽链的特定　　这条肽链进一步　　四条肽链聚集在一起
缩合成肽链　　　　区域进行有规律　　盘绕成一定的空　　形成复杂的空间结构
　　　　　　　　　的盘曲、折叠　　　间结构

图 13-3　由氨基酸形成血红蛋白的示意图

（图片来源：人民教育出版社课程教材研究所生物课程教材研究开发中心《普通高中教科书 生物学 必修1 分子与细胞》，人民教育出版社2019年版）

7. 课堂延伸时

教师在课中或新课后，提供新颖、贴合的情境用于学生讨论、试验、查找资料和调查报告等，能扩充学生的知识与视野，培养学生探讨的兴趣和创新能力，切实提高学生的学习素质和学习能力。例如，有人认为，化石燃料开采和使用能升高大气中CO_2浓度，这有利于提高作物光合作用速率，对农业生产是有好处的。因此，没有必要限制化石燃料的使用，世界主要国家之间也没有必要签署碳减排协议。学生查找资料并结合所学知识对此观点进行简要评述。这考查学生对重要概念的理解及知识框架的构建，同时训练他们的思维和迁移应用能力。

在生物学课堂中，教师将基于核心素养的生物学情境资源具体化为不同的观察点，课后对观察结果进行有针对性的反思，以实现情境的高效利用，能提高学生的学习兴趣，锻炼学生的思维能力，落实生物学学科核心素养的培养工作。

参考文献

[1] 沈毅，崔允漷. 课堂观察：走向专业的听评课［M］. 上海：华东师范大学出版社，2008：74.

[2] 中华人民共和国教育部. 普通高中生物学课程标准［M］. 北京：人民教育出版社，2017：4.

[3] 中华人民共和国教育部. 义务教育生物学课程标准［M］. 北京：北京师范大学出版社，2022：4.

[4] 朱立祥. 新版课程标准解析与教学指导［M］. 北京：北京师范大学出版社，2021：10.

[5] 人民教育出版社课程教材研究所生物课程教材研究开发中心. 普通高中教科书 生物学 必修1 分子与细胞［M］. 北京：人民教育出版社，2019.

"三步五环成长+" LICC 课堂评价模式在信息技术课堂教学中的应用

梁志鹏

摘 要：LICC 课堂观察模式是一种专业化的听评课范式，能为课堂观察活动的科学、规范开展提供有效指导。本文借鉴 LICC 课堂观察范式，进行观察量表的设计和应用，体验专业的信息技术课堂的听评课活动，进而提高课堂的教学质量。

关键词：信息技术；课堂观察；听评课

听评课是教师之间相互学习、交流的一个重要方法，是一线教师改进课堂教学的重要活动。运用课堂观察，能够实现更加规范、高效的听评课活动，促进教师的反思与专业成长，进而提高教师的教学水平。湛江市二中海东中学信息技术教研组参照 LICC 课堂观察模式开展课堂观察活动，用数据来体现课堂教学行为的情况，从而有针对性地进行评价和整改进步。

一、LICC 课堂观察范式

课堂观察是指研究人员和观察人员利用一些辅助工具，通过自己的直观感受从教学活动中收集信息和数据，并对这些数据进行分析，以此来评价教学活动，针对教学中存在的问题提出改进策略，帮助教师提高教学水平，进而实现教育研究目标的一种方法。课堂观察的目的在于辅助观察者与被观察者进行教学改进和教学研究。

LICC 课堂观察范式是由崔允漷教授及其团队基于传统的听评课存在"听课无合作、评课无依据、听评课无研究"的问题而提出的新的课堂观察模式。LICC 课堂观察模式将课堂教学划分学生学习（learning）、教师教学（instruction）、课程性质（curriculum）、课堂文化（culture）4 个维度，并将这些维度分成不同的 20 个视角，每个视角由 3~5 个观察点组成，合计 68 个观察点（见表 14-1）。这种对课堂的解构极大地丰富了人们对课堂的认识，也为开展课堂观察提供了强有力的知识基础。

表 14-1 课堂的 4 个维度 20 个视角 68 个观察点

维度	视角	观察点举例
学生学习（L）	（1）准备；（2）倾听；（3）互动；（4）自主；（5）达成	以"达成"视角为例，有 3 个观察点： （1）学生清楚这节课的学习目标吗？ （2）预设的目标达成有什么证据（观点/作业/表情/演示）？有多少人达成？ （3）这堂课生成了什么目标？效果如何？

续表

维度	视角	观察点举例
教师教学 (I)	(1) 环节；(2) 呈示；(3) 对话；(4) 指导；(5) 机智	以"环节"视角为例，有3个观察点： (1) 由哪些环节构成？是否围绕教学目标展开？ (2) 这些环节是否面向全体学生？ (3) 不同环节行为/内容的时间是怎么分配的？
课程性质 (C)	(1) 目标；(2) 内容；(3) 实施；(4) 评价；(5) 资源	以"内容"视角为例，有4个观察点： (1) 教材是如何处理的（增/删/合/立/换）？是否合理？ (2) 课堂中生成了哪些内容？怎样处理？ (3) 是否凸显了本学科的特点、思想、核心技能以及逻辑关系？容量是否适合该班学生？如何满足不同学生的需求？
课堂文化 (C)	(1) 思考；(2) 民主；(3) 创新；(4) 关爱；(5) 特质	以"民主"视角为例，有3个观察点： (1) 课堂话语（数量/时间/对象/措辞/插话）是怎么样的？ (2) 学生参与课堂教学活动的人数、时间怎样？课堂气氛怎样？ (3) 师生行为（情境设置/叫答机会/座位安排）如何？学生间的关系如何？

LICC课堂观察范式主要由课前会议、课中观察、课后会议三个阶段组成，构成了"确定问题—收集信息—解决问题"的工作流程，如图14-1所示。

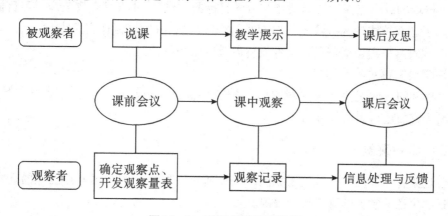

图14-1 LICC课堂观察流程

（1）课前会议是指在课堂观察之前，观察者和被观察者集中在一起进行有效的协商，以了解本堂课的教学情况，确定观察主题的过程。

（2）课中观察是指进入研究情境，观察者在课堂中依照既定的计划和所选择的记录方式，收集相关重要信息的过程。

（3）课后会议是指在课堂观察结束之后，观察者和被观察者针对课堂教学的情况进行探讨、分析和总结，在平等对话的基础上达成共识，并制定后续行动跟进方案的过程。

每个阶段都有各自的任务，只有本阶段的任务完成后才能开展下一阶段的工作。这保证了研究的针对性与延续性，克服了传统听评课的随意、零散、肤浅等问题。

二、高中信息技术课堂观察

为推进课堂教学改革，让老师学会做精细化的观察和评价，提高教师的评课议课能力和水平，从而进一步有目的性地提高教师的教学水平，学校大力组织学科研修活动，各学科教研组积极开展课堂观察的教学研究活动。

信息技术教研组全体五名老师组成合作共同体，共同设计并应用本校研发的"三步五环成长+"LICC课堂评价模式。陈绍志老师作为授课者，选取粤教版高中《信息技术》必修二网络基础第二章第一节"局域网的组建方案"一课作为授课内容。其他四名老师作为观察者，合作开展课堂观察活动。

（一）课前会议

首先是说课环节。陈绍志老师介绍了这节课的教材分析、学生情况、学习目标、教学重难点、教学方法、教学设计环节、创新和困惑之处等。其次进入交流环节。四位观察者根据说课内容提出疑问，如本节课的理论知识与实践操作的处理、现场制作的把控等问题，陈绍志老师一一做出详细解答，让观察者对整节课有充分的了解。最后，四名观察者分工合作，以LICC范式为基础，确定各自的观察点和编制观察量表，对学生学习进行定量记录观察和分析，以便从不同角度多方位地评价课堂教学，使观察研究更全面、细致。

笔者选取的观察点为"课堂活动与教学目标的达成"。本节课包含三个学习目标。
（1）了解双绞线的标准线序（对等线与交叉线），并尝试制作交叉线。
（2）理解网络组建所需要的硬件设备以及网络协议的配置。
（3）学会简单对等网的组建。

学习目标的达成主要从学生对本节课教学目标是否有清晰认识、达成方法与措施、达成情况等方面进行观察和分析。

（二）课中观察

四名观察者在课堂的分散位置如图14-2所示。他们分别运用各自设计的观察量表记录观察学生在课堂上的真实行为表现。

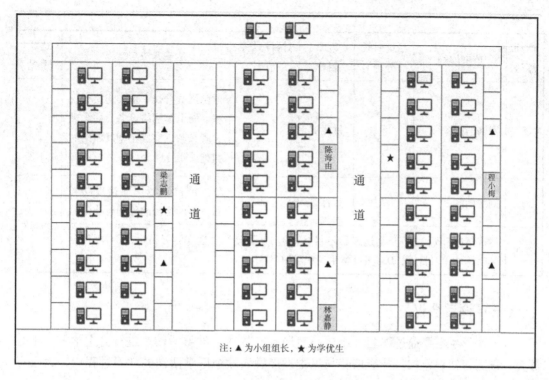

图 14-2 教师课堂观察位置分布

笔者使用"课堂活动与教学目标的达成"观察量表，记录的具体内容见表 14-2。

表 14-2 课堂活动与教学目标的达成

活动序号	活动内容	活动时长（分钟）	教学目标	对目标是否清晰	达成方法与措施	达成情况
1	了解双机互连的各种方法	7	目标三	是	学生通过阅读学习资料、网络查找等方式，了解计算机双机直连的对等网组建的多种方案	B
2	确定网络连接的方案	3	目标三	是	学生根据业务需求和网络规划设计出科学、简洁、高效的网络拓扑，确定组网的方案，列举需要的网络设备和终端	C
3	了解网线制作的方法	5	目标一	是	学生通过微视频学习双绞线的标准线序	B
4	网线钳的使用和交叉线的制作	10	目标一	是	学生模仿制作微视频演示，动手实践操作，完成双绞线的制作	B

续表

活动序号	活动内容	活动时长（分钟）	教学目标	对目标是否清晰	达成方法与措施	达成情况
5	网络的配置	5	目标二	是	学生团队合作，正确连接交换机、网卡等网络设备，并合理设置参数，完成小型局域网的组建	B
6	网络的测试	7	目标三	是	学生测试局域网连接成功与否，判断出现故障的可能原因	C
说明	达成情况：A. 全部学生达成学习目标；B. 大部分学生达成学习目标；C. 小部分学生达成学习目标；D. 没有学生达成学习目标					

（三）课后会议

本节课学生主要通过体验"组建小型局域网"项目学习活动，进行自主学习、小组探究，进而将知识建构、技能培养与思维发展融入六个课堂活动的学习过程中，达成三个学习目标。

根据"课堂活动与教学目标的达成"观察量表的记录，笔者对陈绍志老师的课进行评价，并提出反馈意见，具体如下。

本节课三个学习目标的达成主要通过六个课堂活动的学习来实现。活动一主要是进行查阅、搜索资料，对局域网的组建有初步的了解，难度较低，大部分学生都能较好的完成任务。活动三、活动四、活动五主要是进行动手实践操作，掌握双绞线制作、设置网络设备参数等组建网络的实操技能。大部分学生都能在观看微视频后，模仿相应的操作并理解该操作的意义，进而达成学习目标一和目标二。活动二和活动六只有小部分学生能够完成，设计网络组建方案、找出网络故障原因，这两个活动以探究为主，需要进行推理，对知识进行归纳，要求学生具备较好的逻辑推理能力、知识迁移能力。对网络组建有深入的认识和理解，对于学生而言是难度较大的挑战，因此，学习目标三只有小部分学生能够达成。总体而言，通过这六个学习活动，大部分学生都能设计小型局域网，成功制作双绞线和配置网络设备以及网络协议，学会了简单对等网的组建，较好地达成本节课的学习目标。

另外，本节课教学设计适宜，大部分学生能较好地达成学习目标，获得组建局域网的知识与技能；结合实际生活情况，创设家庭局域网的情境，很快就将学生吸引到课堂，课堂气氛活跃，学生回答问题积极，准确率较高。虽然学生回答多采用口语化叙述，但是陈老师能够适时地引导学生用学科专业术语，简洁明了地回答。

本节课的理论知识相对抽象，较难理解，学生在表达观点时有知识性的错误。建议在今后的课堂上让学生进行小组讨论和交流，以此提升学生的思维能力，并通过加强课后的练习来掌握概念性的问题。

三、总结

"三步五环成长+"LICC 课堂评价模式为信息技术教师提供了一种专业化的听评课模式。课堂观察活动的开展，对促进教师了解自己的教学特点和行为习惯，逐步形成自己的教学特色，提升课堂教学的实效，具有重要作用。结合学校组织的大教研活动，信息技术教研组将继续发挥好团队的力量，长期开展课堂观察，构建一种强调合作、证据、研究的专业性的听评课模式，促进信息学科教研的综合发展，不断改善课堂教学效果。

参考文献

[1] 崔允漷. 论课堂观察 LICC 范式：一种专业的听评课 [J]. 教育研究，2012（5）：79-83.

[2] 沈毅，崔允漷. 课堂观察：走向专业的听评课 [M]. 上海：华东师范大学出版社，2008.

"三步五环成长+"LICC课堂评价模式与中学劳动教育课程评价切适性探究①

李 玲

摘 要：劳动教育课程是落实劳动教育的重要载体。劳动教育课程评价是劳动教育课程建设中不可或缺的环节，也是劳动教育课程完善和改进的重要依据。本文从劳动教育课程评价的原则、课程特点以及"三步五环成长+"LICC课堂评价模式的适切性进行探究。"三步五环成长+"LICC课堂评价模式在劳动教育课程评价方面有一定的优势，但也存在着现实问题。

关键词：劳动教育课程评价；LICC课堂观察；适切性

课堂观察，就是通过观察课堂的运行状况，对其进行记录、分析和研究，并在此基础上谋求学生课堂学习改善、促进教师专业发展的专业活动。LICC课堂观察范式认为，课堂教学由学生学习（learning）、教师教学（instruction）、课程性质（curriculum）与课堂文化（culture）组成。这种对课堂的解构极大地丰富了人们对课堂的认识，也为开展课堂观察提供了强有力的知识基础。"课堂观察对改善学生课堂学习、促进教师专业发展和形成学校合作文化等都有着极其重要的意义。"②

《义务教育劳动课程标准（2022年版）》颁布之后，对劳动教育课程评价的研究已成为热门话题。但是，由于劳动教育其自身劳动资源的开发具有独特性，实践方式具有多样性，评价对象和评价目的等具有特殊性，以及劳动教育课程在实施过程中所遇到的困难、问题等，决定了其难以简单套用已有的课程评价方法进行评价。

在建立健全劳动教育课程评价体系的大环境下，使用"三步五环成长+"LICC课堂评价模式是否与劳动教育课程相适切？"三步五环成长+"LICC课堂评价模式在评价劳动教育课程上有什么样的优势？又有哪些现实问题？这些问题都值得我们进行深入探索与思考。

一、劳动教育课程评价面临的困境

根据《大中小学劳动教育指导纲要（试行）》的规定，目前，我国新时代劳动教育内容主要包括日常生活劳动、生产劳动和服务性劳动三种主要类型。课程评价一般是指根据确定的评价标准，采用有效的评价指标和评价方法，检查课程教学目标的实现程度，

---

① 本文为湛江市中小学教育科学规划一般项目，立项编号：2023ZJYB065。
② 沈毅、崔允漷：《课堂观察——走向专业的听评课》，华东师范大学出版社2008年版，第74-75页。

并据此反馈给课程教学团队，为课程建设的持续改善提供决策信息和数据支持。劳动教育课程评价在实践中面临着诸多问题和困难。

首先，劳动教育课程建设及课程评价实践等经验不足。"不同于语文、数学、英语等学科课程在课程目标、课程内容及课程实施等方面有着长期的实践经验积累和总结，已基本达到系统化、科学化水平，相关课程评价研究也比较丰富，具有一定成果，劳动教育课程的实践范式、教学模式、评价模式等都处于起步阶段。"① 对劳动课程评价的研究理论探讨多，具体实践操作介绍少；对劳动教育的评价多，对劳动教育课程的评价仍不够。

其次，课程内容和形式多样，增加了课程评价的复杂度。劳动教育课程的课程结构与常规课程有所不同。在课程决策层面，国家要求在大学、中学、小学开设劳动教育必修课程，同时，因地制宜地结合地区自然、经济、文化等方面的实际条件，与通用技术、地方课程、校本课程等有关内容实行必要的统筹。"在课程呈现方式层面，新时代劳动教育，包括正式课程和非正式课程，其中正式课程包含劳动教育的学科课程和活动课程，活动课程又分为学校组织实施的集体劳动的共同活动和实习实训社会实践的个别活动。"②

对劳动教育课程评价的研究是课程开发和实施的重要组成部分，是有效落实劳动教育的"指南针"。立足本土研究，提高课程评价的操作性和适切性迫在眉睫。

二、"三步五环成长+" LICC 课堂评价模式推动劳动课堂规范、有效

对劳动教育课程进行评价的前提是学校有系统的劳动教育课程。与传统的课程不同，劳动教育课堂的内容很大程度上需要学校自主开发。就现有情况来看，为了按照国家要求开展劳动教育，确保每个年级每周开足一节必修课，大多数学校都是结合自身地域特色或者校本特色对原有的相关课程进行整合、改造而进行劳动教育的开发。这就出现了劳动"课程泛化"或者"课程窄化"的问题。课程泛化是指把劳动课程看成是无所不包的大容器，使劳动课程大而不专、多而不精；课程窄化是指劳动教育专门课程被窄化为劳动技术课程，使劳动潜在的教育功能被技术学习遮蔽。换言之，劳动教育的教育性丧失。③ 有的老师就提出这样的疑问：版画的制作属于劳动教育范畴吗？同样是版画制作，美术课程和劳动课程有什么不同吗？在表现形式上，不就是版画课吗？以上这些疑问很大程度上源于劳动教师对劳动教育的课程性质、课堂文化认识不足，对劳动教育的相关概念认识不清。

---

① 蒋洪黎：《基于 CIPP 评价模式的小学劳动教育课程评价研究》（硕士学位论文），广西师范大学 2021 年，第 5 页。
② 李臣之、黄青春：《新时代劳动教育课程设计与实施》，广东教育出版社 2022 年版，第 25 页。
③ 参见赵枫、刘长海《对分课堂：劳动教育专门课程的有效教学结构》，载《上海教育教研》2022 年第 5 期，第 21 页。

LICC课堂观察量表的制作和使用,在很大程度上可以弥补这些问题的不足。通过量表的制作,强化教师对劳动教育课程认识的薄弱环节。LICC课堂观察根据教学实践中出现的问题,有针对性地设计评价量表,用专业的数据去判断,这是一节什么课?是否是专门的劳动课?其课程性质和特有的学科属性是什么?例如,在评价教学目标的制定及劳动学科素养的落实方面,从"教师教学"和"学生学习"两个维度来设计量表,从目标设计和目标达成度角度来客观记录。在教学实践中,是否有落实劳动素养(即劳动观念、劳动态度、劳动习惯与品质、劳动精神),教学重点和教学难点的设计是否恰当,等等。从学生学习的有效性方面来说,学生对劳动的思想认识、知识获得、能力提升、习惯养成、自主劳动、安全劳动、诚信劳动、合作意识等方面是否有提升。通过记录这些专业的数据,可以推动劳动课堂的规范化、有效化。

三、"三步五环成长+" LICC课堂观察有助于劳动教师教学专业能力的提高

目前,各学校劳动课程任课教师的情况比较复杂。承担劳动教育课程的教师包括专职教师、兼职教师或校外聘请的劳动指导专家等。从实施劳动教育的主体上来说,兼职教师比较多,其身份包括班主任、通用技术老师及其他科任老师等。那么,从教师学科专业身份的转变上来说,需要专业的课堂评价来帮助老师完成专业角色上的变化,以发挥课堂评价"指挥棒"和"指南针"的作用。

"大众对劳动教育教师有一定的认识误区,往往认为劳动教师是应该具有某项特长或者技艺的。劳动教师对专项的劳动技术没有依附关系,教师从劳动技术、技艺的束缚中解放出来,不再依附某种技术、技艺开展专门课程,成为独立于劳动技术、技艺的教育人,而非技术、技艺的搬运工。"① 以教学生做手擀面为例,可以采用"双师课堂"的形式。学生学习劳动技艺的过程可以通过聘用专门的厨师或者采用视频教学的方式来解决劳动技术层面的问题。在LICC课堂观察和评价量表的制作中,应以教师为专门的评价观察对象。对劳动教师的评价,不再局限于某项劳动技能的掌握层面,而是围绕学生的劳动成果、劳动故事,同时结合其他劳动案例组织学生进行成果展示、分享交流、观点辩论、正面引导、榜样示范等活动,切实发挥教师的教育专长。

以"岭南醒狮彩扎技艺制作"劳动课为例。这是一节教研公开课,由非遗传承人(醒狮)扎狮师傅和校内劳动教师共同上课,扎狮师傅负责技术讲解和示范,劳动教师负责整节课的设计。由于对醒狮彩扎技术不够熟悉,难以估算出每个教学环节需要的时间,两位老师在"预演"课程中花费了近70分钟。因此,为保证40分钟课堂教学的有效性,需要对每个教学环节进行时间估算。首先,从"教师教学"维度设计量表——课堂教学时间的分配,将课堂拆分为若干教学环节,如教师导入、视频讲解、淬炼操作、项目实践、反思交流、成果展示、榜样激励、拓展延伸等。然后,按照量表计算每一环

---

① 赵枫、刘长海:《对分课堂:劳动教育专门课程的有效教学结构》,载《上海教育教研》2022年第5期,第20页。

节时间，结合教学目标对每个环节所占用的时间进行调整或调整教学方法。通过这种观察评价模式，老师再上同一类型的课时，便对课堂节奏有了良好的把握。

四、"三步五环成长+" LICC课堂观察有助于学生劳动素养的落实

劳动教育具有实践性，教师应注意避免将劳动课程演变为对着课标、照着教材上劳动课，演变为在课堂上"讲劳动"为主而忽视和弱化了劳动教育要"出力流汗"。劳动教育不等于一般性的活动、实践，劳动教育不等于体力劳动锻炼，劳动教育的要义在于通过劳动培育受教育者全面发展的人格，其核心目标是劳动价值观的培育。LICC课堂观察模式的4个维度包括学生学习、教师教学、课程性质与课堂文化，其中学生学习占据中心地位，其他3个要素都是影响学生学习的因素。LICC课堂观察范式和劳动教育课程评价的基础都是以学生发展为中心，秉持以人为本的发展取向，其出发点是学生的需求，其根本价值在于促进学生的发展，对学生的评价是评价的中心环节。[①]

以解决劳动课程中学生之间互助、合作、动手实践等问题为例。确立研究主题和解决的主要问题，设置评价量表。笔者从"学生学习"维度设计量表，将学生实践活动划分为若干环节。

劳动评价内容多维，既要关注劳动知识技能，又要重视劳动素养的评价；既要关注劳动成果，又要关注劳动过程表现，重视平时表现评价与学段综合评价结合、定性评价与定量评价结合。观察点确定、观察与记录工具的开发、数据处理与推论等，体现了对学生评价的科学性。

教师将"三步五环成长+"LICC课堂评价模式与劳动教育实际情况相结合，开发评价量表，使模式能够更好地帮助劳动教育的实施以及改进，促进学生劳动素养的培养，也促进教师自己的专业成长。通过科学的课堂评价量表的指定，提高劳动教育课程的科学性、规范性和有效性。

LICC课堂观察模式与劳动教育课程评价有一定的适切性，但使用该模式也存在一定的问题。"三步五环成长+"LICC课堂评价模式缺少对劳动教育课程开发阶段的评价。因为劳动资源的开发具有独特性，按照《义务教育劳动课程标准（2022年版）》劳动项目安排，依据三大类劳动教育内容及10个任务群在各学段的分布设计，总体体现"整体规划、纵向推进、因地制宜、各有侧重"的原则。依据学段任务群所体现的课程内容要求，选择和确定所需实施的原则，学校可以从学生兴趣和学校实际出发来开发和选择课程。这些都决定了劳动课程资源的丰富性和多样性。课程的开发和准备直接影响后续课程的展开和实施。课程实施的保障条件包括师资物资保障、资金保障、科学合理的课程方案，以及必要的安全保障措施、劳动场地、工具设备、技术支持等。以上内容在LICC课堂观察框架下的"课程文化"和"学生学习"维度也可以有一定程度的体现，但与"课堂内的观察"相对应的劳动教育实施之前的准备部分在评价环节上是有一定不足的。

---

① 参见檀传宝《劳动教育论要——现实畸变与起点回归》，北京师范大学出版社2021年9月版，第53页。

劳动教育课程的形式多样，劳动教育发生的场域也有不同，致使部分课型与LICC课堂观察范式匹配度不高。例如，有些工农业生产和工艺制作劳动项目周期较长、耗时较多，需要持续地学习与实践；有些劳动教育课程需要家庭、学校、社会等多方面的合作；有些动手实践的部分在课堂外，如家庭、社区、实践基地等已经完成，而回到课堂上的劳动教育课程，按照某些标准来看，结构不一定完整。"三步五环成长+"LICC课堂评价模式对于部分课型来说，实用性不够强。

观察量表的使用与设计容易出现一些问题。观察量表与课程需要解决的核心问题之间的一致性，是达到预期教研效果的关键。评价量表在使用过程中仍需不断地改进来提高其适切性。观察量表的设计具有一定的专业性，观察点多元，观察类型多元，这是一个系统工程，需要教师的广泛参与，比较耗费时间和精力。在量表的实施过程中，一般需要团队的合作，一个小的团队至少需要4~5人。在劳动专职教师比较缺少的条件下，量表的制定对人力资源的要求比较高。在同等的教学条件下，不增加教师的负担也是我们需要考虑的条件之一。

不可否认，"三步五环成长+"LICC课堂评价模式在为提高中学劳动教育课程实效，充分发挥中学劳动教育课程的综合性育人作用，促进学生的全面发展等方面具有非常大的优越性。然而，劳动教育课程的评价是一个操作复杂、难度大、耗时长的系统性活动，仅仅依靠一种模式来解决劳动教育课程评价的中的所有问题并不现实。对该评价范式的探究是对劳动教育多元的、多样的、灵活的评价方式的有益探索。

参考文献

[1] 沈毅，崔允漷. 课堂观察：走向专业的听评课[M]. 上海：华东师范大学出版社，2008：74-75.

[2] 蒋洪黎. 基于CIPP评价模式的小学劳动教育课程评价研究[D]. 南宁：广西师范大学，2021：5.

[3] 李臣之，黄青春. 新时代劳动教育课程设计与实施[M]. 广州：广东教育出版社，2022：25.

[4] 赵枫，刘长海. 对分课堂：劳动教育专门课程的有效教学结构[J]. 上海教育教研，2022（5）：21.

[5] 檀传宝. 劳动教育论要：现实畸变与起点回归[M]. 北京：北京师范大学出版社，2021：53.

实践篇

课例一 《送东阳马生序》

万杏梅

一、背景

1. 授课教师

万杏梅,女,教龄 9 年,从教以来,教学业绩显著,教学上敢于创新。

2. 教学主题

《送东阳马生序》为部编版《语文》教材九年级下册第三单元第三篇课文。

3. 观课教师

杜春燕、林燕玲、林艺、颜坚、许文意、田佩丽。

4. 活动背景

LICC 视域下的课堂活动观察的落实与评价。

二、课前会议

(一)教师说课

1. 教材分析

《送东阳马生序》是一篇劝学赠序。本单元导语指出:"阅读这些经典作品,要善于汲取思想精华,获得情感的激励,在自己的人生旅途中,学会选择和坚守。"课文预习要求指出"体会作者的良苦用心,从中获得有益启示",思考探究要求找出作者求学的细节,学习对比的手法。学习重点是运用对比的手法学习宋濂求学的艰辛,从而理解宋濂赠序的良苦用心。本节课是第一课时。

2. 学生情况

虽然该班学生的学习能力相对比较好一些,但学生普遍反映串讲文言文太枯燥。该阶段学生对文言文的学习不再陌生,熟知常见的四种文言现象,基本学会借助课文注释和工具书理解文本的意思;对于这篇文章"劝学"的主题,此前也有接触,例如《〈论语〉十二章》《孙权劝学》《诫子书》等。

3. 学习目标

(1)借助注释和工具,小组合作梳理全文。

(2)了解"序"文体特点,理解"劝学"目的。

（3）学习"劝学"内容，感悟作者的精神品质。

4. 教学重难点

（1）借助注释和工具，小组合作梳理全文。

（2）学习"劝学"内容，感悟作者的精神品质。

5. 教学方法

（1）通过多种形式朗诵训练，提高学生诵读文言文的能力。

（2）创设真实生活情境，引导学生提取文本关键信息，感悟作者的精神品质。

6. 教学环节设计

活动一：小组合作明文意（文言、文化）。

（1）初读，读出节奏。

1）给下列文段加上句读。

　　余幼时即嗜学家贫无从致书以观每假借于藏书之家手自笔录计日以还天大寒砚冰坚手指不可屈伸弗之怠录毕走送之不敢稍逾约以是人多以书假余余因得遍观群书既加冠益慕圣贤之道又患无硕师名人与游尝趋百里外从乡之先达执经叩问

朗读，读准字音。

2）全班齐读，教师纠正错误字音。

（2）默读，读顺文意。（结合注释和工具书，小组合作交流解决疑难的字词句。教师巡回指导。）

1）抢答，落实加点字的意思。

2）提问，翻译重点句子。

活动二：文体切入理思路（文章）。

（1）从题目《送东阳马生序》我们可以知道，文章是宋濂写给马生的一篇序。那么，马生是何人？

（2）宋濂是什么身份？文中他是怎样看待自己的？请在文中找出来并做简要批注（用PPT示范批注并介绍宋濂的基本情况）。

（3）宋濂为什么要给马生写序？（文化）

活动三：苦心劝说显真情。

情境设置：这篇文章有点长，如果宋濂从文中选一个字来写一幅墨宝赠给马生，你觉得他会选哪个字？请说明理由。（文学、文化）

7. 创新之处和困惑之处

（1）创新之处：①根据王荣生提出的"一体四面"设计课堂活动、观察课堂活动，"一体"指文言文本，"四面"指文言文所承载的"文言、文章、文学、文化"四个方面，区分文言文与现代文的不同之处，使文言文的教学内容更全面。②开发观察课堂活动的量表，立足"一体四面"，从学生"听、说、读、写"四个语文学习活动来观察，根据学生的表现预设不同的等级。量表简单，易于观察填写，方便课后教师反思总结。

(2) 困惑之处：这是目前学生学习的最长的一篇文言文，一节课的时间，教师既要梳理文言意思，又要兼顾理解文本的内容。哪些内容教师要讲？讲到什么程度？这是值得思考的问题。文章的重点文言字词比较多，怎么归纳，也要考虑。本节课设置了一个开放性的话题，选一个字写一幅墨宝。学生可能会出现多种不可预期的选择，教师需要随机应变，这对教师的应变能力有较高的要求。

（二）与观课老师交流

林艺：这篇文章篇幅比较长，你让学生以自主合作的方式梳理文本，学生梳理完要花多长时间？会不会影响后面内容的学习？

万杏梅：这也是我比较担心的。这是第一课时，这篇文章虽然篇幅长，但是相对来说，内容贴近学生的学习生活，还是比较容易理解，我不想花一整节课的时间串讲课文。学生自主合作是学生结合注释的先行学习行为，预计不超过十分钟，课堂上还会以问题为引导，帮助学生进一步理解文言知识。

林燕玲：我认为个别重点字词可以在学习课文内容时重点指出来，学生再品味字词，这节课主要是在文言方面，只要扫清阅读障碍就可以了。从"序"入手，是一个挺好的切入点，像一条线一样拎起全篇。

万杏梅：我设计的原则是从文体入手，先了解写作的目的，再理解作者的情感。我担心的是后面这个开放性的情景学生会讲得比较多，时间不够。

颜坚：开放性的话题本来就是让学生畅所欲言，学生只要能有自己的体会，能自圆其说就可以了。在学生讲的时候，你注意引导学生进行归纳总结。这样就可以在行文过程中再一次深入文本。这就很考验你的课堂驾驭能力了。

（三）讨论后确定的观察点

(1) 课程性质：学习目标的设定（林艺）。
(2) 课堂观察：课堂活动与学习目标的达成（林燕玲）。
(3) 课堂检测：反馈课堂活动的有效性（田佩丽）。

三、课中观察

时间：2023年10月16日下午第八节课。

（一）观察工具

观察表、摄像机。

（二）观察位置选择

杜春燕、颜坚、田佩丽、林艺、林燕玲五位老师为主要的观察者。为减少对学生的干扰，田佩丽、林艺、林燕玲三位老师坐在过道，以方便观察学生的行为，其余老师坐在教室后排进行观察。

四、课后会议

时间：2023年10月16日下午第九节课。

（一）课后反思

1. 学习目标的描述

根据语文素养要求，结合本班学情，本节课的教学目标体现在文言、文章、文学和文化四个方面，包括三个目标。

（1）目标一"借助注释和工具，小组合作梳理全文"，体现的是"文言"和"文化"层面的内容。

（2）目标二"了解'序'文体特点，理解'劝学'目的"，体现"文章"言志载道层面的内容。

（3）目标三"学习'劝学'内容，感悟作者的精神品质"，体现的是"文学""文化"层面的内容。

三个学习目标层层递进，环环相扣，切合了本单元的学习要求。

2. 课堂活动设置的依据

本节课的课堂活动设置了三个环节。

（1）活动一"小组合作明文意"对应的是文言、文化层面的内容。

（2）活动二"文体切入理思路"对应的是文章层面的内容。

（3）活动三"苦心劝说显真情"对应的是文学、文化层面的内容。

三个活动也是依据"一体四面"设计，分别对应学习目标一、目标二、目标三。每一个活动都有具体的目标和指向，指令清晰，学生可以直接操作。

3. 课堂活动的有效性检测

能被观察到的课堂活动才能进行检测，因此，笔者从"听、说、读、写"四个角度进行评测。在文言层面，最重要体现在"读"。读准字音是第一步，这一步通过全班齐读的方式可以快速发现错误的读音进而纠正，个人的读适合在默读中与文本交流，在读的过程中要求找出疑难处进行小组合作，为进一步读懂文本做铺垫。本节课通过抢答、翻译的形式来检测学生读的水平。借助希沃白板的课堂游戏，趣味性足，学生表现比较踊跃。文章层面的学习，本节课主要体现在对"序"这种文体的了解，由序切入，理解文章的写作目的，了解赠的人和被赠的人。笔者选择补充材料的方式，加上文本的内容，学生能更加全面地了解宋濂。

文学和文化层面的活动，笔者设置了一个真实的情境，选一个字来写一幅墨宝。学生选字的过程就是内化文本的过程，学生表述理由的过程就是重构知识的过程。这一环节学生自圆其说，从自己的学习经验出发，结合作者的表述来讲述理由。多数能做到声音响亮，思路清晰。

（二）观课教师简要报告观察结果

本科组教师根据课堂教学活动观察量表，对万老师的课进行评价，提出具体的反馈意见。

1. **课程性质：学习目标的设定**

林艺：我们组观察的是学习目标的设定。本节课的学习目标有以下亮点：第一，紧扣新课标和教材，设置真实情境，让学生在真实情境中结合自己的阅读体验和学习经验，让语文学习真正进入生活。第二，目标的表述方面有具体的动词，有明确的指引。第三，目标体现了四个层面的内容，简洁精要，且目标之间环环相扣、层层深入，可以极好地满足学生学习螺旋式上升的要求。

2. **课堂观察：课堂活动与学习目标的达成**

林燕玲：我们组观察的是课堂活动与教学目标的达成。本节课的课堂活动是对应目标设计的，课堂活动是目标的具体化。活动一的"抢答""翻译"环节，检测了学生文言字词的理解，基本能落实；活动二，学生能借助材料了解宋濂其人，在文中找出他的自我评价，为下一环节感悟他的精神做了铺垫；活动三是文章最出彩的环节，由于时间关系，还有很多学生没有来得及分享，这是一个遗憾。如果在第二环节稍微压缩一点时间，对于人物形象的理解点到即可，第三环节学生会根据自己的理解涉及这方面，届时再进行总结，时间就会更充分一些。文言文重在"读"，这点我是很认同的。个人认为在活动三还可以多些"读"的活动，让学生回到文本读关键字词，从文本中多走几个来回。

3. **教学评价：课堂检测与课堂活动的关联性**

田佩丽：我们组观察的是课堂检测与课堂活动的关联性。活动一的课堂抢答、翻译环节是对字词句掌握情况的直接测试，活动具有针对性；活动二是让学生写批注，可以看到学生对人物的了解程度，没有直接的课堂检测；活动三是开放性的问题，由于时间比较紧，只能让个别学生回答问题，难以全面检测学生的掌握情况。课后作业是录一个"劝学"的视频或者翻译重点句子，可以算是学习文章内容后的总结和迁移。我有点期待学生拍出来的视频。

（三）本次观察形成的结论

1. **亮点**

（1）设计新颖。从"一体四面"的层面设计教学目标、落实课堂活动，使文言文的学习内容更加全面。摒弃了过去重言轻文的做法，也避免了一节课串讲的低效学习。

（2）紧扣课标。教师在课堂教学环节和课后作业中都设置了真实的情景，让学生在真实的语文环境中学习知识、运用知识，而且能在单元整体教学的大背景下设计这节课，侧重一课一得。

（3）观察有法。量表设计的观察评价点是比较细致的，每一个层面可能有哪些活动，由观察者自主填写，但无论哪种活动，终究是要回归学生"听、说、读、写"的活动上来。一节课下来可以直观看到教师和学生的活动情况，方便教后的讨论评价，从而改进教学。

（4）链接中考：学生对练习文言文的断句技巧向来不够重视。在本节课开始用断句的形式让学生直观感受古人读书的情景，同时也链接了中考的考题，是一个不错的设计。

2. 不足之处

这篇课文的篇幅较长，在一节课的时间里，不仅有文言文字词句意的疏通，还有文章内容的探究，容量确实有点大。可以课前布置预习，要求学生先借助注释通读课文，再在课堂上解决疑难问题，以提高课堂的效率。文言文还是要将重点落实在"文言"层面，"读"的次数还可以再多一些。从"文言"中来读懂文章，回到"文言"中去理解文化。

附件：课后分析报告

本人有幸承担了 LICC 视域下课堂活动观察模块的教学案例的公开课，上课后听取了同事们的建议，受益匪浅，现做总结反思如下：

首先，是目标的设定。在写教学设计之前，本人认真翻阅了《义务教育语文课程标准（2022年版）》（简称《课标》），仔细研读了教材和教学参考书，根据《课标》的要求和教材单元提示以及课后练习等相关助读材料，立足本班学生的学情，再依据文言文教学"一体四面"的学习层级，设定了三个学习目标。三个目标相辅相成，联合起来体现了"文言、文章、文学、文化"四个层面。

其次，是课堂活动设定以及有效性检验。课堂活动是根据教学目标设定的，根据大单元教学任务，分别落实到每一个课时的学习目标，进而明确学习的任务，以终为始，逐步分解目标，并将其落实到具体每一个环节的活动中。在大活动环节中对教师教的行为和学生学的行为分别给予设定以及检测。

最后，通过对本节课的学习内容进行总结和反思，以期最终达到预定的教学目标。

在教学的过程中，有以下地方需要改进：一是课前预习。不管什么课，学生课前预习应该是必要的。加上课文比较长，更加需要学生花时间先了解文本。学生预习文言文最基本的技能是学会借助注释和工具书理解文意。二是时间把握。第一环节花的时间有点多，导致第三环节学生想畅所欲言却没有时间了。因此，要明确本节课的重难点在哪里，时间就花在哪里，只有这样才能做到有的放矢。三是"读"次数还不够，在最后一个环节，也应该让学生回到文本中，从"读"中理解和感悟。

综上，课堂活动的设置要依据课标教材立足学生，课堂活动的观察关键看教师的教和学生的学，最终要落实到学生的"学"上。语文学习有"听、说、读、写"四个环节，文言文学习更应侧重于"读"，多读，反复读，才能真正理解和感悟。

（一）学习目标的设定

1. 观察点选点说明

学习目标是课堂学习的导向，其设定必须遵循科学性、系统性、恰当性和全面性原则。依据《课标》和学生的基本学情，立足教材，立足大单元教学的整体目标。

2. 观察结果说明

学习目标一符合"语言运用、文化自信"的学科素养，学习目标二符合"思维能力、审美创造"的学科素养，学习目标三符合"文化自信、思维能力、语言运用"的学科素养。

3. 观察结果分析和教学建议

从"一体四面"要求的四个层面学习文言文可以说是比较全面的，避免了串讲的低效，但一节课的时间有限，不可能面面俱到。由于这篇课文的内容与学生较贴近，虽长但相对易懂，因此，上课重点落在文学文化层面，即对文章主旨的感悟。文言是基础，但是在理解文章过程中也会涉及文言层面的讲解，四个层面并不是独立存在的，而是相辅相成的。目标设定能根据学生已经具备的知识能力和学习能力，分解成几个小的教学活动，在教师明确活动的任务，给予学生思考时间后，学生基本能快速做出回应。总体而言，教学目标的设定比较适切。

（二）课堂活动与学习目标的达成

1. 观察点选点说明

课堂活动是由教师的"教"与学生的"学"共同组成。可以通过具体观察教师的教学行为和学生的学习行为来检验学习目标的达成度。

2. 观察结果说明

在活动环节一，教师有"展示课堂学习目标、纠正错误字音、巡回指导、随机抽取学生回答问题、点评检测结果"等环节，学生有"读学习目标、读句子、读课文、自读、标注、抢答、个人回答"等环节。在活动环节二，教师有"用PPT示范批注、介绍宋濂基本情况、板书"等环节，学生有"批注、做笔记、画关键词、阅读补充资料、回忆旧知识"等环节。在活动环节三，教师有"教师出示问题、提问、引导、点评、总结"等环节，学生有"思考、举手回答、质疑"等环节。

3. 观察结果分析和教学建议

活动环节体现学习目标，学生活动明确，"听、说、读、写"四个方面的活动都有涉及。教师主要是对学生的行为进行关注、引导、总结和评价。值得注意的是，在活动三这个开放性的问题中，学生提出疑问："能不能写两个字或者一个句子？"教师马上给予了肯定的回答。学生选的是"足乐"，理由是"以中有足乐者，不觉口体之奉不若人也"，宋濂也可能想告诉马生心有追求就不觉得生活苦。这是当堂生成的内容。教师设定的问题有一定的限制是为方便教学，但如果学生没有提出这样的问题，都只想着找一个字，是否就限制了学生的思维？因此，在设置开放性的问题时，应尽可能让学生有更多的发挥空间，不去做思维的限定，或许会有更多的惊喜。

（三）课堂检测反馈课堂活动的有效性

1. 观察点选点说明

课堂检测是检查教学效果最直观的手段。课堂检测有多种形式，可以是用笔写的当堂测试，也可以是口头讲述的回答。有些活动可以当堂检测，但有的活动是需要长期观察才能做出评价。

2. 观察结果说明

在活动环节一，检测内容是"断句、解释重点字词、翻译重点句子"，学生活动是"全班齐读句读、抢答、个人回答"；在活动环节二，教师示范做批注，学生根据对人物形象的理解圈点勾画做批注；活动环节三是通过找关键词检测学生对文本内容的理解，学生不仅要思考，还要表述出来。

3. **观察结果分析和教学建议**

活动环节一，检测的内容清晰，落实重点文言字词的意思和句子的翻译，通过抢答、个人回答的方式，运用希沃白板的课堂游戏功能，学生踊跃参加。字词解释有八道题，两名学生回答错误，正确率为75%；句子翻译有三道题，每人回答一题，教师随机抽取学生，其中有一道题学生翻译不通顺，没有抓住重点字词，正确率为66.7%。仅仅是通过学生的自主学习和小组合作解决疑难问题，能达到这样的正确率，证明学生学习的效果还是可以的。活动环节二，根据教师的示范做批注，教师布置任务后给予的时间较短，部分学生未能充分思考，这点需要改进。活动环节三，给予学生3分钟的思考时间，教师巡回检查。这一环节要求学生思考，那么教师要如何观察学生的学习行为？不可能要求每一个学生都回答问题，这一环节如何检测？这值得思考。

综上，教师在明确任务后要给予足够多的思考时间，最好有可视的具体行为，便于教师观察学生学习行为，进而引导学生学习。

（四）课堂活动观察评价量表

课堂活动观察评价量表见表16-1。

表16-1 课堂活动观察评价量表

观察角度	活动环节	活动方式	活动效果		参与度
		听（看）说（读/演）	□音频　□视频　□资料卡　□图片 □翻译　□信、达、雅　□通顺　□不通顺　□错字 □集体读　　□个人读 □声音整齐　□声音不整齐＿＿＿＿＿＿ □声音响亮　□声音不响亮＿＿＿＿＿＿ □字音正确　□读错字音＿＿＿＿＿＿ □流利　　　□不流利＿＿＿＿＿＿ □有感情　　□无感情＿＿＿＿＿＿ □有动作　　□无动作＿＿＿＿＿＿ □思路清晰　□思路混乱＿＿＿＿＿＿		
		写	□字迹工整　□字迹不工整＿＿＿＿＿＿ □切题　　　□不扣题＿＿＿＿＿＿ □圈点勾画　□有创新＿＿＿＿＿＿		

课例二 领略中华成语的文化魅力

梁碧兰

一、背景

1. 授课教师

梁碧兰，中学一级教师，从教以来潜心钻研教法学法，积累了丰富的高中语文教学经验。

2. 教学主题

探究成语与中华文化的关系，领略中华成语的文化魅力（部编版高中《语文》教材必修上册第八单元）。

3. 观课教师

杜春燕、戚慧文、林素华、张琳琳、杨秀荣、王小静。

4. 活动背景

湛江市二中海东中学正在进行 LICC 课堂观课、评课实践。2022 年 12 月 12 日，语文教研组对本人的大教研公开课开展了基于"教学资源开发与利用的有效性"的课堂观察活动。

二、课前会议

时间：2022 年 12 月 12 日下午第七节。

（一）教师说课

1. 教材分析

本课选自部编版高中《语文》教材必修上册第八单元，属于"语言积累、梳理与探究"学习任务群的内容。积累、梳理、建构和运用汉语言，是本单元的学习目标，成语是其中重要的学习内容。我国成语历史悠久，内涵丰富，是汉语中极具特色和魅力的部分。利用语文课指导学生对成语进行梳理、探究和积累，引导学生探究成语与中华传统文化的关系，领略中华成语的文化魅力，是中学生继承和发扬中华优秀传统文化的重要途径，也是新课标语文核心素养的要求。

2. 学生情况

高一（4）班班风、学风良好，文化基础较好，大部分学生学习态度认真、积极上进、思维活跃、乐于探索，课堂气氛融洽，师生默契度较高，特别是具有相对较好的语文素养。因此，选择该班开展此次大教研活动。

3. 学习目标

（1）了解成语的定义、特点、起源分类，扩大成语积累。

（2）鉴赏成语优美的结构形式、生动凝练又颇具文言色彩的语言，领略其中蕴含的中华民族审美情趣。

（3）学会从多个角度梳理、归纳成语，深层探究中华成语的文化内涵。

（4）学生以多种方式展示成语与中华文化的探究成果，充分领略中华成语的文化魅力，激发学生热爱祖国的感情。

（5）锻炼学生搜集、处理、整合信息的能力，尝试多样化的学习方式，拓宽学习视野。

4. 教学重难点

目标（4）是本节课的重点，目标（2）是本节课的难点。

5. 教学方法

本节课主用通过教师讲授点拨、小组合作讨论、学生课堂展示探究成果等方式进行教学，将课内学习和课外自主学习有机结合。

6. 教学环节设计

（1）教学环节一：竞猜抢答成语。用成语游戏导入课堂，激发学生的课堂参与热情。播放成语短视频、成语图片等，请学生根据视频、图片的提示猜成语，并抢答。

（2）教学环节二：追根溯源识成语。教师提供导学材料，请学生对自己所掌握的成语以及教师在导学案上补充的成语进行观察分析，引导学生明确成语的定义、特点、起源分类，最后由教师总结，利用PPT展示成语基本知识。

（3）教学环节三：穷形究理观成语。请学生观察导学案给出的几组成语，同时调动自己的成语积累，思考成语在字数、结构、语法、修辞上有什么特点，成语的这些语言特点体现了中华民族怎样的审美情趣。

（4）教学环节四：寻幽探微说成语。请五个小组的代表分别展示他们课前准备好的关于成语与中华文化的研究成果，分别为成语与服饰（自制短视频）、成语与农业生产（PPT）、成语与兵器（成语卡片）、成语与食物（自制短视频）、成语与交通（分享成语札记）。

（5）课后作业设计：成语蕴含的中华文化博大精深，既反映了中国古代先民们丰富多彩的物质生产生活，也反映了他们的思想观念、道德追求、审美情趣，值得大家深入研究。课堂上已经有五位同学分别从五个方面探究了成语与中华民族物质生产生活的关系。请同学们课后撰写一篇成语与中华民族精神文明关系的小论文，加深对成语与中华文化的认识。

7. 创新和困惑之处

（1）创新之处：本节课设计的主题是学生自小就熟悉的成语，但探究成语的深度可能是我们的学生之前未曾达到的。学生以往对成语的认识大都停留在表层字词义、基本用法上，少有探究其语言形式上的特点、蕴含的民族审美情趣，以及成语所展现的中华民族物质文明和精神文明。引导高中生深入探究成语的文化内涵，让学生对成语的认识由浅层的字词义、用法上升到语言、文化层面的认知和探索，是本课在内容上的创新。以学生为课堂的主体，让学生以自己喜闻乐见的、擅长的方式认识成语、探索成语、展示成语文化探究成果，形式活泼有趣，贴近现实生活，充分展示信息技术时代中学生的个性和能力,是本课在形式上的创新。调动学生的积极性,引导学生自主利用丰富的课内外资源完成成语文化课题探究,获得知识和能力的双重提升,开拓学习视野,尝试新型学习方式,是本节课在教学理念上的创新。

(2) 困惑之处:成语文化的课题很大、很深,要上好这节课,不能光靠课堂教学,还需要教师、学生课前做大量的准备,要充分调动学生的学习积极性,让学生在课外利用所能掌握的各类资源,完成部分探究活动,课堂则以展示探究成果为主,当堂讨论、学习为辅。课堂容量大,学习内容有一定的深度和难度,教师如何在课前引导学生有效地利用各种学习资源开展探究活动,如何在课堂上化繁为简、化难为易,使教学活动更高效,是本节课的一个难题。如何利用各类教学资源,特别是信息技术资源,来解决这个难题,也是笔者在准备这节课时反复思考的一个问题。

(二) 与观课教师的交流

林素华:你这节公开课的设计依据是什么?

梁碧兰:在《普通高中语文课程标准(2017年版2020年修订)》里,成语、熟语的学习和应用属于"语言积累、梳理、探究"学习任务群的内容之一,教学建议里提到,要"发挥语文课程的独特功能,促进学生语文学科素养的全面发展""创设综合性学习情境,开展自主、合作、探究""探索信息化背景下教与学方式的转变"。设计这节成语探究课,尝试根据学生的兴趣、特长、能力、学习、生活特点等,引导学生探索多样化的学习过程,促使学生在更广阔的语言环境里学习,拓展学生的学习视野。同时尝试借助信息技术优化整合课堂教学,探索线上线下一体化"混合式"学习生态,提高日常教学效率。

杨秀荣:听完你的教学设计,感觉你这节课的课堂内容非常丰富。一共设计了四个教学环节,几乎每个教学环节都有学生合作探究、展示的活动;如何保证一节课能顺利完成教学任务?

梁碧兰:四个教学环节都是围绕学生来设计,以学生活动为主。学生水平参差不齐,课堂表现有不确定性,这确实有可能会影响课堂进程。我想有效利用各种资源,特别是多媒体信息技术资源也许是解决这个问题的方法之一。首先,要充分利用学生这一关键资源。我已经提前印发导学问题给学生预习,分配好探究任务,安排学生周末利用电脑、手机、图书馆等查阅成语资料,初步形成导学问题的答案和制作好成语文化探究成果。课堂以展示为主,当堂讨论、探究的部分不多。顺利的话,应该可以完成教学任务。

杜春燕:这节课的主题是"领略中华成语的文化魅力",这个主题很大,也很深。这节课有成语竞猜游戏,有课堂讨论,有多种形式的课堂展示,形式丰富,但如何预防形式大于内容?仅靠一节课的教学,是否能真正让学生领略中华成语的文化魅力?

梁碧兰:本节课的主题是关于成语中蕴含的中华文化,要让学生在短短一节课内深入领会成语中博大精深的中华文化确实有难度。所以我设计这节课的主要目的是激发学生探究中华成语的兴趣和热情,让学生对中华成语有更深层的认识,掌握一些积累成语的方法,引导学生尝试探究成语文化,也借此机会锻炼学生搜集、处理、整合信息的能力。当然,也会安排课外的巩固和延伸练习。我会布置课后作业,比如让学生撰写成语与中华文化主题的小论文。总之，这节课主要起到的是"导引"作用，争取打开一扇成语文化探究之门，让学生先跨入门槛，再慢慢往更深处行进。我想通过这节课，尝试一种新的上课方式，最大化地拓展课堂宽度和深度。课堂教学不必停留在当节课少量知识的传授上，不必拘泥于仅仅利用课堂时间来实现知识学习，完成教学目标。可以将课堂教学和课外学习结合起来，尽可能地利用课内、课外的一切资源（如网络资源、社会生活资源等），提升课堂效率和学习效果。所以，这节课我希望各位老师能从课内外教学资源开发与利用的有效性的角度观察，并给予改进、提升的建议。

（三）与观课教师讨论后确定的观察点

（1）课堂性质、课程标准和教学资源利用的一致性（张琳琳、杨秀荣）。
（2）课堂观察和教师资源利用的有效性（戚慧文、林素华）。
（3）课堂观察和学生资源利用的有效性（杜春燕、王小静）。

三、课中观察

时间：2022 年 12 月 12 日下午第八节课。

（一）观察工具

观察表、摄像机。

（二）观察位置的选择

杜春燕、戚慧文、林素华、张琳琳、杨秀荣、王小静为主要观课教师。六位老师分散在教室过道的前后，基本能观察到全班的学生。

教师课堂观察位置分布情况如图 17-1 所示。

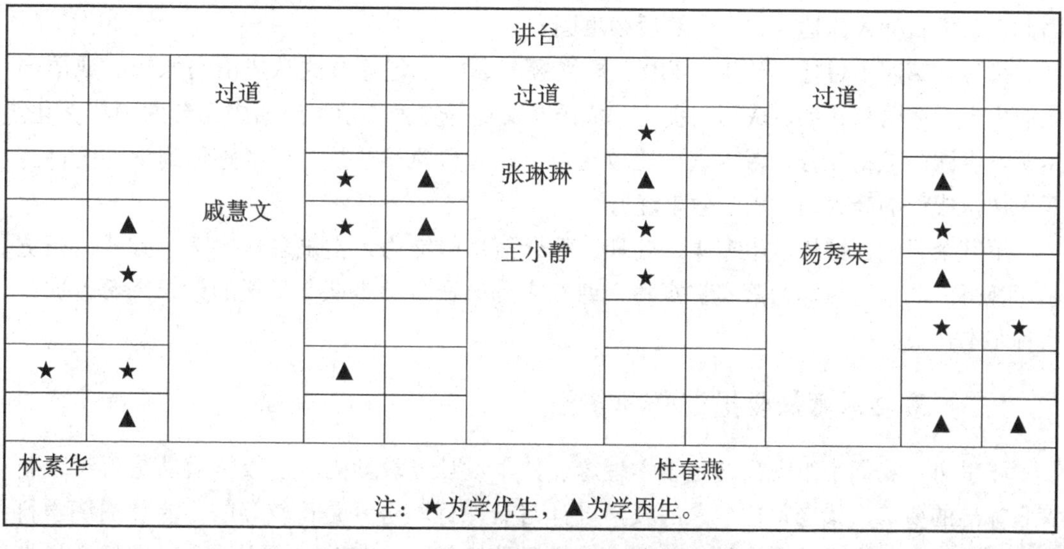

		讲台							
		过道			过道			过道	
						★			
			★	▲	张琳琳	▲			▲
	▲	戚慧文	★	▲		★			★
	★				王小静	★	杨秀荣	▲
								★	★
★	★		▲					▲	▲
	▲								
林素华					杜春燕				

注：★为学优生，▲为学困生。

图 17-1 教师课堂观察位置分布情况

（三）观察过程

六位老师按照课前会议分配好的观察任务，根据事先准备好的观察表进行课堂观察。（观察表见后文）

四、课后会议

时间：2022 年 12 月 12 日下午第九节课。

（一）课后反思

本节课先从定义、起源、特点上初步理解成语，然后进一步探究成语在形式上、内涵上的文化意蕴。教学目标设定以及教学思路设计符合高中学生的认知特点。本节课的教学旨在尝试采用课内课外、线上线下一体化混合式生态教学，尝试充分利用一切可利用的资源辅助教学，提高教学效率。目标达成情况如下。

第一个目标：学生基本能够理解何为成语，了解成语的基本特点以及起源分类。在课堂上，学生能够在教师、导学案所举例子之外，充分调动自己的成语积累，正确补充其他例子，印证成语的特点及来源分类。由此可知第一个教学目标已达成。

第二个目标：文言文一直是高中语文学习难点，学生探究"成语在古汉语语法上的特点"有难度。我在导学案中列出具有古汉语语法特点的典型成语，让学生通过解释加点字的方式，研究成语的含义、语法特点，这些典型成语包含了兼语词、省略结构、倒装结构、词类活用、修辞手法等。学生通过填空、分析、讨论后发现成语在语言形式上的特点（如四字为主、结构多对称、大量留存了古汉语的语法特点、形象生动活泼等），进而加深对成语形式、构造的了解，也大致了解其中反映的中华审美情趣。从课堂情况看，学生基本能回答出字数、结构、修辞上的特点，但对更深层内容的理解可能不深。因此该教学目标大体达成，但仍需后续巩固。

第三、第四个目标：学生以 PPT、短视频、成语札记等方式从成语与服饰、成语与农业生产、成语与兵器、成语与食物、成语与交通等方面展示了成语中蕴含的中华文化。由于学生课前准备充分，课堂表现比较精彩，课堂气氛很热烈，可以感觉到学生仿佛打开了认识成语的新大门。教学效果优秀。

第五个目标：锻炼学生搜集、处理、整合信息的能力，尝试多样化学习方式，拓宽学习视野。此学习目标的落实贯穿整个课堂内外。通过学生课堂呈现的效果来看，这一目标基本达成。

（二）观课教师简要报告观察结果

张琳琳：我们小组观察的是教学理念、教学设计、教学内容、教学活动是否符合新课程标准的要求。梁老师这节课的教学设计与新课标契合度是比较高的，能够围绕学科核心素养的要求来设计课堂教学。首先，学习目标完全围绕高中语文课程标准的学科核心素养来设定。其次，教学理念创新，尝试课内课外、线上线下一体化的混合式生态课堂，十分注意运用课堂内外的教学资源辅助教学，并且效果显著。最后，课堂内容非常丰富、有深度，符合高中生的认知特点。此外，教学活动形式多样，能够充分发挥教师的主导作用和学生的主体作用。

戚慧文：我们小组负责观察"教师资源利用的有效性"。这节课教师运用的教学资源有导学案、PPT、图片资料、短视频、希沃尔教学软件、网站资源、教科书、教学参考书、板书等。梁老师这节课的课堂容量非常大，由于设计、引导得当，准备工作做得十分充分，他对教学资源的整合及运用精准且高效。主要表现在：①课前能够充分利用各种教与学的资源。老师课前查阅了大量的资料，不仅有成语类书籍、课本与教学参考书、网络成语等教学资源，还请教了其他老师，在此基础上精心设计了这节课。因此，他对本节课把握得很好，对成语文化主题理解得很深刻，对教学内容的选择符合高中生学情。导学案设计简约精准，指导性很强，十分切合学习目标。例如，导学案上附有成语的基础知识链接，还细心地附上了有关成语知识的网站，方便学生预习时候查阅。整份导学案设置了五个问题（学习任务），每个任务指向一两个学习目标，学生要学什么、做什么，描述得清清楚楚。②擅长利用多媒体资源提高学生的学习兴趣，提高课堂效率，强化学习效果。例如，在导入环节播放成语故事视频、成语图片让学生猜成语，以故事和丰富多彩的图画吸引学生，以竞猜抢答的形式提高学生参与课堂的积极性。利用希沃尔平台反馈各学习小组在课前填写的"我的成语词库"的完成情况，拍照展示，并表扬完成最认真、成语词库量最大的学习小组，及时高效反馈预习情况。以适时播放PPT的形式明确要点，代替简单的口头讲述，加深印象。③擅长发掘学生身上的学习资源。课前对学生情况，如哪些学生擅长信息技术，哪些学生擅长绘画，哪些学生擅长写作等，都有所了解，并根据学生的特点分配探究任务，才有了课堂上第四环节的精彩展示。

第二环节探究成语的语言特点，难度略大，学生在小组合作探究时，遇到了一定的困难。我重点观察了坐在我旁边的一个小组探究"成语的语言文化特点"的全过程。这个小组讨论比较积极，能够归纳出字数、修辞上的特点，但是探究不出成语结构特点、古汉语语法特点及所体现的中华审美情趣。老师若能提前预判这个问题，提供更多的参考资料给学生，在小组讨论时给予点拨、引导，小组探究效果可能会更好。

王小静：我们小组负责观察"学生资源利用的有效性"。这节课学生展示的内容有猜成语、分享导学案预习成果、回答导学案问题、两个自制成语短视频、一个PPT、一个成语文化解析卡片、一篇成语札记等，展示的内容很丰富。从展示的内容可以看出来，这些不只是学生课堂上即时生成的，很大部分是课前已经准备好的。他们既展示了自身的成语文化积累，也展示了当代中学生在信息技术方面的优势，制作的短视频、PPT十分生动精彩，与老师们的风格截然不同；成语卡片绘图生动优美，图示明确，文字解说言简意赅；成语札记深入浅出，表现出了学生对成语独特而深刻的认识。可以说，这节课从教学设计到课堂实践都做到了以学生为主体，充分地发挥了学生的能动性，充分利用了学生资源，使课堂容量最大化，课堂效果非常好。

(三)本次观察形成的结论

1. 优点

从观察结果看,本节课的优点主要体现在以下三个方面。

(1)选材有深度、有价值,探究中华成语的文化内涵,契合新课标精神。学生通过这节课的学习,对成语有了全新的、深层次的认识。

(2)善于发掘学生这一重要资源,充分激发学生的学习兴趣,挖掘了学生身上的才能。学生通过这节课的学习,不光领略到了中华成语的魅力,还获得了较强的成就感和体验感,效果显著。

(3)善于利用各种教学资源,特别是信息技术手段。采用轻松活泼的方式将有深度、难度的课堂变得轻松活泼又不失深刻,大大提高了课堂效率。

总之,这节课比较成功地实现了课内外相结合,对各类教学资源的有效开发和利用,是对新课标所提倡的线上线下一体化"混合式"学习生态的一次较为成功的实践。

2. 改进之处

(1)课堂容量过大。这节课共设计了四个教学环节,要将四个环节充分展开,时间显然是不够的。可以看出,为了保证课堂重点环节不受挤压,导入环节、探究成语的语言文化特点环节较仓促,而探究成语语言特点这一环节是本节课的难点,时间仓促会导致学习效果大打折扣。

(2)小组合作探究环节可以更高效。教师是课堂的宝贵资源,教师在学习小组开展探究过程中最好多走动,尽量关注到每个小组情况,及时发现小组探究过程遇到的问题并予以指导,这样合作探究讨论的效果会更好。

附件:课后分析报告

(一)课后反思报告

1. 关于教学准备工作的反思

为了上好这节成语教研课,我查阅了大量成语资料及成语教学资源,研究了新课标及教学参考书中关于成语教学的建议,结合教学班级的学情形成了教学设计。我在课前印发了成语教学的导学案,让学生完成其中预习部分,并指导学习小组提前完成部分探究任务并形成探究成果,以便在课堂上直接展示。这节成语文化探究课,包含课前学习、课堂教学以及课后作业三部分。课堂容量大,难度也较高,如果能够在课前预习时更细致地指导学生,比如提供更多的参考资料,更精准地掌握学生在预习过程中遇到的问题,落实好学生的预习工作,相信课堂教学的效果会更好。

2. 关于教学设计的反思

课标中关于语文课堂教学的实施建议里提到,应该关注学生学习方式的转变,做好语文学习活动的设计、引导和组织,要充分利用课堂内外、线上线下的教学资源,形成混合式的教学生态;要鼓励学生根据个人特长、兴趣、能力选择学习内容和方式,探索个性化的学习方法，提高实践和创新能力。我按照这些要求来设计和开展教学，让学生充分发挥自己的聪明才智，利用手边的资源自主解决学习上遇到的问题。这节课除了成语的语言特点难度较大，学生通过自主学习比较难解决之外，其他的问题基本是他们通过课前预习导学案、上网查阅资料、翻阅有关书籍、同学间互相探讨等方式解决的。我在其中的主要作用是提出问题，给学生一些方式、方法、方向的建议，并没有给出答案。这节课证明，学生本身确实是一个丰富的学习资源库，只要老师善于利用，教学效果肯定可以事半功倍。

总的来说，本节课做到了以学生为主体，能够较充分地发掘教与学双方的资源，基本实现教学目标。但课堂内容略多，个别环节难度较大，还需要精简教学环节，让教学重点更突出，需采用更合理有效的方式解决课堂难点问题。

（二）教学资源开发利用与新课标的一致性

1. 观察点选点说明

高中语文教学资源开发必须与课标保持一致性。探讨如何实现高中语文教学资源开发利用与课程标准的和谐统一，是当代所有语文老师必修的课题。

2. 观察表和观察结果说明

问题1：教学资源的开发是否符合语文课程标准的理念和要求？（A）

A. 完全符合　　B. 基本符合　　C. 有些不符合　　D. 完全不符合

问题2：教学资源的呈现方式是否符合学生的认知特点和学习规律？（A）

A. 非常符合　　B. 基本符合　　C. 有些不符合　　D. 完全不符合

问题3：教学资源是否有助于提高学生的语文素养和综合能力？（B）

A. 非常有助于　B. 有助于　　　C. 无明显作用　D. 完全无作用

问题4：教学资源的数量和质量是否符合课程标准的要求？（C）

A. 数量和质量均满足要求

B. 数量基本满足要求，但质量有待提高

C. 质量满足要求，但数量不足

D. 数量和质量均不满足要求

问题5：教学资源是否有助于教师更好地理解和实施语文课程标准？（A）

A. 有助于教师理解和实施

B. 对理解和实施有一定帮助，但还需要加强

C. 无明显帮助

D. 无助于理解和实施

3. 观察结果分析和教学建议

（1）观察结果分析：①本节课教学资源的开发完全符合语文课程标准的理念和要求。本节课学习目标设定清晰，能结合新课标制定。第一个学习目标主要对应语文核心素养之"语言建构与运用"。第二、第三个学习目标主要对应语文核心素养之"思维发展与提升""审美鉴赏与创造""文化传承和理解"。第四个学习目标主要对应语文核心素养之"审美鉴赏和体验""文化传承和理解"。整节课四个教学环节构成一个完整的有机整

体，紧凑有序，生动有趣，很有深度和文化内涵，能够体现新课标的精神。②课堂教学方式丰富活泼（精彩抢答、故事、视频、图画展示），贴近当代中学生生活，教学环节由浅入深，符合学生的认知特点和学习规律。③本节课真正实现了以学生为课堂主体，充分调动了学生学习和探究的积极性，锻炼了学生自主、合作、探究的能力（课前、课中较出色地合作完成教师布置的探究任务），发挥了学生的创造力和表现力（主要表现在自制成语文化展示成果），树立了学生的自信。④所利用的教学资源比较丰富，基本能够帮助教师更好地实施语文课程标准，实现教学目标。

（2）教学建议：这节课的教学资源开发和利用总体上契合新课标要求，但在运用丰富的教学资源创设综合性学习情境及语言实际运用方面略显不足。在探究成语与中华文化的关系时，如果能够利用当代的社会生活资源，设计一定的学习情境，让学生在社会生活情境中思考成语的文化内涵，感受成语文化和当代生活的紧密联系，将成语文化应用到日常学习、生活中去，效果会更佳。

（三）教师资源利用的有效性

1. 观察点选点说明

教师资源对于提升教学质量、满足学生个性化学习需求、促进深度思考和拓宽学习视野等方面起着重要作用。如何有效利用教师资源（如教材、教参、信息技术资源、其他教师资源、课外资源等）提高教学质量，是每个语文老师需要思考的问题。

2. 观察表和观察结果说明

问题1：教师能否根据教学内容和学生需求，合理选择和使用教材、教辅及其他教学资源？（B）

    A. 十分合理   B. 合理   C. 一般，有待改进   D. 完全不合理

问题2：教师是否能够将课堂教学与多种媒体资源（如现代教学平台、音频、视频、互联网等）结合，丰富教学内容和形式？（A）

    A. 非常能够   B. 能够   C. 一般，有待改进   D. 完全不能

问题3：教师是否能够进行多样化的教学活动，提供学生参与机会，激发他们的学习兴趣？（A）

    A. 非常能够   B. 能够   C. 一般，有待改进   D. 完全不能

问题4：教师是否能够根据学生的学习差异、兴趣、特长等提供个性化的教学资源和学习任务？（B）

    A. 非常能够   B. 能够   C. 一般，有待改进   D. 完全不能

问题5：教师是否能够引导学生主动探索和运用各类语言材料，拓展他们的语言运用能力？（A）

    A. 非常能够   B. 能够   C. 一般，有待改进   D. 完全不能

问题6：教师是否能够有针对性地利用社会实践、文化体验和实际问题，将语文知识和现实生活联系起来？（C）

    A. 非常能够   B. 能够   C. 一般，有待改进   D. 完全不能

问题7：教师是否能够通过课后作业、测试等方式，检验学生对教学资源的理解和

运用能力？（B）

    A．非常能够　　　B．能够　　　C．一般，有待改进　　　D．完全不能

问题 8：学生对教师开发和利用教学资源满意度如何？（A）

    A．十分满意　　　B．满意　　　C．一般，有待改进　　　D．不满意

3. 观察结果分析和教学建议

（1）观察结果分析：这节课梁老师展示了优秀的教学能力，充分利用了各种资源，合理使用教材、教辅和其他资源，采用丰富多样的教学形式（包括视频、游戏、图片、学生个性化展示等）开展课堂教学，取得了很好的教学效果。特别是，能够根据学生的学习差异、兴趣、特长指导学生开展探究活动，提供大量的学习资料，给出明确的学习任务，学生对此表现出浓厚的学习兴趣和探究热情，也乐意展示自己的探究成果。课后作业设计针对性强，能够进一步加深学生对成语文化的理解。可以说，这节课在教师资源的利用上是十分有成效的。

（2）教学建议：教学资源除了书籍、网络资源之外，还有丰富的社会生活资源，可以尝试指导学生将成语文化和现实生活联系起来，设计当代成语文化体验活动，让学生进一步感受到成语文化的现代魅力。

（四）学生资源利用的有效性

1. 观察点选点说明

    学生身上有宝贵的资源，如丰富的阅读经验、多元的知识积累、独特的思维方式、学习能力、团队协作能力、想象力、创造力、表现力以及其他方面的特殊才能（如信息技术处理能力、艺术才能）等。只有充分利用学生身上丰富的资源，调动学生的积极性，发挥他们的聪明才智，这样的语文课堂才能真正地促进学生的发展。

2. 观察表和观察结果说明

问题 1：学生能否联系已有知识经验理解课堂内容？（B）

    A．非常能够　　　B．能够　　　C．一般，有待改进　　　D．完全不能

问题 2：学生利用了哪些资源开展学习活动？（多选）（ABCDEF）

    A．网络　　　B．PPT　　　C．音频、视频　　　D．课本和参考资料

    E．图书馆　　　F．其他

问题 3：学生能否积极参与课堂讨论，表达自己的观点和感受？（A）

    A．非常能够　　　B．能够　　　C．一般，有待改进　　　D．完全不能

问题 4：学生能否对课堂内容产生共鸣，产生兴趣和动力？（A）

    A．非常能够　　　B．能够　　　C．一般，有待改进　　　D．完全不能

问题 5：学生的特长、兴趣能否得到关注，获得了个性化发展？（A）

    A．非常能够　　　B．能够　　　C．一般，有待改进　　　D．完全不能

问题 6：学生能否采用个性化的方式表达不同的观点，体验多元化的课堂？（A）

    A．非常能够　　　B．能够　　　C．一般，有待改进　　　D．完全不能

问题 7：学生能否在课堂上展现出自己的创造力和想象力？（A）

    A．非常能够　　　B．能够　　　C．一般，有待改进　　　D．完全不能

问题8：学生能否在课堂上提出新颖、有创意的见解？（B）

A．非常能够　　　B．能够　　　C．一般，有待改进　　　D．完全不能

问题9：学生能否在课堂上与其他同学进行有效的合作交流？（B）

A．非常能够　　　B．能够　　　C．一般，有待改进　　　D．完全不能

问题10：学生能否主动参与课堂讨论，积极表达观点和想法？（A）

A．非常能够　　　B．能够　　　C．一般，有待改进　　　D．完全不能

问题11：学生能否在课堂上与教师积极互动沟通，提出问题和建议？（C）

A．非常能够　　　B．能够　　　C．一般，有待改进　　　D．完全不能

3．观察结果分析和教学建议

（1）观察结果分析：这节课的成功之处就是充分挖掘了学生身上丰富的资源，发挥了学生的主观能动性，让学生成为学习的主人，体验到多样的学习方式。①善于引导学生运用自身的知识经验、技能才华完成学习任务。学生通过课前预习、自主探究、制作成语文化成果（短视频、成语卡片、PPT、成语札记），获得了知识的积累、学习能力的提升。②学生在课堂上得到了很多展示自我的机会，他们的创造才能、表演才能、绘画才能、信息技术能力都得到了展示，他们用自己独特的方式诠释成语中的文化魅力，引起了在座师生的强烈共鸣。③学生的大部分探究、展示活动都不是独立完成的，需要与其他学生讨论、合作，其间也需要向老师请教遇到的问题。师生的通力合作，才成就了一节比较高效的课堂。一节课下来，学生各方面的能力、才华得到了展示，收获了自信。

（2）教学建议：能够充分利用学生资源，这点值得推广。但也存在一些有待改进之处。例如，大部分学生都得到了展示的机会，但是仍有小部分学生参与度不够。如何最大限度地照顾到每一位学生，值得老师思考。又如，学生资源获取的渠道和途径有限，对信息的辨别、筛选能力还不足。为此，教师最好进行必要的指导，如提供较可靠、权威的网站、参考资料，对学生搜集来的资料适当把关，指导其正确辨别和筛选资料。此外，这节课更多地停留在理论探究层面，建议加进实际应用的环节，让学生真正感受到成语文化的实用价值。

课例三 公式法解一元二次方程

谢燕琼

一、背景

1. 授课教师

谢燕琼，女，教龄 12 年，教学业绩突出。

2. 教学主题

"公式法解一元二次方程"，选自人民教育出版社出版的《数学》九年级上册第二十一章第二节的内容。

3. 观课教师

孙晓雨、赵国超、魏登科、张娟、陈晓兰、苏锦芬、范瑜珊。

4. 活动背景

2021 年 5 月 13 日，湛江市二中海东中学开展教学开放日活动。

二、课前会议

时间：2021 年 5 月 13 日上午第二节课。

（一）教师说课

1. 教材分析

本章是一元一次方程、二元一次方程（组）等内容的深入和拓展，也是以后学习方程以及函数等数学知识的基础。"一元二次方程的解法"是初中数学"方程"中的重要内容之一，公式法解一元二次方程是在学习完直接开方法、配方法解一元二次方程的基础上，掌握用求根公式解一元二次方程，培养学生由特殊到一般的解题思想。

2. 学生情况

初三年级的学生思想较为活跃，对新知识有较强的探索欲望。但由于其对学习缺乏足够的耐心，导致学习起来较为吃力，对本学习内容有不同程度的错漏产生；逻辑推理能力有限，对一部分知识点的掌握还需进一步加强。主要表现为由于计算能力的不足，在解题过程中经常会出一些小的纰漏。一部分需要推理论证的问题不能得到很好的解决。

3. 学习目标

（1）知识与技能：①了解一元二次方程求根公式的推导过程；②会用一元二次方程根的判别式判别方程是否有实根及两个实根是否相等；③能用求根公式解一元二次方程。

(2) 过程与方法：通过运用公式法求一元二次方程的根，培养学生在运算能力方面的核心素养。

(3) 情感态度与价值观：运用公式法前先计算判别式的值，形成规范化思考问题的品质。

4．教学重难点

学习目标（2）和学习目标（3）是本堂课的教学重点。

学习目标（1）是本堂课的教学难点。

5．教学方法

根据以上分析，本课采用教师讲授、小组合作探究等教学方法。

6．教学环节设计

教学环节一：引入和推导公式。老师先在黑板上推导求根公式，学生聚精会神地听着，不断思考，跟着老师的思路，了解公式的由来和推导过程，然后学生在导学案上补上公式的推导过程。

教学环节二：运用公式。学习例1（运用判别式）和例2（运用求根公式），完成练习1和练习2，这里设置了一个希沃游戏。

教学环节三：课堂检测。

7．创新和困惑之处

（1）创新之处：整体教学思路顺畅，一环扣一环，层层递进。通过配方法推导出求根公式后，再运用判别式和求根公式。一般这种数学课堂比较沉闷，为了解决这个问题，在课堂上加入了希沃游戏，以此激发学生的学习热情，巩固提升课堂知识，为学生后续的学习打下良好的基础。

（2）困惑之处：本节课的重点是推导公式，并运用判别式和求根公式，课堂内容不少，且判别式和求根公式复杂难记。所以，教师要安排好课堂内容、课堂环节等。

（二）与观课教师的交流

赵国超：本节课的教学目标不少，并且计算量较大，会不会课堂时间比较紧张？

谢燕琼：本节课的计算量确实很大，学生需要有较好的计算能力，同时对一元二次方程的一般式也有较好的理解。如果学生能预习到位，完成课堂任务也不难。本堂课作为一节完整的课，课堂上的内容：推导公式—判别式判别根的情况—用求根公式求一元二次方程的根，这三部分必不可少。

赵国超：那如何保证学生都能预习到位？

谢燕琼：首先，认真检查学生的导学案；其次，制定奖励和惩罚机制，保证学生都不会偷懒、掉队。

魏登科：这节课能设计出希沃游戏确实不容易。但是这个希沃游戏是否太难了，学生会不会完成不了？

谢燕琼：在进行希沃游戏之前，先引导学生小组讨论，总结判别式 b^2-4ac 的特点，如果 a 是正数，c 是负数，那么 $-4ac$ 就会是正数，那么判别式 b^2-4ac 就会是正数，也就意味着一元二次方程有两个不等的实数根。记住这个结论，相信学生不用计算也能较快判别出根的情况。

（三）与观课教师讨论后确定的观察点

(1) 课程性质：学习目标的设定。
(2) 课堂观察：课堂活动与教学目标的达成。
(3) 目标达成：教学例题的典型性和有效性。
(4) 学生活动：教学环节与学习目标的一致性。
(5) 教师教学：反馈课堂检查。

三、课中观察

时间：2021 年 5 月 13 日第二节课。

（一）观察工具

观察表、摄像机。

（二）观察位置的选择

孙晓雨、赵国超、魏登科、张娟、陈晓兰老师为主要观课教师。为了减少对学生学习的干扰，张娟、孙晓雨老师选择坐到学优生集中区域进行观察，赵国超、魏登科老师选择坐到学困生集中区域进行观察，其余教师坐在教室后面区域进行观察。教师课堂观察位置分布情况如图 18-1 所示。

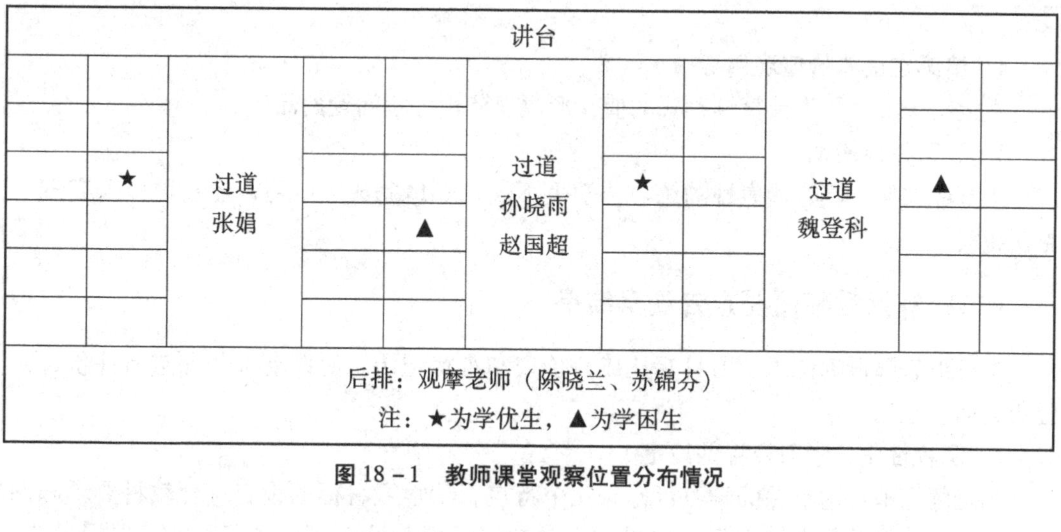

				讲台					
	★	过道张娟			过道孙晓雨赵国超	★		过道魏登科	▲
				▲					

后排：观摩老师（陈晓兰、苏锦芬）
注：★为学优生，▲为学困生

图 18-1 教师课堂观察位置分布情况

四、课后会议

（一）课后反思

谢老师基于学习目标的达成情况从五个方面进行课后反思。

1. 学习目标描述

根据教材和课程标准,本节课预定了三维教学目标。学生课前齐读学习知识与能力目标,大部分学生能够做到明确目标,带着目标进行课堂学习。

2. 知识与技能目标达成

第一个知识与技能目标:了解一元二次方程求根公式的推导过程。老师在黑板上引导学生用配方法求一元二次方程 $ax^2+bx+c=0$ 的根,总结出求根公式 $x=\dfrac{-b\pm\sqrt{b^2-4ac}}{2a}$ 和判别式 b^2-4ac 的作用。

第二个知识与技能目标:会用一元二次方程根的判别式判别方程是否有实根及两个实根是否相等。通过例1学会识别一元二次方程一般式 $ax^2+bx+c=0$ 中的 a,b,c(带上符号),并把 a,b,c 代入判别式 b^2-4ac 中计算,判别一元二次方程的根的个数。学生都能够代入求根公式计算并判别一元二次方程的根的情况。

第三个知识与技能目标:能用求根公式解一元二次方程。通过例2的例题学习,总结出公式法求一元二次方程的根的步骤,大部分学生能根据步骤完成练习2,虽然有个别学生在确定 a,b,c 的时候出现了错误,但在教师指出问题后都能代入求根公式求根。这个目标也能较好地达成。

3. 过程与方法的教学目标

通过运用公式法求一元二次方程的根,培养运算能力的核心素养。本节课的重点是把一元二次方程中的系数 a,b,c 代入判别式 $\Delta=b^2-4ac$ 和求根公式 $x=\dfrac{-b\pm\sqrt{b^2-4ac}}{2a}$。

4. 情感态度与价值观目标

在运用公式法前先计算判别式的值,形成规范化思考问题的品质。

5. 学习目标检测

本节课选取了具有代表性的练习,学生不仅较好地完成了练习,还在黑板上完成了希沃游戏。

(二)观课教师简要报告观察结果

本科组教师根据课堂学习目标达成评价表和观察记录,对谢老师的课进行评价,并提出具体的意见反馈。

1. 课程性质:学习目标的设定

孙晓雨老师:这节课的学习目标有三个特点。①学习目标的设定符合教材要求和课程标准,也突出了数学核心素养的培养。②知识目标简洁明了,环环相扣,层层递进,学生能很容易把握课堂的重点。③学习目标基本符合班级学生的学习情况。

2. 课堂观察:课堂活动与学习目标的达成

赵国超老师:本节课的教学设计合理,大部分学生都能达成学习目标。第①个知识目标是在第一个课堂活动中达成的,第②和第③个知识目标是在第二个课堂活动中达成的。

3. **目标达成：教学例题的典型性和有效性**

张娟老师：本节课的例题选取合适，学生能掌握基本的步骤和方法，达到了课堂的教学目标。

4. **学生活动：教学环节与学习目标的一致性**

魏登科老师：本节课课堂顺畅，教学环节设计合理。

教学环节一对应知识与技能的第①个目标，教学环节二对应知识与技能的第②、第③个目标，同时也体现了提高运算能力的数学核心素养。

5. **教师教学：反馈课堂检查**

陈晓兰老师：谢老师在课堂中检测学生学习目标的落实情况主要采取写练习、上黑板讲题、做希沃游戏等方式。全班同学都参与了写练习题，五位学生上讲台写了题，三位学生参与了希沃游戏。

（三）本次观察形成的结论

1. **目标清晰**

本节课的目标紧扣教材和课程标准，简洁明了，环环相扣，层层递进，也体现了数学核心素养。

2. **颇具趣味**

数学课堂往往比较枯燥，特别是复杂公式的教学课堂，但本节课设置了两个希沃游戏，从视觉、听觉等方面活跃了课堂，也巩固了教学目标，帮助教学目标的达成。

3. **善于运用信息技术**

运用信息技术设置了两个希沃游戏，活跃了课堂氛围。

4. **目标落实**

在课堂中检测学生学习目标的落实情况主要采取写练习、上黑板讲题、做希沃游戏等方式，覆盖面广，形式多样。

附件：课后分析报告

（一）课后反思报告

2021年5月，我开展了本次公开课，同时，我校数学组进行了一次课堂观察活动。课后，科组的教师对我的这节课提出了很多宝贵建议，也给予了较高的评价。在教研活动中，科组的各位教师根据观察表认真记录课堂情况，积极发表意见。我虚心向各位教师取经，认真做记录和听取意见。以下是我基于本节课课堂目标达成度的课后反思。

1. **反思目标的设定和达成**

本节课紧扣教材和课程标准，结合初三学情，设定三维目标。

（1）知识与技能：①了解一元二次方程求根公式的推导过程；②会用一元二次方程根的判别式判别方程是否有实根及两个实根是否相等；③能用求根公式解一元二次方程。

（2）过程与方法：通过运用公式法求一元二次方程的根，培养运算能力的核心素养。

（3）情感态度与价值观：在运用公式法前先计算判别式的值，养成规范化思考问题的习惯。

知识与技能目标是最基本的教学目标。学生脑海中已有前面课堂中配方法解一元二次方程的基础，课前带领学生看课本预习，课中采用引导式、小组合作探究和教师点拨等方法加以突破。通过学生的做题情况来看，学生做题正确率高，学习目标达成效果好。

过程与方法的教学目标体现了数学核心素养。个别学生在刚开始训练2代入公式时会弄错符号，但在最后的课堂检测练习中，大部分学生都能求出方程的根。从学生的进步度来看，学生的运算能力有所提高，学习目标达成效果好。

情感态度与价值观目标也体现了数学核心素养。运用公式法前先计算判别式的值，养成规范化思考问题的习惯。学生都能在用求根公式前计算判别式的值，判别一元二次方程的根的情况，因此，本节课有助于培养学生规范化思考问题的习惯，学习目标达成效果好。

2. 反思学习目标的系统性

求根公式烦琐，计算量较大，导致内容的广度不够，单元教学的整体性和系统性还没有体现出来。在今后的教学中，要加强对单元整体性的把握，统筹单元学习规划，注重内容的前后关联。

（二）观课老师观察报告

1. 学习目标的设定

这节课的学习目标有以下三个特点：①学习目标的设定符合教材要求和课程标准，也突出了数学核心素养的培养。②知识目标简洁明了，环环相扣，层层递进，使学生能很容易把握课堂的重点。③在课堂活动中，学生都能完成训练1和训练2的练习，讲台上希沃游戏的正确率也达到了85%以上，学习目标基本符合班级学生的学习情况。

2. 学习目标的达成度

教学环节一对应知识与技能的第①个目标，教学环节二对应知识与技能的第②、第③个目标，同时也体现了提高运算能力的数学核心素养，在用求根公式前计算判别式的值判别一元二次方程的根的情况，既有助于形成规范化思考问题的品质，也对应着过程与方法和情感态度与价值观目标。

本节课的教学设计合理，大部分学生都能达成学习目标（见表18-1）。第①个知识目标是在第一个课堂活动中达成的。老师先在黑板上推导求根公式，学生聚精会神地听着，不断思考，跟着老师的思路，了解公式的由来和推导过程，然后学生在导学案上补上公式的推导过程。第②个和第③个知识目标是在第二个课堂活动中达成的，在该课堂活动中，学生做题正确率较高，目标达成效果明显。但是，有极个别学生做题速度较慢，没有全部完成。

表 18-1　学习目标完成情况

学习目标	①了解一元二次方程求根公式的推导过程	②会用一元二次方程根的判别式判别方程是否有实根及两个实根是否相等	③能用求根公式解一元二次方程	④通过运用公式法求一元二次方程的根，培养运算能力的核心素养	⑤运用公式法前先计算判别式的值，养成规范化思考问题的习惯
课堂活动	教师在黑板引导公式的推导，学生完成预习案	例1的学习和练习1的完成	例2的学习和练习2的完成	课堂检测的完成	课堂检测的完成
教学检测	全部同学都能完成导学案上的公式推导	90%的学生写对练习1	86%的学生写对练习2	90%的学生写对	90%的学生写对

3. 观察结果与教学建议

（1）观察结果：本节课的教学目标紧扣教材和课程标准，简洁明了，环环相扣，层层递进，也体现了数学核心素养，课堂活动紧扣学习目标。本节课除了常规的例题和练习题，还设置了两个希沃游戏，从视觉、听觉等方面使课堂活跃起来，也巩固了教学目标，促进教学目标的达成。

（2）教学建议：单元教学的整体性和系统性还没有体现出来。以后要加强对单元整体性的把握，统筹单元学习规划，注重内容的前后关联。

课例四　数列的递推关系与通项

曹保丽　彭　霞　高　霞

一、背景

1. 授课教师

彭霞，中学一级教师，有 17 年教学经验，一直从事高中数学教学，教学富有经验又充满活力。善于启发式教学，要求学生带着问题进入课堂。

2. 教学主题

"数列的递推关系与通项"（人教 A 版普通高中《数学》高三第二轮复习课）。

3. 观课教师

曹保丽、高霞、张寅明、彭明星、李翠芳、高海秀。

4. 活动背景

湛江市二中海东中学于 2023 年在全校推广课堂观察 LICC 模式，数学组的观察活动从理论学习、观察量表的制定到观察活动的初步尝试都积累了一定的经验，但仍需要进一步完善课堂观察的各个环节，使数学组的课堂观察 LICC 模式更具有代表性。此次观察活动就是一次向纵深发展的探索。

二、课前会议

时间：2023 年 4 月 6 日上午第三节。

（一）教师说课

1. 教材分析

本节课是高三第二轮复习课，通过认真解读考纲要求和近五年的全国 I 卷关于数列的考试内容可以发现，数列在高考中的难度中等偏下且是学生拿分的重要内容，而数列的通项公式几乎是必考内容。在第一轮复习中，学生对常见的几种求通项的方法有所掌握，但在处理复杂情景下的数学通项问题时还是比较吃力，所以在第二轮复习中，教师着重介绍在复杂情景下求数列的通项公式的几种方法。本节内容是在学生学习了等差数列、等比数列之后对求通项公式方法的一个拓展，通过化归思想，把数列的递推关系最终转化为等差或等比数列来求解。在新课标、新高考中，此类题目在选择、填空和计算题中均有可能出现，因此，学习本节内容对掌握数列，增强学生对高考的信心有很重要的作用。

2. 学情分析

本单元内容是学生在第二轮复习中已经复习了等差、等比数列通项公式的推导方法，并且是在第一轮复习中已经对常见的几种求数列通项公式的方法有所掌握的基础上进行的，通过作业反馈以及课堂上对问题的理解来看，无论是观察能力还是推理能力，学生都已初步具备。但是学生在遇到较复杂一点情景的求通项公式问题时还是难以下手，找不到解题的思路。本节内容主要讲解两类求数列通项公式的类型：利用 a_n 与 S_n 的关系求通项和构造辅助数列求通项。

3. 学科素养目标

（1）知识与能力目标：进一步巩固等差数列、等比数列求通项公式的方法；掌握利用累加法、累乘法、a_n 与 S_n 的关系及基本的构造法等由递推关系式求通项公式。

（2）过程与方法目标：引导学生通过自主探究与合作探究发现规律，总结方法，培养学生的化归与转化、类比能力；体现数学运算与逻辑推理两大核心素养。

（3）情感态度与价值观目标：学生通过探究发现，体会成功的喜悦，增加对数学学习的信心，增加对高考必胜的信心。

4. 教学重难点

（1）教学重点：由递推关系式求通项公式的几种方法。

（2）教学难点：构造法的发现与应用。

5. 教法与学法

（1）教法：创设情景、问题引导、互动探究。

（2）学法：自主探究、归纳总结。

6. 教学过程

（1）本节课的教学环节。

活动一：复习引入。

问题1：通过第一轮复习，我们有哪些求数列通项公式的方法？

问题2：你能求解满足下列条件的数列 $\{a_n\}$ 的通项公式吗？

在数列 $\{a_n\}$ 中，$a_1=3$，$a_{n+1}-a_n=n$，求数列 $\{a_n\}$ 的通项公式。（累加法）

在数列 $\{a_n\}$ 中，$a_1=1$，$(n+1)a_{n+1}=n \cdot a_n$，求数列 $\{a_n\}$ 的通项公式。（累乘法）

活动二：利用 a_n 与 S_n 的关系求通项。

例1.（2022·新高考Ⅰ卷）记 S_n 为数列 $\{a_n\}$ 的前 n 项和，已知 $a_1=1$，$\left\{\dfrac{S_n}{a_n}\right\}$ 是公差为 $\dfrac{1}{3}$ 的等差数列，求 $\{a_n\}$ 的通项公式。（采用两种不同的方法求解数列的通项，加深同学们对 a_n 与 S_n 互化的掌握。）

活动三：构造辅助数列求通项。

例2. 在数列 $\{a_n\}$ 中，$a_1=1$，$a_{n+1}=\dfrac{1}{2}a_n+1$，求数列 $\{a_n\}$ 的通项公式。

活动四：探究提升。

通过3个变式训练的小题，使学生通过自主探究数列的结构特征并结合已学知识把上面三个问题最终都转化为构造法解数列的通项公式,再归纳总结出四种类型数列通项公式的求法。这既体现了用数学的通性通法解决问题的能力,又体现了学生的归纳推理能力。

活动五:课堂总结。

(2) 本节课的创新之处:本节课按照已知数列的递推公式—通过观察数列的结构发现数列内蕴含的规律—通过运算构造新的等比数列—应用公式法求出数列的通项公式,引导学生通过已经掌握的知识去解决新的问题,并寻求一题多解。

(3) 本节课的困惑之处:因为这是第二轮复习课,所以课堂容量较大,且要求学生具有一定的计算能力,但学生的计算能力情况两极分化严重,这就对课堂学习信息的收集与处理、课堂节奏的把握、教学指导等都提出了较高的要求,授课教师在这些问题的处理上可能会把握得不太好,从而影响课堂的完成情况。

(二) 与观课教师的交流

李翠芳:本节内容是高三第二轮复习中非常重要的内容,从活动安排来看,本节课涵盖了数列递推关系的几种最重要的关系,例题选取也非常典型,但是从内容上来看,在一节课的时间内是很难完成的,是否删减某些内容?

彭霞:我在设计教学过程和选取例题的时候也确实考虑到了这个问题,我打算在课堂上将变式训练的三个小题只展示方法不具体展开运算,作为作业留给学生课后练习,然后再归纳总结解此类题的通性通法。

曹保丽:学生是课堂的主体,学生能否积极主动地参与到课堂中来是影响学生学习有效性的关键因素。通过刚才的说课,我发现课堂上学生真正动手做题的时间相对少,应多留一点时间给学生。

彭霞:因为本班的数学成绩两极分化严重,且"尾巴"较大,有部分学生的运算能力很差,我就想带着他们一起计算然后在课后作业配套相应的练习题进行加强巩固。

张寅明:从教学设计中看,你的复习引入有两个问题,第一个问题只需要学生口头回答,大约1分钟就可以,但是第二个问的两个练习题都是需要花费2~3分钟才能求解出来,这样设计的话,你的引入是否耽误了太多的时间?

彭霞:第二个问题的两个练习题的求解过程我都会通过PPT直接给出解题过程,这两道题的作用是让学生回忆第一轮复习时的累加法和累乘法,大约2分钟时间就可以了。

张寅明:好的,那我们接下来就看你具体在课堂上去落实教学目标,观察教学环节与教学目标的契合度。

彭霞:好的。

高海秀:你本节课的教学策略是创设情景、问题引导、互动探究,这里必然就有大量的提问和理答,提问的方式和恰当的理答对本节课教学目标的落实有很大的帮助,这也是本节课的一个观察点。

彭霞:好的。

高霞:听、说、读、写、做是课堂中学生学习行为的基本要求,从你的教学设计中我觉得本节课对学生的这些学习行为要求都很高,特别是读和做两个方面我很感兴趣,接下来我的观察点就是这个。

彭霞：好的。作为高三第二轮复习课最重要的确实是学生能做到快速准确地解题。

（三）与观察者讨论后确定的观察点

（1）课程性质与观察：目标的制定与教学目标的达成。
（2）目标达成：提问的有效性与理答。
（3）学生活动：课堂中学生学习行为。
（4）教师教学：教学过程中教师对学生的错误的评价。

三、课中观察

时间：2023 年 4 月 6 日上午第四节。

（一）观察工具

观察表、摄像机。

（二）观察位置的选择

李翠芳、曹保丽、张寅明老师为主要观察教师，为了减少对学生学习的干扰，坐在后排观察。高霞、高海秀等老师坐到学困生或学优生集中区域进行观察。

（三）观察过程

课前：观察者于上课前进入教室就座。高霞、高海秀老师特地查看了走廊两侧的学生的数学教材和笔记，以此了解学生的预习落实情况。

课中：观察教师根据自己选择的量表进行观察记录。

课后：曹保丽、李翠芳、张寅明老师特意问了他们前方的六位学生，了解他们对这节课的感受及知识掌握程度。

四、课后会议

时间：2023 年 4 月 6 日上午第五节。

（一）课后反思

本节课复习了求数列通项公式的两种基本方法：已知 S_n 与 a_n 的关系求 a_n 和用构造法（几种特殊的递推关系模型）求数列的通项公式。从教学过程可以看出，求数列的通项公式具有很强的技巧性，对学生的基本知识与基本技能、基本数学思想方法都有很高的要求。数列是一类特殊的函数，要求学生仔细观察数列的结构特征，应用转化与化规的思想通过把条件整理变形成教师熟悉的等差数列或等比数列进行求解。本节课的内容提醒教师在平时的教学中一定要加强学生"四基"的练习，注重培养学生的数学思想方法，注意多总结和反思、类比和归纳，做到触类旁通，提高学生的学习效率。教学呈现的定位也是本节内容的关键，结合学生基础，本节课的例题都是选取高考或模拟题中比较典型且偏向基础的题目，让学生在掌握方法的过程中能够灵活应用所学知识，从而达到提高思维水平的目的。总的来说，本节课能顺利完成预先设定的教学目标，贴近高考，符合学生的实际情况，是高考备考中的重要组成部分。

（二）观课教师简要报告观察结果

李翠芳：我们小组观察的是学习目标的制定与教学目标的达成。从学生回答问题的正确性和活动四变式训练的三个小题的完成情况来看，本节课基本实现了预设的学习目标。学生通过自主探究与合作探究发现规律，总结方法，学生的化归与转化、类比能力以及数学运算与逻辑推理两大核心素养都得到了锻炼。在探究过程中，学生始终保持着强烈的求知欲，学习数学的兴趣和信心也得到了相应的提升。

高海秀：我们小组观察的是教师提问及理答的有效性。这节课总共出现了 30 个问题，其中 26 个问题来自老师的提问，4 个问题来自学生的提问，呈现形式有简答、辨析、分析、归纳、探究等，贴近学生经验，符合学生的心理。问题层层推进，由浅入深，体现了较好的逻辑性。学生在彭老师的启发引导下思考并回答问题，有利于教学目标的落实。但是提问后，学生以集体回答形式较多，个别追问很少。根据问题的难度，我们认为给学生候答的时间太少，平均一个问题的候答时间为 4 秒左右，个别较难的问题应该留多点时间让学生充分思考后回答。

高霞：我们小组观察的是课堂中学生学习行为。这节课主要有 6 次学生活动，形式主要有师生问答、小组探究、自主探究。学生活动形式丰富，给学生很多的交流展示机会，学生的参与度非常高，课堂气氛活跃，并且绝大多数学生的任务完成情况较好。在学生的活动中，彭老师的指令清晰，活动时间控制比较合理。但是，活动四中的题目有一定的难度，学生自主探究有一定的困难，应该多给一点时间，让学生充分思考和小结。

张寅明：我们小组观察的是教学过程中教师对学生的错误的评价。本节课学生的错误主要有知识性（2 处）、表达错误（3 处）、不合理的错误（1 处）、思考不全面（1 处）、未把握问题的指向（2 处）等。彭老师的态度多为接纳和赞许，鼓励和引导学生进一步思考。例如，变式训练的 3 个小题，部分学生未能观察出结构特点，部分学生得出了与解题无关的结构特点，彭老师接纳他们的想法，并引导学生进一步观察式子的结构特点，转化成熟悉的形式，并总结规律，最终明确正确答案。

（三）本次观察形成的结论

彭老师的教学设计、学生活动设计合理，对学生从已有知识向未知知识过渡有较大帮助，大部分学生思维能够得到训练和提高。

学生课前预习比较好，老师指导落实到位。课堂上，学生对老师的提问能够快速反应，提高了课堂效率。这让我们更进一步地清楚数学学习也需要提前预习。

在学生活动环节，变式练习难度较大，部分学生的学习效果不能达到预期，导致部分教学目标达成度不够。建议降低变式训练的难度，或者更换练习题，让学生活动开展得更加充分。

本节课的教学评价积极合理。对于学生的知识性错误或者回答不全面的地方，老师能够及时地引导、纠正，并给予补充。

附件：课后分析报告

（一）数学课堂观察量表——学生学习行为评价信息的获取与利用观察报告

1. 学习行为

课堂中学生的学习行为分为五大类：听、说、读、写、做。

2. 评价信息

学生学习行为的评价信息可以分为听的评价信息、说的评价信息、读的评价信息、写的评价信息、做的评价信息五大类。

3. 评价标准

学生学习行为评价标准见表 19-1。

表 19-1　学生学习行为评价标准

一级指标	二级指标	评价标准
听	内容来源	A. 老师的讲解；B. 同学的展示；C. 小组的讨论；D. 课件；E. 视频；F. 其他（请说明）
	听的状态（投入程度）	A. 积极投入；B. 反应平淡；C. 消极被动
说	说的内容分类	A. 重复定义定理等规范知识；B. 解题思路；C. 质疑与询问；D. 其他（请说明）
	说的状态（是否流畅、自信，表情）	A. 说得流畅，表现自信，表情自然；B. 说得一般，表现一般，表情正常；C. 说得词不达意，表现不佳，表情反常（如左顾右盼）
	说的方式	A. 齐答；B. 不同意见的自由讨论；C. 个人回答；D. 无人回答（每个字母下面用正字记录频数）
读	内容来源	A. 课本；B. 教辅；C. 笔记；D. 其他（请说明）
	读的方式	A. 老师要求齐读（课前，课中）；B. 课代表组织齐读（时间：课前预备，课中）；C. 老师带领读；D. 自由读；E. 无读
	读的状态（声音大小，是否整齐、有气势）	A. 声音大，读得整齐，有气势；B. 声音一般，读得一般，普通气势；C. 声音小，读得杂乱，有气无力

续表

一级指标	二级指标	评价标准
写	写的方式	A. 默写；B. 做标记（重难点划线等）；C. 记笔记（对比归纳补充，例题写规范的解题过程等）；D. 其他（请说明）
	写的状态（是否书写工整、及时书写，内容全面）	A. 优良；B. 一般；C. 差
做	做的分类	A. 做题；B. 动手操作（例如折纸、做教具等）；C. 其他（请说明），暂时主要讨论
	做的方式	A. 独立完成；B. 同学互助完成；C. 老师帮扶完成；D. 未做
	做的态度（速度，正确率）	A. 做题速度快，正确率高；B. 自己看书理解题目以及得到老师同学帮助才能做完题目，正确率一般；C. 毫无头绪，不会做题

4. 学生人数

A. 全班；B. 大部分；C. 一半；D. 小部分；E. 几个人；F. 无人。

5. 时间

以分钟为单位。

6. 评价信息的利用

主要记录三个方面的内容：①教师和学生对相关信息的利用行为（例如教学行为可能有提问、举例讲解、借助板书讲解、引导、提醒、强调等）；②教师与学生利用相关信息的表情（如赞许、喜悦、生气、焦急、愤怒等）；③观察者的推论和建议。

学生是学习的主体，高中新课程的宗旨是着眼于学生的发展。教师的课堂教学要围绕着学生展开，一堂课的成功不在于老师上课讲得有多精彩，而在于不同层次的学生对知识点的掌握，在于能促进学生主动参与学习，在于能激发学生独立思考、自主探究、合作交流的能力。数学组选取了学生学习行为，根据 LICC 数学课堂评价量表的标准制作了表 19-1。本节课由表 19-1 记录的数据可以得到下面的一些评价内容。

（1）教学环节完整，教学重难点突出，紧扣新课标、新高考和新教材，例题选取比较具有代表性，注意了知识难度的进阶式提高。在讲解的过程中，注意数学思想方法的渗透，注重通性通法的掌握，突出了逻辑推理和运算能力的数学素养。

（2）本班为物理普通班。从课堂的六个环节体现出本班学生本节课的听、说、读、写、做能力：学生都能认真听课并且积极配合教师的教学任务，但是，由于题目难度不同，在各个环节不同层次的学生表现出的差异比较明显。例如，在复习引入和课堂总结时，基本上全班学生都能参与，但在环节二、环节三、环节四中，成绩中等以上的学生能积极参与，学困生的反应就比较消极平淡。在写和做的能力上，只有学优生和少部分的中档生能够按照老师的要求规范书写解题过程，部分中档生能够写出部分的解题过程，但在较复杂的计算过程时比较容易出错，这也反映出学生运算能力普遍比较弱。在以后的教学工作中（特别是学生高一进校），教师一定要注重运算能力的培养。学困生有无从下手的感觉,他们只能写出简单的求等差数列和等比数列的通项公式,对需要变形的题型无能为力。在活动四中,教师非常注重通性通法的培养,从特殊的数列通项公式的求解归纳出一般类型的通项公式的求解方法。例题分析透彻,从数列的结构特征入手,通过变形、构造等方法得到一个特殊的数列进而求解数列的通项公式,注重规律的总结归纳。尽量照顾到各个层次的同学,使他们在听、说、读、写、做方面都得到训练。但由于基础原因,学优生和中等生明显比学困生接受能力强。

(3)这是一堂高三第二轮复习课,练习量比较大,所以本节课超时 4 分钟,主要是在审题和做题方面花费的时间多,但是各个部分的时间分配还是比较合理的,教师对课堂时间的把控能力很强。

(4)通过本节课的学习,学生对这两种类型求数列通项公式有了更深的认识,实现了本节课的教学目标。

(二)课堂教学评价表——学生学习互动情况观察报告

1. 评价标准

学生学习互动情况评价标准见表 19-2。

表 19-2 学生学习互动情况评价标准

一级指标	二级指标	指标说明	记录说明
学生学习互动	C1. 互动行为	学生有哪些互动行为	以"1""2"等编号
	C2. 目标达成	学生的互动能为目标达成提供帮助吗	A. 能;B. 一般;C. 不能
	C3. 参与提问人数	参与提问回答人数	A. 5 人以上;B. 3~4 人;C. 1~2 人;D. 无人
	C3. 参与提问时间	参与提问回答时间	A. 5 分钟以上;B. 3~5 分钟;C. 少于 3 分钟
	C3. 参与提问过程	参与提问回答的过程和质量	A. 好;B. 较好;C. 一般
	C4. 参与小组人数	参与小组讨论的人数	A. 5 人以上;B. 3~4 人;C. 1~2 人;D. 无人
	C4. 参与小组时间	参与小组讨论的时间	A. 8 分钟以上;B. 3~8 分钟;C. 少于 3 分钟
	C4. 参与小组过程	参与小组讨论的过程和质量	A. 好;B. 较好;C. 一般
	C5. 参与课堂活动	参与课堂活动的过程与质量	A. 好;B. 较好;C. 一般
	C6. 互动习惯	学生的互动习惯怎么样	A. 充分参与;B. 比较积极;C. 一般
	C7. 情感行为	学生出现了怎样的情感行为	A. 专注并投入;B. 积极活跃;C. 一般

2. 观察量表结果

观察量表结果见表19-3。

表19-3 观察量表结果

授课者：彭霞			时间：2023年4月6日上午第四节				单位：湛江市二中海东中学			
观察者：曹保丽			班级：高三（5）班				课题：数列的递推关系式与通项			
C1.互动行为	C2.目标达成	C3.参与提问人数	C3.参与提问时间	C3.参与提问过程	C4.参与小组人数	C4.参与小组时间	C4.参与小组过程	C5.参与课堂活动	C6.互动习惯	C7.情感行为
1	A	A	C	A	A	C	A	A	A	A
2	A	A	C	A	A	C	A	A	A	A
3	A	B	C	A	B	C	B	B	B	B
4	A	C	B	B	B	B	A	A	A	A
5	A	B	C	B	B	C	A	B	B	B
6	A	B	B	A	A	C	A	A	A	A

观察者通过观察得出以下结论。

本节课为高三第二轮复习物理普通班的一节数学常规复习课，复习内容为"数列的递推关系式与通项"。从彭老师的整个授课过程来看，本节课学生学习互动环节安排合理，课堂教学达到预期目标。

（1）本节课主要有6处学生互动学习过程，活动形式多样，教师精心设计，有师生问答、学生归纳总结、交流展示等。例如，在课堂开始时由教师提问引导全班学生回顾第一轮复习中求数列通项公式的常用方法，接着彭老师抛出两道根据递推关系式求数列通项公式的小题，给予时间让学生充分思考并熟悉累加法、累乘法的运用。在例1的两种方法讲解完成后，合理安排学生归纳总结环节，教师循序渐进引导学生总结出了解题流程与步骤、解题思路与转化、两种方法的异同点，其余学生补充需要注意的地方 $n=1$ 和 $n \geq 2$ 等。教师通过设问、疑问、反问调动全班学生的积极性，抓住学生的注意力，让学生参与课堂的学习互动环节。

（2）学生学习互动时间安排充分、合理。本节课学生学习互动环节接近18分钟，作为一节高三第二轮复习课，给予了学生充分的时间思考、探究、归纳、总结，讲练结合，充分体现了课堂中学生的学习主体地位。本节课的不足之处：因学生层次差异较大，给予练习时间不可控，导致超时4分钟完成教学。

（3）学生互动内容设置较好，能促进教学过程推进、教学目标达成。教师提问指向明确，学生在教师的启发引导下回答问题思路清晰。活动二后面的总结环节，能充分培养学生的归纳总结能力，强化学生的解题思路和方法。活动三后面的变式练习与这节课的教学内容和难度存在一定关系，选取的高考模拟题难度适中，对于成绩中等以上的学生比较合适，学困生很难达到预期效果，需要下节课继续巩固强化。

（4）学生互动效果良好，专注并积极参与。在这节课中，成绩中等以上的学生互动人数、次数较多，学困生表现相对安静。从最后课堂总结部分可以看出，大部分学生对本节课所学内容基本掌握，明确重难点。建议在学生学习互动环节，留更多的时间给学生思考，适当减少教师讲解。

课例五 Adversity and Courage：Reading and Thinking 阅读教学

彭文义

一、背景

1. 授课教师

彭文义，12年教龄，中学教师一级，在英语教学上有理论积累，注重教学风格的培养和良好专业素养的形成，积极探索课堂教学模式。

2. 教学主题

"A Successful Failure"（人民教育出版社《英语》选择性必修第三册 Period 1 阅读课）。

3. 观课教师

周雯静、邓海燕、高筱婉、高轶楠、彭文义、徐芳、观宇妍、李治中、梁凤娟、黄雅苓、袁天磊、钟洁瑜。

4. 活动背景

随着学校教研室"三新"活动的深入开展，以及科组"大单元整体教学视阈下的英语课堂思政功能的实践研究"的实施，如何将英语学科的工具性和人文性进行有机融合，如何落实英语学科的活动观，提高课堂的教学效率一直是英语科组努力的方向。借着广东省黄雅苓名师工作室和湛江市高筱婉工作室联合研讨的契机，开展了本次基于"学生活动的有效性"的课堂观察活动。

二、课前会议

时间：2022年9月23日下午第八节课。

（一）教师说课

1. 教材分析

本单元是教材中高度完整性的语篇。通过 Reading、Listening、Speaking 和 Writing 等版块，完成对 Sir Ernest Shackleton 南极探险的全过程学习。Reading and Thinking 版块讲述了探险的出征，Listening and Speaking 版块谈到了遇险，Shackleton 带队去 South George Island 求救，在 Writing 版块交代了整个队伍走出困境。通过探险，展现了人类的决心和毅力，英语的工具性与人文性——生存教育、挫折教育、情感教育等，鼓励学生在逆境中勇于挑战自我，认知生命的价值和人生的意义。

2. 学生分析

高二的学生已经熟悉高中英语阅读文本的体裁及其特征，能快速获取信息；对于主题意义的探究途径有一定的了解，可以使用学习策略和方法表达文章的意图，如思维导图、角色扮演、海报制作等；对于探险类的文本，比较感兴趣。但由于学生缺乏探险经历，在把握主人公的情绪和人物品质方面需要指导。

3. 教学目标

基于以上分析，制定了学习目标，希望通过本节课学习之后，学生能够掌握以下四个方面的内容。

（1）收集与探险相关的词句等，实现语言知识能力的提升。

（2）掌握 Shackleton 南极探险过程，实现思维品质的提高。

（3）利用人物的言行分析人物精神特质，实现文化能力的增强。

（4）表达人物的情绪，提升自我情绪的认知和表达，实现学习能力的发展。

整个教学目标都以课堂活动为载体，通过学习理解、分析应用和迁移创新等不同层次的活动实现学习目标，因此，活动设计遵循了这样的原则。目标（1）、目标（2）、目标（3）为教学重点，目标（4）为教学难点。

4. 教学方法

以《普通高中英语课程标准（2017 版 2020 年修订）》为指导设计，采用了活动教学法、合作学习、交际策略等。

5. 教学环节

基于萨提亚的心理疗法"冰山理论"，设计了以下教学活动。

第一部分：基于人物行为和应对措施梳理故事情节。

活动一：观摩短片《南极探险》。课堂学习导入，让学生初步了解 Shackleton 的基本人物信息，以及南极环境的恶劣。

活动二：阅读广告。基于活动一的视频中 Man Wanted 征人广告，引导学生阅读课文第一部分，初步了解探险精神，初探探险者的人物特质，学习相关的短语。

活动三：阅读文本的背景信息。此活动帮助学生快速获取探险的信息和文本的特征，帮助学生进一步学习。

活动四：梳理故事细节，还原故事情节。本活动是这节课的关键所在：三篇日记从不同的时间帮助读者体验本次探险经历。整个设计的方案基于以下考量：基于人物的行为和应对方式，感知人物的感受以及观点，了解人物的期待和愿望，认知人物内心真正的"自我"，完成主人公自我认知。经过对探险故事的体验，让学生感知信念的力量，从而做出明智的决定和正确的期望，最后付诸行动。

第一步：梳理人物行为，感知人物情绪。

Diary 1 How did Perce join the expedition?

通过活动梳理，学生感知到 Perce Blackborow 对于南极探险的极度热情。重点是带领学生理解人物行为中体现的人物品质。

活动：要求学生进行 role-play，通过角色扮演，评价和理解人物的心理和情绪。

Diary 2 What happened to Endurance?

通过游戏观察，让学生理解在危难之际船队如何自救，以此感知生存意识。通过 stuck、crash、sank 等词汇学习，引导学生关注危机，以及人物情绪的变化。

Diary 3 What did they do to survive on the island?

通过观察地图，直观感知驾船去南乔治岛求救的艰险，感悟 Shackleton 的人物特质。通过思维导图，罗列船员们自救的活动，感知船员的情绪。

阅读完三篇日记之后，学生选择每篇日记对应的情绪，并粘贴在对应的日记下方，通过情绪词汇的对比，得出情绪变化图。从整体把握南极探险困境之下的人物品质，达成情绪认知目标（如图 20-1 所示）。

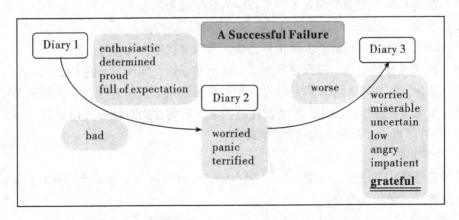

图 20-1　黑板板书：文本标题的解释及人物情绪变化

活动五：再读文本，感知主人公品质。本活动的目的在于引导学生深度阅读，获取、归纳人物特质，认知探险者的"自我"，培养学生探索人生的勇气。

活动六：再读标题，回顾全文。通过标题，了解矛盾修饰法的应用，学生感知语言的魅力以及故事的历程。

作业设计：人物情景再现，学生把自己当成作者，用漂流瓶的方式向外界求救。鼓励学生描述情节，表达情绪，并根据内心的想法做出决定，完成"冰山理论"中行为改变。

6. 创新和困惑之处

（1）创新之处：借用心理疗法大师萨提亚的自我认知的"冰山理论"帮助学生逐步深入理解人的行为与自我意识。此理论在实践当中已经得到验证，帮助了许多人，因此借用到英语阅读教学中，对于帮助学生理解人物性格，了解人物品质都有很好的指导意义，也让本节课做到了"有理可依"，具有实际借鉴意义。能够根据自我认知，展开故事的叙述和人物特质的剖析。

（2）困惑之处：在"冰山理论"支架之下，课堂活动有层次、有逻辑地开展。以行为层次—情绪层次—人物特质层次三条明暗线开展教学，三条路线几乎同时进行。课堂活动设计，一方面不能破坏教学内容的完整性，另一方面不能破坏认知过程的层次性。这对于学生的学习和课堂活动都提出更高的要求，课堂的成功与否在此。

（二）与观察教师交流

黄雅苓：本节课堂设计的最大亮点是"冰山理论"的支撑，你能否把理论和教学文本进行有机的融合处理？

彭文义：关于"冰山理论"和本节课程的文本融合问题，我在决定选取理论之前，已经查阅资料，理解"冰山理论"的本质是帮助有心理疾病的人从自我的行为了解心理和情绪，以及对周边环境的需求和期望，从而真正理解内心中的自我。根据第一步认知，进行必要的理念转变，辅助病人改变决定，做出正确的期望，最终在生活中做出正确的决定。从这个层面来讲，本单元的 Adversity and Courage 正是基于人物的行为、情绪和期望，使学生认识故事中的人物特质；在探险精神中体现出的生存教育、挫折教育、情感教育等超越文本的学习，使得本节课同时具备英语学科的人文性。既然核心本质一致，那么在活动融合方面就能够兼容。

钟洁瑜：基于人物特质认知活动而设计注定学生是课堂的中心，只有学生在活动中感受人物行为、情绪，才能够理解人物特质，因此，保证课堂活动的有效性是本节课能够达成教学目标的基本保证。你能否简单介绍一下本节课堂活动设计是如何呈现和推进？

彭文义：活动是学生学习的重要途径，是使课堂知识内化的重要方法，最终决定了学生的思维品质和学习能力的实现。因此，在活动设计中，特别注重各个部分内容知识的特征和结构的特殊性，针对性地进行了活动的设计。例如，开篇的第一篇日记着重强调 Sir Ernst Shackleton 招纳船员的条件，通过作者 Perce Blackborow 如何登上 Endurance 的过程，生动形象地展示了一个狂热的探险年轻人的形象，跟现阶段的高中生的特征有很大的相似性，因此，本阶段的活动输出目的在于让学生理解作者的特质和情绪，并通过 role-play 表现出来。通过同龄人的评价，不仅展示了文本人物的特征，同时也激发了学生对于 the spirit of adventure 的认知。第二部分主要讲解探险船只 Endurance 如何沉没，以及船员在险情中如何自救，给予学生生存教育。因此，针对文本的特征，本阶段的活动主要以"选择"为主，通过活动模拟沉船过程，每个人都要做出抉择。基于此，通过希沃平台完成沉船时选择丢弃的物品和拯救的物品，实现抉择的认知。在对比丢弃的物品和拯救的物品中，提炼险境中人的生存意识。最后一部分是船长 Shackleton 决定带一支队伍去千里之外的南乔治岛求救，整个队伍被拯救的事件。本段落的最大特征是语言描写，主要带领学生进行语言的赏析，通过语言的遣词造句去体会人物心理和人物特质。因此，整个课堂活动是一个综合性、相关性和联结性的统一体，保证了课堂的完整性和体验的连续性。

周雯静：可以看出你对文本已经有了比较深刻地理解和分解，这对于课堂目标的实现有很大的帮助，那么你对于目标的实现有多大把握呢？

彭文义：在目标设计方面，主要基于英语学科的核心素养、语言知识、思维品质、文化意识和学习能力等提出。在语言能力方面，主要鼓励学生掌握和运用探险方面相关的词和句，实现语言的表达能力；通过活动去体会人物的情绪，鼓励学生能够判断人物的情绪与行为的关系。最后，在情绪与行为的相互影响之下，学生能够真实体验人物特质是决定人物行为的根本因素，旨在让学生树立良好的品格。最后的表达部分主要针对学生对于课堂的理解，进行必要的语言输出，实现教学目标。

高筱婉：基于大家的讨论，我对于本节课堂是比较期待的。无论是语言的魅力还是人物特质的分解，都是大家非常期待的内容。通过课前会议可以看出这篇课文是难得的一篇融合了语言、思维和品质的文本，相信大家和我一样期待。

（三）与观察教师确定观察点

（1）课程性质：教学活动与目标的一致性（黄雅苓、钟洁瑜）。
（2）目标达成：教学活动开展的有效性（高轶楠、徐芳、袁天磊）。
（3）课堂观察：课堂活动的参与度（邓海燕、梁凤娟）。
（4）学生学习：学习目标的达成度（高筱婉、观宇妍、李治中）。
（5）课程性质：课堂活动评价的有效性（周雯静）。

三、课中观察

时间：2022年9月26日下午第八节课。

（一）观察工具

观察量表、摄像机。

（二）观察位置选择

根据本节课程的结构特征、观察点，以及学生的总和考量，观察者选择的观察点如图 20-2 所示。

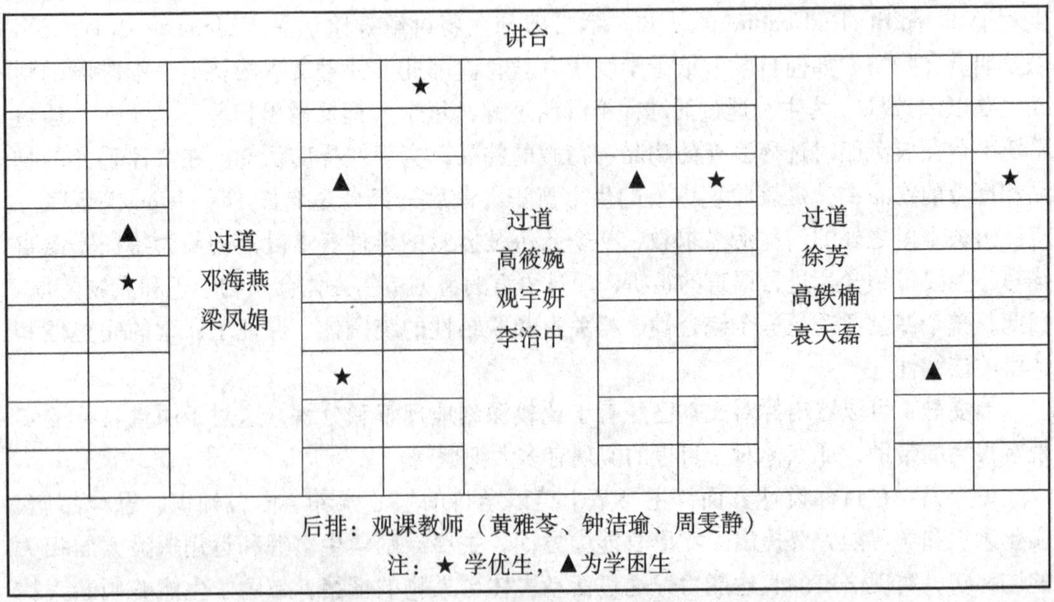

				★						
				▲		▲	★			★
	▲		过道			过道			过道	
	★		邓海燕			高筱婉			徐芳	
			梁凤娟			观宇妍			高轶楠	
						李治中			袁天磊	
				★					▲	

后排：观课教师（黄雅苓、钟洁瑜、周雯静）
注：★ 学优生，▲ 为学因生

图 20-2 教师课堂观察位置分布

四、课后会议

时间:2022年9月26日下午第九节课。

(一)课后反思

1. 教学目标的达成度情况说明

结合文本和学情,本节课主要从语言知识、文化意识、思维品质和学习能力四个方面提出了预设目标。

(1)第一个目标是学习并理解和运用 adventure 的相关主题词汇,如 explorer、polar expedition 等,从 role-play 和漂流瓶的输出中可以判断,基本实现了目标。

(2)第二个目标是能够描述探险历程,梳理事件信息。学生通过对故事信息梳理、整合和归纳后,用自己的语言表达故事的概要。从 emotion wave 中可以看出,此目标基本达成。

(3)第三个目标是根据人物的语言和行为分析人物的性格和品质,在 emotion cards 分类中可以看出学生能够识别情绪。

(4)第四个目标要求学生通过漂流瓶方式求救,意在表达困境、抒发情绪、发出求救信号。通过课后的作业分析来看,学生在故事细节描述方面完成度很好,但是在表达情绪和行为关联度方面较差,由此可以看出在情绪的培养和理解方面,还需要更多时间。综合以上数据可以看出,课堂目标基本完成,本节课增加了学生的基本语言知识,提升了学生的情绪领悟能力和表达力,以及在困境中的自我解救能力。

2. 教学活动的有效性

通过量表获得的数据来看,课堂活动的多样化较好地激发了学生的兴趣,课堂活动的难度适中提高了学生的参与度,构建了良好学习氛围,活动时间设计较为合理。通过课堂的师生评价和生生评价反映出活动的层次性、关联性和可操作性。

(二)观课教师简要报告观察结果

本科组教师根据课堂学习目标达成评价表和观察记录,对彭老师的课进行评价,并提出具体的反馈意见。

1. 课程性质:教学活动与学习目标的适切性

本节课的目标设定符合新高考下的课程标准要求,素养导向以 ABCD 来表示,以 A—F 来细化活动类别。通过量化表格,指导课堂活动的设计流程以及明确的实施方案。通过学生的参与度和学生的课堂情绪能够观测到学生对于课堂的理解度和参与度。通过文本的三层次框架理解,学生很清楚每一个阶段的学习目标,获取需要的信息并进行归纳输出。需要注意的是,在学生情绪表达输出的时候,应当给予学生足够的时间去体验和表达,建议优化设计。(黄雅苓、钟洁瑜)

2. 目标达成:教学环节设计的合理性

通过对评价量表中活动时间的检测,笔者发现导入部分总共花去了 8 分钟,占课堂时间的 20%,阅读三个活动总计 21 分钟(活动一、活动二、活动三分别花去 5、6、10

分钟）占课堂时间的54%，输出环节共11分钟占课堂时间的26%。从文本结构和目标的设定，可以看出教学活动的合理性。导入部分设计的信息导入、广告分析和背景介绍，虽然相对于其他的阅读短文，花去时间较多，但是非常有必要。Reading and Thinking 版块中 Reading 部分占54%，可以看出课堂的重心在阅读，为 Thinking 部分做了充分的准备。针对作为评价部分的 Thinking，给的时间也是相当充分，保证了学生的思考时间。课堂的建议是，在师生互动过程中，教师的活动范围和视野范围需要更广，关注更多的学生，及时给予评价。（徐芳、高铁楠、袁天磊）

3. **课堂观察：课堂活动的参与度**

评价量表在学生参与的范围也做出了统计。数据显示，阅读活动一学生参与度为90%以上，显示出学生在 role-play 过程中有较大的热情和兴趣；阅读活动二学生参与度为75%，阅读活动三学生参与度为50%，可以看出随着阅读理解层次的加深和难度的增加，学生的参与度降低，活动设计的层次性和梯度需要得到进一步提升和优化，但是依然可以看出学生对话题探索的需求。这证明了教学目标的情绪理解和人物品质挖掘作为重难点的准确性。综合来说，本堂课教学目标设置合理，教学活动设置符合学情，教学问题设计有梯度，能引导学生正确的学习态度。（邓海燕、梁凤娟）

附件： 课后分析报告

（一）课后反思报告

本节课源自湛江市青年教师大赛的磨课、观课和评课，得到了教研室、英语教研科组、省市级名师工作室的大力支持，通过"课堂教学评价表——学生活动的有效性"评价量表，本节课的课堂活动效果及评价都有了科学的依据，观察老师根据量表的结果给出了积极的评价。授课教师也从大家的评价中收获良多。

1. **关于教学目标的设定与达成的反思**

基于《普通高中英语课程标准（2017年版）》的六要素文本分析和英语教学活动观的指导，结合学生的实际学习情况，制定了指向学科核心素养的教学目标。

（1）收集与探险相关的词句等文本，实现语言知识能力的提升。

（2）掌握 Shackleton 南极探险的活动过程，实现思维品质的提高。

（3）分析人物精神特质，充分利用人物的言行进行分析，实现文化能力的提质。

（4）表达人物的情绪，提升自我情绪的认知力和表达力，实现学习能力的提速。

目标（1）指向英语核心素养的"语言能力"，关注主题语篇下的词汇的学习感知与应用。在课前、课中和课后注重文本的学习，把主题词汇融入语篇阅读当中，词不离句、词不离篇。在课堂中通过多模态的学习，学生能够从视频、音频、图片和文字中不断重复地感知主题词汇，通过思维导图的方式实现主题词汇的聚合，朗读语料。"词汇的重复"极大地提高了学生词汇学习的效果，在课堂观察中得到很高的评价。

目标（2）主要指向英语核心素养的"思维能力"，通过文本的学习，培养学生获取、梳理和归纳信息的能力。教师要求学生一边阅读一边选择人物的情绪，并进行归类，直观地感受作者的情绪变化,在活跃度选择活动中实现对情境中人物情绪的感知。在不断选择的过程中,学生能够不断地缩短信息差,增加相互小组之间的交流,在差异化的讨论中实现信息的筛选、选择和确认。从量表中看到观察教师 A5(激发兴趣)方面给遇到了 A(新颖)或者 B(有待改善)的评价,可以看出学生的参与兴趣得到激发。

目标(3)主要指向英语核心素养的"文化意识"。通过学习感知主人公 Shackleton 的人物品质,重塑成功的信念、树立坚强的信仰和培养坚持不懈的品质。从评价量表的统计来看,本活动主要采取了 A(学生自主学习)和 B(同桌讨论)学习方式,E1(学生参与度)方面,观察教师给出 65% 的学生积极参与。从激发学生兴趣方面,激发学生挑战的 A5(激发兴趣程度)选择 B(有待改善)占到 75% 以上。因此,观察教师建议适度降低活动难度,在教师指导的同时,及时地给予学生评价 E5(师生互动方面显示,75% 的观察老师发现教师有指导无评价)。

目标(4)主要指向英语核心素养的"学习能力"。通过迁移创新活动,培养学生在生活中解决问题的能力。漂流瓶是信息时代学生非常熟悉的一种信息交流方式,鼓励学生用这种方式来进行求救,既紧扣文章信息,也激发学生思考、解决问题。在迁移创新活动中,数据显示活动方式主要采取 A(自主学习)和 E(小组展示),学生参与度达 75% 以上,但是 E6(生生互动方面)显示有协作无评价,因此观察教师建议在活动输出环节,应更加注重学生之间的评价。

综上来看,四个教学目标的设定具有一定的合理性和可操作性,通过一系列的活动,本节课基本上达成了教学目标,教学目标和教学活动基本一致,且一致得到观课教师的认可。活动的连贯性需要考虑学生的学习水平,适当降低活动难度,提高学生表达的欲望,增加学生之间的评价,能使教学目标更加具有适时的生成性。

2. 教学活动开展的有效性

(1)观察点选择说明。课堂学习的主体是学生,学生的学习是课堂的主要活动。活动的实施既是学生学习的过程,也是教学目标达成的载体。因此教学活动的设计,既要考虑学生的学习能力水平,又要使用现代化信息技术辅助教学,激发学生兴趣,搭建学习的桥梁。对于量化表中的活动,主要定义为"为达成某一个学习目标,教师采取的必要的一段时间指导学生完成目标"。

(2)观察表和观察结果说明。课堂活动设计及效果观察统计见表 20-1。

表 20-1 课堂活动设计及效果观察统计

一级指标	二级指标	指标内容	活动一	活动二	活动三
活动设计	A4. 活动方式	A. 自主学习	4	5	7
		B. 同桌讨论		5	2
		C. 小组探讨	10	3	4
		D. 个人汇报	1	1	3
		E. 小组展示		2	1
		F. 其他_____			

续表

一级指标	二级指标	指标内容	活动一	活动二	活动三
活动设计	A5. 激发兴趣	A. 新颖	6	3	6
		B. 有待改善	5	8	5
		C. 陈旧			
	A6. 适切性	A. 适合	9	5	6
		B. 有待改善	1	5	4
		C. 不适合			
活动效果	E1. 参与广度	A. 90%以上	3	2	1
		B. 75%以上	5	5	6
		C. 50%以上		1	1
		D. 25%以上			
		E. 25%以下			
	E2. 活动氛围	A. 积极	4		
		B. 一般	4	7	7
		C. 沉闷		1	1

注：活动下的数字为听课教师选择该项的统计（下同）。

（3）观察结果与分析及教学建议。

1）学生活动方式及内容。通过观察得到的数据发现，授课教师采取学生自主学习、同桌讨论和小组探讨，始终把学生放在中心。参与广度大部分在75%以上；活动时间平均为10分钟，占到总课时的75%，体现了英语活动观和以学生为主体的理念。

2）学生任务完成情况。整体来看，学生的学习兴趣能够得到激发，活动过程能够积极参与。总体目标都能够达成，体现了活动设计的适切性。课堂中令人印象深刻的活动之一就是通过情绪卡片选择构建作者探险过程中的情绪变化，学生参与热情较高，效果明显。

3）课堂氛围和目标达成及教学建议。学生对于课堂的感受总体上积极，偶尔消极；总体目标达成，活动三基本完成。可见，活动设计直接影响学生的学习和课堂的氛围。通过数据分析来看，建议活动的时间分配更加科学化，学生互评阶段给予更多时间，以此来推动学生相互间的学习，提高学习热情。

3. 教学活动与目标的一致性及达成度

（1）观察点选点说明。这一观察点属于考核教学目标设计与活动效果达成是否吻合。教学活动服务于教学目标，教学目标的实现体现了教学活动设计的有效性，因此有必要通过数据的分析来验证。

（2）观察表和观察结果说明。观察表见表20-2、表20-3。

课例五 Adversity and Courage：Reading and Thinking 阅读教学

表 20-2　一致性分析

目标（1）、目标（2）	环节	用时	一致性分析
（1）收集与探险相关的词句等文本，实现语言知识能力的提升	视频导入，阅读三篇日记	10 分钟	此环节有视频导入、文本分析和信息梳理，实现了词汇的学习和基本事实的观测与理解
（2）掌握 Shackleton 南极探险的活动过程，实现思维品质的提高			
目标（3）	环节	用时	一致性分析
（3）充分利用人物的言行分析人物精神特质，实现文化能力的增强	阅读文本，挖掘任务情绪与品质	10 分钟	分组阅读，通过信息差的互补，学生相互找到观点句，提升思维品质
目标（4）	环节	用时	一致性分析
（4）表达人物的情绪，提升自我情绪的认知力和表达力，实现学习能力的发展	制作漂流瓶	5 分钟	大部分学生能够完成任务，但是本任务内容较多，时间有限，导致学生完成任务一半的时候时间终止，未能完全达到预期

表 20-3　目标达成度数据统计

一级指标	二级指标	具体指标	活动一	活动二	活动三
A3. 素养导向	A 类语言能力：A1. 感知与积累；A2. 习得与建构；A3. 表达与交流	A1	3		
		A2	9	3	2
		A3			7
	B 类文化意识：B1. 比较与判断；B2. 调适与沟通；B3. 感悟与内化	B1	2	2	1
		B2			1
		B3		1	6
	C 类思维品质：C1. 观察与辨析；C2. 归纳与推断；C3. 批判与创新	C1	7	2	2
		C2	2	6	1
		C3	1	1	
	D 类学习能力：D1. 乐学与善学；D2. 选择与调整；D3. 合作与探究	D1	1	6	3
		D2		1	
		D3	1	2	1

续表

一级指标	二级指标	具体指标	活动一	活动二	活动三
A5. 激发兴趣	A. 新颖		6	3	6
	B. 有待改善		5	8	5
	C. 陈旧				
A6. 适切性	A. 适合		9	5	6
	B. 有待改善		1	5	4
	C. 不适合				
E1. 参与广度	A. 90%以上		3	2	1
	B. 75%~90%		5	5	6
	C. 50%~74%			1	1
	D. 25%~49%				
	E. 25%以下				
E2. 活动氛围	A. 积极		4		
	B. 一般		4	7	7
	C. 沉闷			1	1
E7. 目标达成	A. 达成		5	3	2
	B. 基本达成			2	3
	C. 未达成				

(3) 观察结果分析与教学建议。

1) 从教学活动的时间长度安排来看，课堂活动设计基本上符合定位，学生通过活动一的观察和理解与活动二的应用与分析，弄懂基本信息，理解故事情节；通过小组合作学习，实现在阅读中分析人物情绪品质；通过迁移创新的活动三，学会制作漂流瓶。活动与目标的匹配度很高，能够为学习目标提供良好的学习环境。

2) 从学生学习活动的兴趣度和参与度来看，学生能够积极参与课堂活动，提升学科的核心素养，在比较和谐而民主的氛围中完成学习目标。例如，在探讨作者如何登上南极探险"毅力号"的过程时，通过 role-play 的方式表达出来；故事情绪的发展能够通过情绪卡进行表达等。从活动的输出和量化统计结果可以看出，学生能够完成本节课的学习目标，并且能够表达意义。

教学建议：由于时间限制，部分活动显得紧凑，学生表达不够完整。建议在以后的教学中对时间再重新分配，给予学生充足的表达时间。

（二）学生课堂活动的参与度

1. 观察点选点说明

本观察点是课堂观察中学生学习有效性的重要指标之一。学生参与度直接决定了课堂设计的成功与否。学生是课堂的主体，调动学生的积极性，课堂才会变得高效。因此，对于学生参与度的因素分析很重要。

2. 观察表和观察结果说明

学生课堂活动参与观察结果见表20-4。

表20-4 学生课堂活动参与度统计

一级指标	二级指标	指标内容	活动一	活动二	活动三
活动设计	A4. 活动方式	A. 自主学习	4	5	7
		B. 同桌讨论		5	2
		C. 小组探讨	10	3	4
		D. 个人汇报	1	1	3
		E. 小组展示		2	1
		F. 其他_____			
活动效果	E1. 参与广度	A. 90%以上	3	2	1
		B. 75%～90%	5	5	6
		C. 50%～74%		1	1
		D. 25%～49%			
		E. 25%以下			
	E2. 活动氛围	A. 积极	4		
		B. 一般	4	7	7
		C. 沉闷		1	1
	E3. 准备程度	A. 有良好的准备习惯，认真倾听指令并积极开展	5	4	4
		B. 花费短暂时间理解活动要求后正常开展	2	3	3
		C. 不配合，消极对待教师指令，活动无法正常开展			
	E5. 师生互动	A. 教师有指导有评价	4	4	5
		B. 教师有指导无评价	1	1	
		C. 教师有评价无指导			
		D. 教师无指导无评价			
	E6. 生生互动	A. 有协作有评价		1	
		B. 有协作无评价	4	3	3
		C. 无协作有评价			
		D. 无协作无评价	1	1	2

3. 观察结果分析与教学建议

总体上，学生参与度在75%以上，本节课堂的设计是比较成功的，这主要归功于课堂活动方式、师生互动以及生生互动的设计。在课堂上应尽可能地让学生自主学习、相互学习才能极大地调动学生主动学习、积极思考，并通过同伴的影响和评价，引导学生积极参与学习。积极关注学生上课情绪和活动氛围情况，及时调整课堂活动策略，能够不断地提高学生参与度，达到教学目标。

（三）课堂活动评价有效性

1. 观察点选点说明

本观察点是课堂性质的观测点之一，同时也是新课标实施以来，"教、学、评"一体化中的重要一环，决定着课堂的完整性与科学性。评价有助于学生在评价中学习，一边评价，一边学习。因此，活动中的评价制度多元化，能够实现课堂的目标，也是目标达成与否的指标之一。

2. 观察表和观察结果说明

学生课堂评价统计结果见表20-5。

表20-5 学生课堂评价统计结果

一级指标	二级指标	指标内容	活动一	活动二	活动三
活动效果	E5. 师生互动	A. 教师有指导有评价	4	4	5
		B. 教师有指导无评价	1	1	
		C. 教师有评价无指导			
		D. 教师无指导无评价			
	E6. 生生互动	A. 有协作有评价		1	
		B. 有协作无评价	4	3	3
		C. 无协作有评价			
		D. 无协作无评价	1	1	2

3. 观察结果分析与教学建议

在学习活动中，教师的指导与学生的评价影响着学生的兴趣及目标的达成。本节课教学目标的达成，与师生互动、生生互动有关。通过观察发现，本节课堂在师生互动方面，教师在活动过程中的行为A（教师有指导有评价）以及学生在活动过程中的行为B（有协作无评价）都极大地推动了活动的开展，无论是指令的实施，还是活动的开展，以及课堂输出的效果，都显示出积极的效果。同时，也应该关注生生评价方面，学生可以很好地协助对方完成任务，但是在评价方面还有待加强，只有学生能够既协助，又评价，才能真真正正地把培养学生能力落到实处。

课例六 国家好，大家才会好

郑 丽

一、背景

1. 授课教师

郑丽，女，教龄 15 年，多轮初中教学循环，熟悉"互动生态"课堂教学模式，教学效果良好。

2. 教学主题

"国家好，大家才会好"（部编版八年级《道德与法治》第四单元第八课第一框题）。

3. 观课教师

陈海滨、袁金凤、樊启星、吴芬、郭茂生、刘超、朱海萍、李艳跃。

4. 活动背景

2023 年 5 月 22 日下午第三节课，文科综合大教研活动，政治、历史、地理科组部分老师参加了这次大教研活动。

二、课前会议

时间：2023 年 5 月 22 日。

（一）教师说课

1. 教材分析

本课是八年级《道德与法治》第四单元第八课第一框题，主要帮助学生了解什么是国家利益、国家利益包括哪些内容、国家利益和个人利益之间是什么关系。本框题包括两部分。第一部分"认识国家利益"，主要引导学生正确认识和了解国家利益的内涵和外延以及国家核心利益的基本内容。第二部分"国家利益是人民利益的集中表现"，主要引导学生认识：在当代中国，国家利益和人民利益相辅相成，是高度统一的。最后教材引导学生认识到国家利益和人民利益紧密联系在一起。学生只有深刻认识国家利益的重要性，深刻理解国家利益与人民利益的关系，增强维护国家利益意识，树立国家利益至上观念，并且积极捍卫国家利益，才能真正具有国家观念，对祖国有强烈的归属感，也才能真正培育爱国的情感。这也为下一课"维护国家安全"打下基础。

2. 学生情况

本次授课的班级是初二（5）班，一个学风、班风都比较好的班级。这个班的学生非常关注时政热点，政治素养较强，"三观"正，乐于表达，积极思考，情感丰富，课堂气氛活跃，非常适合在这种开放情境下激发爱国情怀的课堂教学。

3. 学习目标

（1）政治认同：树立"国兴我荣、国衰我耻"的价值观，自觉维护国家利益，坚持以国家利益为重。

（2）道德修养：懂得维护国家利益是实现国家富强、民族振兴、人民幸福的重要保证，增强家国情怀，提高自身的爱国意识和能力。

（3）法治观念：明确维护国家利益是每个公民的基本义务，积极践行并维护国家利益。

（4）健全人格：清晰知道国家利益至上和人民利益高于一切的辩证统一关系，发扬理性精神。

（5）责任意识：感受个人成长与民族文化和国家命运之间的联系，理解个人利益与国家利益的关系，懂得青年所担负的时代责任和历史使命。

4. 教学重难点

（1）教学重点：认识国家利益（内涵、领域、核心利益）。

（2）教学难点：了解国家利益、人民利益和个人利益之间的关系。

5. 目标实现路径分析

（1）通过视频《国强则少年强》导入和穿越时空假设两个环节的对比，激发公民对待祖国的自豪、热爱感情，懂得"国兴我荣、国衰我耻"的道理。

（2）通过"说文解字"探究环节，概括国家利益的含义和重要性，能够判断国家利益与国家核心利益的不同内容。

（3）通过《人民生活的变化》及《未来中国》两个视频的播放，准确总结国家利益与人民利益的关系，增强爱国情感，增强公民意识，将中国梦和个人的梦想紧密联系起来，培养社会责任感。

6. 创新和困惑之处

（1）整堂课教学设计逻辑清晰，用"共和国的昨天—今天—明天"这一主线将课堂串联起来，让学生自然融入课堂。

（2）教学情境、素材设计新颖，吸引学生参加。除了丰富的视频，还有"穿越时空"的假设，请学生上台分析"说文解字"，体验亲自一笔一画地擦掉"国"字，确保课堂学生参与度高，气氛活跃。

（3）困惑之处：这个设计有大量学生参与的活动，所以学生的反馈和应答内容会直接影响课堂的效果。这就要求老师对课堂的把控能力很强，将学生引导到位，才能达到课堂的良好效果。如果班里的学生学习能力较弱或课堂气氛不够活跃，可能课堂效果就很难把控。为了解决这个问题，设计一份课前导学案给学生提前预习，这样教师在把握课堂时会从容一点。

（二）与观课教师的交流、确定任务分配

1. 本科组的观察点

（1）教学情境的创设与利用，观察维度：教师教学、课程性质、学生学习。

（2）教学提问的设计和有效性，观察维度：教师教学、学生学习、课程性质、课堂文化。

2. 本堂课的教学情境和教学提问

教学情境1：《国强则少年强》视频节选导入新课。

教学提问1：同学们，谁能说说自己的感想？

教学情境2：穿越时空，假如你回到内有北洋军阀黑暗统治，外有帝国主义侵略和压迫的年代，十三四岁的你会是怎样的？

教学提问2：可以从所处地点、身份职业、周围环境、家人同伴等方面去展开想象。

教学提问3：你为什么会这样假设？

教学情境3：结合课本探究和对"国"字的拆解，引领学生对国家的内涵进行形象化归纳。学生亲手一步又一步擦掉"国"字，最后"国"字全部没有了。

教学提问4：大家看看，"国"还在吗？一个国家最基本的存在条件有哪些？

教学情境4：播放视频《人民生活的变化》。

教学提问5：你对目前的生活有哪些期待？（上学、交通、住房、家庭收入、国家政策）

教学提问6：你的这些期待要怎样才有可能实现？

教学情境5：习近平总书记说："我们的人民热爱生活……人民对美好生活的向往，就是我们的奋斗目标。"

教学提问7：这里的第二个"我们"指的是谁？国家是不是在维护人民利益？

教学情境6：观看视频《未来中国》。

教学提问8：未来的中国，可能有更方便快捷的生活方式，更绿的山水、更蓝的天空……那么，在我们描绘的中国的美好未来里，那个时候的你是怎样的？（提示：高中、大学、职业、家庭、社会）

教学提问9：课堂小结——这节课你有什么收获？

3. 观课老师任务安排

（1）教学情境的创设：陈海滨、袁金凤。

（2）教学情境的利用：樊启星、吴芬。

（3）教学提问的设计：朱海萍、李艳跃。

（4）教学提问的有效性：郭茂生、刘超。

三、课中观察

时间：2023年5月22日下午第三节课。

（一）观察工具

观察表、摄像机。

（二）观察位置的选择

陈海滨、袁金凤、樊启星、吴芬、郭茂生、刘超、朱海萍、李艳跃为主要观课教师。为了减少对学生学习的干扰，袁金凤、李艳跃选择坐到学困生集中区域进行观察，朱海萍、吴芬选择坐在学优生集中区域进行观察，其余教师坐在教室后侧区域进行观察。教师课堂观察位置分布情况如图21-1所示。

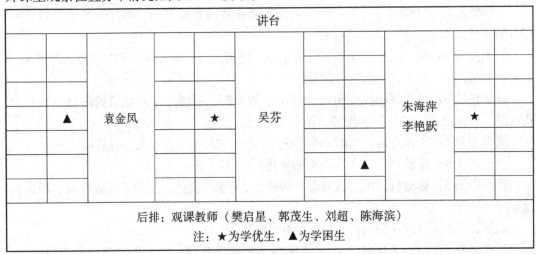

图21-1　教师课堂观察位置分布

四、课后会议

时间：2023年5月22日下午第四节课。

（一）课后反思

1. 核心素养完成情况较好

本单元的核心任务是爱国主义教育，通过课程学习，学生在开始的视频和"穿越时空""说文解字"等精彩情境的引导下，能深刻理解"国兴我荣、国衰我耻"的价值观，对国家的自豪感、责任感被激发，从最后学生谈收获的时候能感受到学生对国家的认同感和责任感。整堂课师生互动良好，情感联结充分，核心素养完成情况比较好。

2. 学习重难点突破达到效果

本课的知识点难度较大，国家利益和人民利益的关系是非常难以理解的。利用两个视频的播放和提问，老师引导学生推导出两者的关系，最后用一个简洁的思维导图总结两者的关系。知识点讲解到位，逻辑清晰，语言简洁。但这里活动形式比较单一，都是采取播放视频、老师提问与学生讨论和回答问题的模式，使得整堂课后半节缺少亮点。

3. **教学提问的有效性有待提高**

课堂时间比较紧，教师提出问题后没有给学生足够的时间自主思考、讨论，在引导部分讲得太多。

（二）观课教师简要报告观察结果

文科综合科组的老师们根据课堂教学评价量表，对郑丽老师的课进行评价，并提出具体的反馈意见。

1. **教学情境的创设分析**

整堂课共6个教学情境。情境2是一个穿越时空假设的设计，非常新颖，使得学生的积极性一下就提高了，比较适合该阶段学生的特点，也和学生正在学的历史学科教学内容重合，让学生有话可说，参与度较高。情境3是课本的探究与分享里的说文解字，但教师处理非常有新意，特意请了一位学生上台，亲手写下"国"字，再一笔一画地擦掉，师生互动良好，课堂气氛活跃。不足之处是3个情境都是视频播放，提出问题，学生讨论，回答问题，呈现形式不够多样。初中生的课堂教学情境还可以更丰富多变，从而吸引学生的注意。（袁金凤）

2. **教学情境的利用分析**

整堂课，特别能体现道德与法治课堂核心素养中政治认同的培育，通过各种情境积极调动学生的自豪感、归属感、羞辱感、幸福感、责任感等，使学生能明大德，具有国家观念，热爱祖国，对祖国有强烈的归属感。课堂师生整体互动、个别互动都良好，学生积极投入，教学目标完成效果良好，重难点得到突破。但是课外拓展较少，深度和广度还有上升的空间。（樊启星）

3. **教学问题的设计分析**

本堂课共有9个提问，问题的层次丰富，记忆、分析、评价类型的提问都有，问题的指向比较清晰，提问符合学生特点。比较开放性的分析类提问教师也能适当地引导，不同层次的学生都能回答出问题。但是提问还是比较传统的设计情境，提出问题和讨论回答的模式、形式还可以再与时俱进，例如，利用希沃平台的小游戏等多媒体技术加强课堂趣味性和提高学生回答问题的参与度等。（朱海萍）

4. **教学问题的利用分析**

整节课老师通过层次分明的教学提问，在师生互动中促进了学生政治认同、科学精神和公共参与的培育，对学生的理解、分析能力有一定的提升。但在教学过程中，提出问题后留给学生思考的时间较少，留给学生说出自己答案的时间更少，老师也没有办法更多地回应学生的回答。本堂课的教学问题大多的是比较主观的开放性的提问，学生全情投入课堂，有很多话语想要表达，但是没有适合的机会，最后课堂小结环节也是由个别同学回答，可以设计一些书面表达的环节，或者利用多媒体技术加强课堂的反馈效果。（刘超）

(三)本次观察形成的结论

整节课教学设计逻辑清晰,用"共和国的昨天—今天—明天"这一主线将课堂串联起来,让学生自然地融入课堂。

整节课以情动人,通过各种情境设计积极调动学生的自豪感、归属感、羞辱感、幸福感、责任感等,使学生能明大德,具有国家观念,热爱祖国,对祖国有强烈的归属感。只有这样,学生才能积极关注国家发展,捍卫国家主权、尊严和利益,维护国家统一、民族团结和社会稳定。落实核心素养目标,体现道法课堂立德树人的功能。

教学情境、素材设计新颖,吸引学生参加。除了丰富的视频,还有"穿越时空"的假设,请学生上台分析"说文解字",体验亲自一笔一画地擦掉"国"字,确保课堂学生参与度高,气氛活跃。

教学提问富有层次性和引导性,能层层递进、由易到难地引导学生突破教学重难点。师生互动良好,课堂氛围活跃,师生情感互动感染力强。

存在的问题:后半节教学形式比较单一,都是采取"视频播放—老师提问—学生讨论和回答问题"的模式,使得整堂课后半节没什么亮点。很多学生都积极举手想发言,但课堂时间有限而未能发言,老师可以将该环节设置成"动手写下来,贴出来分享"的环节,这样教学情境多样,学生也能有表达的机会。

课例七　高考第一轮复习：从隋唐盛世到五代十国

关兴业

一、背景

1. 授课教师

关兴业，男，中小学一级教师，历史科组长，教龄10年。多年担任高中毕业班历史教学工作。擅长史料教学，对历史课堂情境创设有一定研究。

2. 教学主题

高考第一轮复习：从隋唐盛世到五代十国。

3. 观课教师

历史、政治、地理三个科组的老师。

4. 活动背景

2023年6月12日大教研活动，首次使用课堂教学评价表对历史课堂进行评价。希望科组老师可以通过这次观课活动熟悉评价量表操作，并以课堂观察视角对高考备考提出宝贵意见。

二、课前会议

时间：2023年6月12日下午。

（一）教师说课

1. 考情分析

本节课的复习内容主要对应统编版《中外历史纲要》（上）第二单元第6课。统编教材分三个子目——隋朝兴亡，唐朝的繁荣与民族交融，安史之乱、黄巢起义和五代十国，勾勒了隋唐五代十国政权兴衰更替的历史脉络，在基本史实上是对初中内容的简单重复，而高中旧教材没有涉及。近年来，全国卷与广东卷考查频率较低。非选择题仅在2020年全国Ⅲ卷、2021年全国乙卷分别用张九龄和冯道设问，但这种选做题在广东卷中已被淘汰。选择题方面，2020年全国Ⅰ卷考《步辇图》的史料价值，2021年广东卷考马嵬之变的史料分析，2022年全国卷与广东卷均未涉及，2023年全国卷亦未涉及。首次以统编教材命题的广东卷尚未公开。姑且不论知识点，2021年广东适应性测试第17题与2022年广东卷第17题均以非选择题形式显性考查史料实证素养。此外，备课组已明确将"史学入门""史料研读"两门选修课融入大通史复习中。综上，本课在理清隋唐盛衰历史脉络的基础上,重点通过课内外史料设置问题情境,增进学生史料实证素养。

2. 学情分析

本次授课班级为高二（6）班。这个班整体历史学习氛围较好,学习能力较强,学生回答问题积极主动,师生课堂配合默契。在以往的大型考试中,历史成绩年级前10名的一半以上为该班的学生,因此,在这个班开展大教研活动效果较好。

经过初中和高一的学习,学生对隋唐时期的基本史实比较熟悉,为本课史料实证素养的涵育打下良好的基础。经过将近一年的学习,他们的历史思维能力得到了锻炼。但也有不少艺术、体育特长生基础较为薄弱,需要设置有效问题情境来提高他们的课堂专注力。

3. 目标定位

基于以上分析,本堂课的教学目标确立如下。

（1）学生能在兴修大型工程的视角下,通过提取史料中的有效信息等活动,认识隋朝兴亡的原因及其对后世的影响。

（2）学生能在图片提示下,掌握唐朝经济繁荣与民族交融的表现,并在此过程中,清楚不同史料的不同价值,尝试运用史料证明学者的观点。

（3）在对唐朝后期藩镇问题的探究中,学生可以辨别不同观点的史料,并能恰当地运用史料论述自己的观点。

4. 教学重难点

（1）本课的重点:掌握隋唐盛衰的基本史实,通过相关史料,涵育史料实证素养。

（2）本课的难点:如何通过唐朝后期藩镇问题的史料,探究增进学生的批判性思维。

5. 教学方法

本课重在通过隋唐时期相关史料涵育学生史料实证素养,自然采用史料教学法。教师主要通过初高中教材、高考真题中的图文史料设置问题情境,引导学生开展深度学习,以期学生在问题探究中巩固基础知识,增进史料实证素养。

6. 教学环节设计

（1）课堂导入:感悟真题——2021年广东卷第7题考查马嵬之变。引导学生区分题目中三则材料的史料类型。由此向学生说明近年全国卷与广东卷的考查情况与本节课的内容安排。

（2）教学环节一:利用示意图,带领学生复习隋唐盛衰的历史脉络,构建本课知识体系,为接下来史料实证素养的涵育做好知识储备。

（3）教学环节二:隋朝兴亡。①教师展示隋朝大运河示意图,设问:有学者认为隋朝这些工程的兴建都是为了满足中央政府的物资供应,请提取地图中的信息并予以解读。此外,同学们可以寻找哪些类型的材料来证明这一观点?②设问:隋朝为什么建立不久便能够大兴土木?

（4）教学环节三:唐朝的繁荣与民族交融。①教师展示初、高中课本中两幅曲辕犁图片,设问:同学们对初、高中课本使用不同的曲辕犁图片有什么看法?②教师展示高中课标附件中的唐朝西市地图,并要求学生归纳唐朝的商业发展状况。③教师展示教材中唐朝前期疆域和边疆各族分布图（669年）,设问:许多学者认为唐朝民族政策具有因地制宜的特点，请用史实证明此观点。

（5）教学环节四：安史之乱、黄巢起义和五代十国。①教师再次展示2021年广东卷第7题关于马嵬之变的考题，设问：通过三则材料，你能够认定的历史事实是什么？②教师展示矛盾性史料："弱唐者，诸侯也；唐既弱矣，而久不亡者，诸侯维之也。"（《宋史·尹源传》）设问：藩镇导致了唐的衰亡，还是延续了唐的统治？请用张议潮《统军图》或另外寻找史料论述自己的观点。

7. **创新和困惑之处**

（1）创新之处：依据教材编排的逻辑结构，按照学业水平一至学业水平四的要求层层设置问题情境，由低至高依次递推史料实证素养。具体来说，导入与教学环节二的设计对应学业水平一，教学环节三对应学业水平二，教学环节四对应学业水平三和学业水平四。力图以此引导学生逐步达到高考要求。

（2）困惑之处：这节课在教学设计上较为完整地涵盖了学业水平一至学业水平四的史料实证素养，但核心素养的培养贯穿整个学段。上这节课之前学生或多或少都具备一定程度的史料实证素养。怎样对学生在问题情境作用下史料实证素养的提升程度进行评价？

（二）与观课教师的交流

李宇：史料实证是研究历史问题的基本方法，也是历史学科的核心素养。近年来，高考的确越来越重视对史料实证素养的显性考查。你专门设计一节课来培养学生的史料实证，可以看出你对高考方向的把握比较到位。

关兴业：是的。除了高考真题以外，近年广东各地模拟题在史料实证的考查也较多。但就平时的作答情况来看，很多学生历史思维还不够到位。所以专门设计了这一节课，希望学生能像历史学家一样思考，达到高考的要求。

李玲：的确，正是对史料的整理和辨析，才形成了历史学不同于其他学科的一种专门技艺。但也因为史料实证浓厚的专业色彩疏远了我们与学生的距离。我刚才听到你在这节课里会利用初中和高中教材、高考真题中的图文史料设置情境，感觉是想要克服这个问题。但是高考历史命题的特点是新材料、新情境、新问题，日常教学引入新材料也更有新鲜感、吸引力，你只选取初高中教材与高考真题设置情境会不会太狭隘？

关兴业：史料实证本身强调要对史料去伪存真。初中和高中教材与高考真题中引用的材料得到专家的多次审核，经得起推敲，况且教材使用的材料大多数还是经典史料。过度追求所谓的"新材料"反倒有以假乱真、断章取义、孤证不立的风险，会大大降低史料实证的实效。既然教材已有国家统编，其价值不容忽视，而高考真题也需要多次学习。

朱海萍：情境是思维的载体，设置问题情境也是高考评价体系的要求。你用情境创设、问题驱动的形式开展史料实证探究活动，确实紧跟高考命题趋势。但是，我刚刚听到你设置了五六个情境探究，这样课堂节奏会不会太紧凑，我担心学生没有足够的探究时间。

陈婷：我认为按照隋唐盛衰的历史脉络层层递推史料实证素养的做法是你这节课的

亮点。教学过程与思维过程是要保持一致。但史料实证水平四要求能够独立探究与论述，你的学生现在才高二，高考复习才刚刚开始，课堂上会有多少学生能达到这一要求？这是引起我思考的地方。

关兴业：这些问题我之前也想到了。但是作为一节公开课，我还是想把史料实证四个层次的水平要求完整呈现出来。至于效果如何，我们一起看学生的课堂表现。

陈海滨：我们政治组和地理组不太了解历史学科的核心素养与高考要求，担心填表时出现问题影响你们的评课结论。我们选择比较容易观察的"学生活动的有效性"这个视角。

（三）与观课教师讨论后确定的观察点

(1) 课程性质：课堂情境的创设和利用（李玲、李宇、陈婷、朱海萍、谢嘉宁）。
(2) 学生学习：学生活动的有效性（政治组、地理组老师）。

三、课中观察

时间：2023 年 6 月 12 日下午第八节。

（一）观察工具

观察量表。

（二）观察位置的选择

李玲、李宇、陈婷、朱海萍、谢嘉宁五位历史组老师观察"情境的创设和利用"，这些大多通过记录教师、学生口头呈现的思考结果，可以通过倾听来完成。为了最大限度地减少对学生的干扰，他们选择坐在后排观察。政治组、地理组老师观察学生活动的有效性，为及时观察记录学生完成活动的情况，政治组陈海滨、地理组蒲建超选择坐在学生中间观察。其他政治、地理老师也坐在后排，如图 22-1 所示。

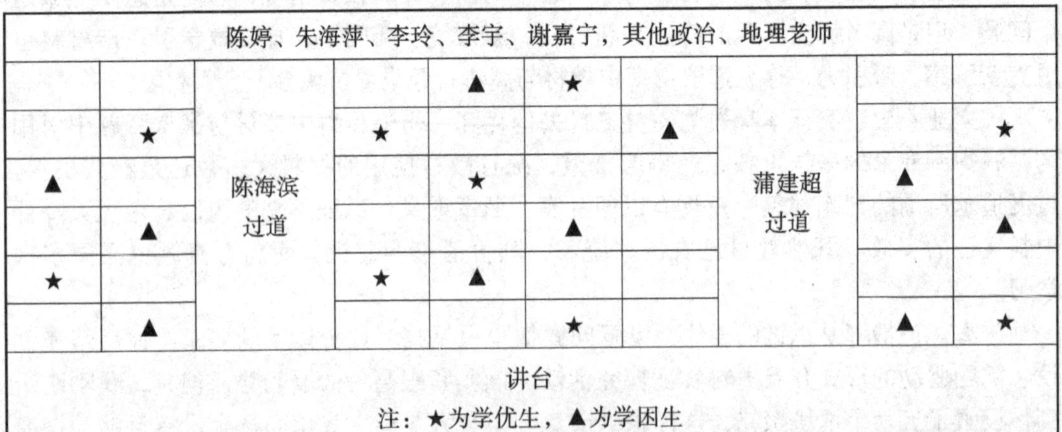

陈婷、朱海萍、李玲、李宇、谢嘉宁，其他政治、地理老师									
					▲	★			
	★			★		▲			★
▲		陈海滨过道			★		蒲建超过道	▲	
	▲			▲				▲
★			★	▲			▲	
					★			▲	★
讲台									
注：★为学优生，▲为学困生									

图 22-1　教师课堂观察位置分布

（三）观察过程

课前：观察者进入教室，按照座位表选择适合自己观察的最佳位置。需要观察学生活动有效性的老师，提前与学优生、学困生进行一定的交流。

课中：各观察点老师通过观察课件呈现、教师陈述或学生活动，认真填写观察表相关数据，及时给予评价。

课后：观察者整理观察量表各项数据，与同伴交流，撰写观察报告，为课后会议做好准备。

四、课后会议

时间：2023年6月12日下午第九节。

（一）课后反思

这次大教研活动对我提高教学设计能力，贯彻"三新"理念有很大的帮助。高中新课标将史料实证素养分为四个层次，其中高考要求达到第三、第四层。高考评价体系强调情境与情境活动是高考考查的载体。通过这节课，我对利用问题情境层层递推史料实证素养的教学方法有了进一步认识，有利于接下来备考工作的开展。我在这节课充分运用学生相对熟悉的初高中教材与高考真题开展问题探究，节省了阅读材料的时间，这是本课教学环节顺利推进的重要原因。这节课的最后，我还运用矛盾性史料培养学生的批判性思维，在历史课堂上开展公民教育。总体而言，我对这节课比较满意。

本节课不足之处主要在两个方面。一是教学任务重，既要复习基础知识，又要涵育史料实证素养。因此，课堂上我讲得比较多，留给学生情境探究的时间比较少，甚至有些环节本来设置为学生活动，临时改成教师讲解了。特别是对最后一个教学环节"矛盾性史料的探究"十分仓促，学业水平四的教学没有达到预期效果，这与课前会议上陈老师与朱老师的预见一致。二是在学生回答环节，一旦学生答不上，我便急于将其引向正确答案，这样做对学生并没有很好的提升。以上情况说明我的课堂驾驭能力还有较大的提升空间。

（二）观课教师简要报告观察结果

听课老师根据观察记录分组对这节课进行评价，由组长提出具体的意见反馈。

1. 课程性质：课堂情境的创设和利用

李玲：我们组观察课堂情境的创设与利用，一共记录了五个情境。这五个情境都在历史上真实存在，与涵育史料实证素养的主题相契合。这些情境大多凭借初中和高中教材与高考真题图文史料设置，充分体现了高考复习课的特点。尽管新材料不多，但是，围绕史料实证素养的涵育提出了新问题，设置了新情境。问题指向清晰，有利于教学活动的顺利开展。在情境探究中，关老师深入挖掘图文史料背后的历史信息，培养学生历史思维，体现了关老师扎实的专业功底。

这五个情境在能力导向上,我们综合判断为排在越后面,对学生要求越高。这与课前会议上关老师陈述的层层递推的特点一致。这也导致越到后面,学生的反映越平淡,学习目标的达成度就越低。课堂互动上,有四次个别互动,一次整体互动。互动主要是老师提问学生的形式,小组合作、学生讨论并没有在课堂上出现。

批判性思维决定历史教学的质量,我们肯定关老师在教学设计上最终引向训练批判性思维的做法,但教学实践留给后半部分的时间并不多。批判性思维也不是光凭最后那几分钟就能生成的。历史高考中有一类开放性试题,以SOLO形式对学生进行分层评价。培育史料实证素养非旦夕之事,同一班级学生水平层次也不同。课堂上只设置一至两个有深度的问题情境,留给学生宽裕时间进行小组合作、自主探究、成果汇报。将学生作答与水平层次要求相对照,给出过程性分层评价,并进行长期跟踪。这样做会不会更好?

2. 学生学习:学生活动的有效性

陈海滨:我们组观察学生活动的有效性,一共记录了五次学生活动,并且这五次学生活动与李老师记录的情境一一对应。我们都认为,这节课的学生活动设计与学习目标全部适配,体现了关老师对这节课的精心准备,认真将教学设计与学业水平层次要求一一对应。但在活动方式上,几乎是学生单独回答老师提出的问题,形式比较单一。关老师利用了希沃平台的点名功能,增加了课堂活跃度,给我们带来了新鲜感。不过随机点名的方式也让课堂提问缺乏针对性,建议关老师在目标生和临界生的名单出来后进行调整。

我们记录的五次活动中,前面两次活动学生比较兴奋,但随着学习难度的增加,学习氛围越来越不够活跃。时间分配上,对曲辕犁图片的探究用时最长,关老师对学生也进行了明确指导,这反映出学生基础并没有预估的那么好。最后两项难度比较大的活动的时间反而比较短,对学生的指导也不够。由此可见,这节课容量大,起点高。所以教师在课堂后半段时间比较紧迫,以致学习难度比较大的活动并没有达成预期目标,连学优生也感到吃力。整节课都没有看到学生的相互合作探究。我们建议关老师今后在复习课中精简活动数量,充分开展生生互动的小组合作探究。

(三)本次观察形成的结论

1. 亮点

(1)素养立意,紧跟课改。本课在复习隋唐盛衰历史脉络的基础上,重视涵育学生史料实证素养,努力践行素养立意的课改精神,并设置问题情境达成学习目标,将学生引向批判性思维。

(2)深挖教材,精研高考。本课情境设置基本取材于初中和高中教材与高考真题,在深挖历史信息的过程中,涵育史料实证素养,体现了教师扎实的专业功底,做到了黄牧航教授主张的"从新处讲,从疑处讲,从出处讲,从对比处讲"。

(3)由低到高,层层递推。本课设置的情境严格按照史料实证学业水平一至学业水平四的要求设置,因此,情境探究能够按照由易到难的顺序开展,符合学习规律。

(4)目标适切,有的放矢。本课学生活动设计精心,学习目标能与史料实证学业水平层次要求一一对应,有利于评价目标达成情况,掌握学生史料实证素养达到的层次。

(5) 信息赋能，活跃氛围。本课使用希沃平台的点名功能，随机的形式与点名权的交接有利于调动课堂气氛，提高学生课堂专注度。

2. **不足之处**

课前教师对学情估计过于乐观，导致这节课在实施中容量大、起点高。情境探究活动开展得不够充分，课堂后半段尤显仓促，批判性思维培养没有达到预期目标。活动形式比较单一，仅停留于教师对学生的口头提问。希望今后能进一步落实学生学习的主体地位，开展生生互动的小组合作探究；加强教学活动的针对性，对目标生、临界生的学习状态多予以关注。

附件： 课后分析报告

（一）课后反思报告

2023年6月12日的大教研活动，我承担开课任务，观课老师来自历史组、政治组和地理组。在课后会议上，各位老师根据听课记录情况发表意见。我虚心接受同事提出的各种意见和建议。课后，我从以下两个方面对本课进行回顾与反思。

1. **反思课堂情境的创设和利用**

历史教材由国家统编后，其重要性自不待言，且已出现引用新教材内容的高考题。因此，我主要采用初中和高中教材与高考真题设置问题情境。学生对此相对比较熟悉，在阅读思考上节省了一定时间。尽管这类材料对学生而言不新，但我侧重于培养学生的史料实证素养，所设置的问题新颖。题目要求表述清晰，有利于教学活动的顺利开展。情境创设按照史料实证水平的要求由低到高层层推进，最后运用矛盾性史料培养学生批判性思维，符合学习规律。在情境利用上，我发挥自身历史文献学专业优势，深挖图文材料的历史信息启发学生思考。但在课堂实践中，我发现学生历史思维并没有达到预想的高度，一开始就需要较多的提示，导致后面情境探究的时间不足，学业水平四培育目标达成度较低。

2. **反思学生活动的有效性**

本课主要围绕情境开展学生活动，所以两个观察点的记录能够对应。因为情境创设是根据学业水平层次要求设计的，能与学习目标相匹配。此外，我还利用希沃平台点名功能开展学生活动，用信息技术活跃课堂气氛。但是，正如情境利用出现的问题一样，学生前两次活动比较兴奋，随着难度增加，学习积极性下降，后面几次活动预期目标没有达成。为此，我虚心接纳各位听课老师提出的意见，重新评估这个班的学情：既要考虑目标生、临界生，还要考虑文化基础相对薄弱的特长生。复习伊始，核心素养水平目标设置不宜过高，避免拔苗助长。基于学情，情境活动次数再为精简，利用有深度的问题情境进行过程性分层评价。活动手段上，多注重生生互动，注重开展小组合作探究。

另外，尽管2023年广东高考卷还没有公布，但其他开始使用新教材高考的省份，如北京、辽宁、山东在2022年试题中都将命题点落到了具体知识上。本课侧重史料实证素养，容易导致学生忽视相关基础知识，这也是今后复习需要调整之处。

（二）课堂情境的创设与利用

1. 观察点选点说明

这是一节高考第一轮复习课。高考评价体系出台之前，"无情境不命题"已是历史高考命题的特点。历史组老师十分关注教师如何运用问题情境层层递推史料实证素养，怎样训练学生达到高考要求。因此，特意选择"课堂情境的创设与利用"这一观察点。

2. 观察量表及观察结果说明

对于课堂情境，我们主要从教师与学生两个方面思考。教师如何创设情境？情境在课堂上的利用对学生产生了怎样的效果？为此，五位历史老师设计了观察量表并得出了五份观察结果（见表22-1）。因为这节课以涵育史料实证素养立意，没有设置素养导向的观察指标。

表22-1 课堂情境的创设与利用观察记录

教学情境	情境创设				情境利用			
	学习目标	呈现形式	问题意识	真实性	新颖度	能力导向	课堂互动	学习状态	目标达成
2021年广东卷关于马嵬之变的题目	分辨不同史料类型	文字	清晰	真实	追随学术前沿	5A4B1C	整体互动	积极投入	3A2B
隋朝大运河	从多渠道获取史料	图片	清晰	真实	问题设置别具一格	5A2B3C1D	个别互动	积极投入	2A3B
曲辕犁图片	认识不同类型史料的不同价值	图片	清晰	真实	问题设置别具一格	4A5B2C1D	个别互动	积极投入	2A3B
唐朝边疆与民族分布图	运用史料论证观点	图片文字	清晰	真实	问题设置别具一格	5A3B2C2D	个别互动	积极投入	1A4B
唐朝后期藩镇问题	运用史料独立探究	文字	清晰	真实	追随学术前沿	5A5B5C5D	个别互动	反应平淡	4B1C

注：

能力导向：A. 获取和解读历史信息；B. 分析历史问题；C. 描述和阐释历史事物；D. 历史探究。

目标达成：A. 达成；B. 基本达成；C. 未达成。

3. 观察结果分析及教学建议

（1）情境创设。这节课创设的情境均在历史上真实发生，体现了关老师一贯严谨的教学风格。情境设置大多凭借初中、高中教材和高考真题图文史料，重视对真题和教材的充分利用。高考真题追随学术前沿，教材图片经典但问题设置别具一格，符合由知识立意、能力立意向素养立意转变的高考要求。设问指向清晰，操作性强。可见关老师为这节公开课做了精心准备。

（2）情境利用。五位老师对能力导向的填写意见不一，但大体趋向是先易后难，说明这节课教学设计符合学生的一般认知规律，也反映这节课的确是层层递推史料实证素养。除了导入环节学生参与度比较高外，其他四个环节是单独提问的个别互动。前面四个情境学生积极投入，但第五个情境学生反应平淡。就目标达成而言，目标越高，填写基本达成的老师越多，甚至最后一个情境有一位老师认为未达成。这说明史料实证学业水平四的要求对学生难度太大，是否有必要在刚开始进行高考复习时就以公开课形式将四个水平层次全面覆盖呢？这值得我们思考。（李玲、李宇、陈婷、朱海萍、谢嘉宁）

（三）学生活动的有效性

1. 观察点选点说明

新课程改革以来一直强调以学生为中心，课堂上设置情境的目的在于激发和促进学生的探究活动和实践活动，引起学生有意义的学习。高考问题情境也是要求学生用必备知识和关键能力解决实际问题。学生活动对于政治、地理老师来说，比较容易观察，所以我们选择这一观察点。

2. 观察量表及观察结果说明

对于学生活动的有效性，我们从教师和学生两个角度出发：教师是怎样设计学习活动的，学习活动产生了怎样的效果。我们的观察量表和观察结果见表22-2。因为这节课以涵育史料实证素养立意，没有设置素养导向的观察指标。有些老师第一次操作，不熟悉观察量表，只收到有效结果5份。

表22-2 学生活动有效性观察记录

活动内容	活动设计			活动效果				
	活动目标	活动方式	适切性	活动氛围	活动时长	师生互动	生生互动	目标达成
分辨马嵬之变题目的史料类型	分辨不同史料类型	单独回答	适合	兴奋	3分钟以内	明确指导	一般	达成
探究隋朝大运河的中央集权目的	从多渠道获取史料	单独回答	适合	兴奋	3~5分钟	一般	一般	达成
探究曲辕犁图片的不同	认识不同类型史料的不同价值	单独回答	适合	一般	5~10分钟	明确指导	一般	基本达成

续表

活动内容	活动设计			活动效果				
	活动目标	活动方式	适切性	活动氛围	活动时长	师生互动	生生互动	目标达成
探究唐朝因俗而治的民族政策	运用史料论证观点	单独回答	适合	一般	3~5分钟	一般	一般	基本达成
探究唐朝后期藩镇是否割据	运用史料独立探究	单独回答	适合	一般	3~5分钟	一般	一般	基本达成

3. 观察结果分析及教学建议

（1）活动设计。这节课学生活动设计与学习目标适配，体现了关老师认真将教学设计与学业水平层次要求一一对应。但在活动方式上，均为学生单独回答问题，比较单一。建议今后的复习课适当增加小组讨论与展示，让学生树立合作学习的观念。

（2）活动效果。这节课记录到的前面两项活动学生比较兴奋，但是，随着探究难度的增加，学习氛围越来越沉闷。在时间分配上，探究曲辕犁图片的用时最长，关老师对学生也做了明确指导，最后两项比较难的活动时间反而比较短，对学生指导也不够。这反映出这节课容量比较大，教师在后半节课比较仓促，甚至有些环节本来设计为学生活动，也改成了教师陈述。这导致比较难的活动并没有达成预期目标，而且学生活动主要是回答问题的师生互动，相互协作的生生互动几乎没有。建议关老师今后在复习课中精简活动数量，加强生生互动的小组合作探究。（政治组、地理组老师）

课例八　走进喀斯特

吴华虹　龙志婵　蒋宁华

一、背景

1. 授课教师

吴华虹，女，教龄 9 年，具有较强的专业能力，擅长制作地理模型丰富课堂教学，积极接受创新型课堂教学模式。

2. 教学主题

"走进喀斯特"（中国地图出版社《地理》高中必修一第二章第一节）。

3. 观课教师

蒋宁华、陈凤、龙志婵。

4. 活动背景

2023 年 10 月 16 日湛江市二中海东中学文科大综合组教研活动。本次教研主题是"评价教学情境的创设与利用"。

二、课前会议

时间：2023 年 10 月 16 日第七节课。

（一）教师说课

1. 教材分析

在教材中本节是第二章"自然地理要素及现象"的起始课。地貌是地理环境的组成要素之一，与其他自然要素形成一个相互影响的整体。本节课"走进喀斯特"是讲解主要地貌的景观特点中的喀斯特地貌，涉及喀斯特地貌的分类和主要特征，以及人类因地制宜对喀斯特地貌进行开发利用。

2. 学情分析

高一学生已经学习过有关水与碳酸钙物质的化学反应知识。水对富含石灰岩岩石的化学溶蚀作用和淀积作用是喀斯特地貌形成的主要原因，学生掌握此化学知识能为学习喀斯特地貌奠定基础。但是，高一学生缺乏野外实践体验，在学习喀斯特地貌的形成过程中存在较大的困难。

3. 学习目标与地理学科素养

《普通高中地理课程标准（2017 年版 2020 年修订）》在"课程性质"中明确提出了

"地理课程旨在使学生具备人地协调观、综合思维、区域认知、地理实践力等地理学科核心素养"。因此，笔者将课程学习目标和地理学科素养相结合，具体如下：

（1）学习目标一：了解喀斯特地貌的形成条件和分布地区。学生阅读教材文段，了解喀斯特作用，分解出喀斯特地貌的形成条件，最后分析喀斯特地貌在我国的主要分布地区。学生完成此学习目标，可以增进对我国喀斯特地貌分布区域的正确认识，提升区域认知素养。

（2）学习目标二：识别喀斯特地貌。学生阅读教材，观看视频，在地理模型图上识别不同的喀斯特地貌，并说出不同喀斯特地貌景观的主要特征。学生完成此目标可以锻炼自身的地理实践力。

（3）学习目标三：理解喀斯特地貌和人类活动的关系，因地制宜地开发利用喀斯特地貌。学生需要完成两个任务：第一，分析大窝凼超级工程的优势；第二，为贵州设计一张旅游名片。此任务可以提升学生的综合思维和形成人地协调观。

4. 教学重难点

学习目标二是本节课的教学重点。

学习目标三是本节课的教学难点。

5. 教学方法

教学方法主要采用合作探究法、画图法、模型演示法。

教学情境设计：本节课以"中国天眼"工程为背景，创设情境，引入喀斯特地貌的学习。设置导入背景情境和三个教学情境，在不同的教学情境下再设置具体学习任务。

（1）导入背景情境。教师通过"中国天眼"超级工程的选址要求，引出"中国天眼"的选址必须选在喀斯特地貌分布地区。

（2）教学情境一——寻喀斯特。教师设置选填题任务和材料分析任务，让学生明确喀斯特地貌的形成条件，以及分析喀斯特地貌的主要分布区，从而提高学生区域认知能力。

（3）教学情境二——识喀斯特。教师设置阅读教材任务，引导学生了解喀斯特地貌的分类；设置画示意图、模型演示任务，让学生识别不同的喀斯特地貌，提高学生地理实践力；设置观看视频任务，让学生感受真实景观带来的视觉震撼，感受祖国的大好河山，凝聚爱国之情。

（4）教学情境三——用喀斯特。教师设置探究任务让学生探究超级工程"中国天眼"选址贵州省平潭县大窝凼的优势，锻炼学生解决问题的能力，培养学生的综合思维；设置开放性任务，为贵州设计旅游名片，让学生形成因地制宜的意识，树立人地协调观。

6. 信息技术

希沃投屏互动。

7. 创新和困惑之处

（1）创新之处：本节课以"中国天眼"工程为背景设计教学情境，在情境中完成学习目标和培养地理核心素养。教师通过制作相应地貌模型教具，对教材的文学材料和图片材料进行有效补充，让学生可以更加直观地感受不同地貌的特点。教师还通过希沃投屏技术，增强课堂师生互动，提高学生的学习积极性。

（2）困惑之处：本节课教材内容简单，教师是否需要全面拓展喀斯特地貌的全部类型以及提高喀斯特地貌学习内容的难度？

（二）与观课教师的交流

蒋宁华：情境教学是一种教学方法，教师应该从教学需要出发，创设与教学内容相适应的具体情境。请问吴老师在选择教学情境的时候，按照什么原则进行创设？教学情境的评价标准是什么？

吴华虹：《普通高中地理课程标准（2017年版2020年修订）》提出，要重视复杂、开放性真实问题情境的创设，即把具体任务尽可能放在真实、复杂的现实情境当中，因此，是按照真实性原则创设教学情境。我认为，教学情境可以从是否培养了学生的地理核心素养，是否培养了学生的地理能力，是否达成了相应的学习目标等方面进行评价。

陈凤：情境强调确立核心问题，不知吴老师的课堂上是否有体现出来？

吴华虹：本节课设置了三个教学情境"寻—识—用"，它们之间是层层递进的，且每个情境有相对应的学习目标，其中，"识喀斯特"情境是本节课的核心，其任务问题也是本节课的核心。

李艳跃：课堂上设计了三个教学目标，对应了不同的核心素养，对于本节课内容，你觉得哪个核心素养的落实是你最关注的？你又是如何落实到位的？

吴华虹：根据《普通高中地理课程标准（2017年版2020年修订）》，我设定教学目标二为课程的重点内容，但是在本课堂上，我关注所有的核心素养，并通过不同的教学手段落实相应的核心素养，例如通过图表材料分析，落实区域认知；通过画示意图、地貌模型演示落实地理实践力；通过文字材料分析落实综合思维；通过设计旅游名片落实人地协调观。

龙志婵：教材必修一和选择性必修一中都有关于地貌的内容，你的教学设计严格按照课标进行内容设计，这是一个很好的做法。但这会显得课堂内容偏向简单，也难以达到高考对考生的能力和知识要求。对此，你是否有更好的处理方法呢？

吴华虹：这个问题正是我困惑的问题，希望通过本次课程观察跟其他老师进行深入探讨。

（三）与观课教师讨论后确定的观察点

教学情境———寻喀斯特的创设和利用（龙志婵）。
教学情境二——识喀斯特的创设和利用（蒋宁华）。
教学情境三——用喀斯特的创设和利用（陈凤）。

三、课中观察

时间：2023年10月16日第八节课。

（一）观察工具

观察表。

（二）观察位置的选择

蒋宁华、龙志婵、陈凤老师为主要的观课教师，为了减少对课堂学习的干扰，他们选择坐到学生集中的区域进行观察；其余教师坐在教室后面的区域进行观察。

四、课后会议

时间：2023年10月16日第九节课。

《普通高中地理课程标准（2017年版2020年修订）》提出，要重视复杂、开放性真实问题情境的创设，即把具体任务尽可能放在真实、复杂的现实情境当中。新课标要求利用地理真实情境培养学生分析问题、解决问题的能力。

（一）情境的创设

本章节的课程标准是通过野外观察或者运用视频、图像，识别3～4种地貌，描述其景观的主要特点。

笔者以"中国天眼"选址为背景情境导入新课，进而创设"寻喀斯特—识喀斯特—用喀斯特"三个教学情境。笔者将喀斯特地貌知识的学习贯穿在具体教学情境当中，让学生在完成学习任务的过程中内化地理知识，提高地理核心素养。

（二）情境的利用

1. 真实情境导入新课——联系生活，激发兴趣

《义务教育地理课程标准》的三大理论之一——"学习对生活有用的地理"，高中地理和初中地理具有相同的教育理念，《普通高中地理课程标准（2017年版2020年修订）》强调问题情境的创设要贴近学生知识水平、生活实际和社会现实。因此，利用真实情境有利于学生将已有的现实生活经验与地理知识进行联系，有利于激发学生探索新知识的兴趣。

在"走进喀斯特"一课中，以"中国天眼"选址贵州省喀斯特洼地为背景情境导入新课，一下子拉近了学生与本节课内容的距离，让学生感受教材地理知识与生活的联系，激发起学生浓厚的学习兴趣。

2. 真实情境探究知识——循序渐进，提高素养

在新课讲授中，笔者利用"寻喀斯特—识喀斯特—用喀斯特"三个真实情境为学生设置了八个具体任务，旨在促进学生在完成任务的同时潜移默化地提高自身的地理核心素养。

（1）"寻喀斯特"情境：利用此情境，教师设置了两个任务，需要学生联系初中所学的地理知识解决问题。初中地理基础较好的学生可以完成此任务，进而形成正确的区域认知。但是，对于初中地理基础较弱的学生来说，完成此任务难度较大，由于课堂时间有限，教师不展开中国气候特征的讲解，基础弱的学生理解起来比较难。

（2）"识喀斯特"情境：教师在此情境当中设置了四个任务，旨在通过四个具体任务让学生调动眼睛、耳朵、手、脑等多个器官，培养学生获取和解读地理信息的能力；调动和运用地理信息的能力，描述和阐释地理信息的能力。但是在实际课程教学当中，教师只提供了一个地理模型，模型数量少，难以兼顾全部学生的学习需求。所以笔者应该尽可能提供更多的地理模型，让班级学生尽可能参与课堂学习各个环节。

（3）"用喀斯特"情境：此情境呼应课堂导入背景情境，说明了"中国天眼"选址贵州喀斯特洼地的优势，让整节课的内容逻辑进一步完善，进而提高学生的综合思维和人地协调观。同时，该情境为学生提供了广阔的展示空间，能够真正展示学生个体的主观能动性，激发学生的无限创造力。但该环节难度较大，需要学生具备较强的学科融合能力，因此，学生的参与度较低，课堂成果较少。

对教师而言，在课堂教学中利用真实情境教学，可以开阔教师的知识眼界，提高学科教学资源的整合能力，提升教师的信息技术水平。

对学生而言，在真实的情境中探究理论知识，能够很好地将地理理论知识与生活实际相结合，激发学习地理的兴趣，提高课堂参与度，还增强对地理学科价值的认可度。

附件：课后分析报告

（一）观课教师简要报告观察结果

1. 教学情境一——寻喀斯特的创设和利用观察结果

教学情境创设结论如下：情境创设具有复杂性、新颖性、真实性，本节课根据教学目标设计了问题链，问题设计具有较好的适切性，基本符合学生学习的要求和特点。不足之处在于喀斯特作用涉及的化学反应过程，对于部分学生来说存在理解上的困难，是否能有更好的呈现方式？

教学情景利用结论如下：在该大情境下设计的两个任务，主要对应教学目标一，基本实现了区域认识核心素养的培养，培养了学生获取和解读地理信息的能力，以及调动和运用地理知识的能力。经观察，大部分学生课堂情况良好，能够在吴老师的引导和问题链设计下较好达成学习目标。（龙志婵）

2. 教学情境二——识喀斯特的创设和利用观察结果

教学情境创设结论如下：体现了新课标从真实的和复杂的情境中培养解决地理问题的能力的理念，特别是制作喀斯特地貌模型和观看视频的设计。根据教学目标和学情设计了针对性非常强的问题，问题指向明确，问题设计具有较好的适切性，符合班级学生学情和认知规律。喀斯特地貌模型制作精美，很好地调动了学生的积极性，但受限于模型的体积和数量，后排学生不如前排学生观察得清楚，如果能让更多的学生近距离观察、体验模型，效果会更好。

教学情境利用结论如下：这一环节设置了四个任务，都是围绕"识别不同的喀斯特地貌"这一教学目标而设置，基本上达到了培养学生地理实践力素养要求，能够让学生将理论和实践很好地结合起来，培养了学生将课本知识转化为解决实际问题的能力，也很好地培养了学生的地理能力。情境设计新颖，既有整体互动又有个别互动，充分调动了学生的积极性。学生听课的专注度非常高,不仅能积极回应老师的提问,而且反应的速度非常快。直到下课了学生们还恋恋不舍地围在老师和模型周围,询问老师怎么制作模型。这些很好地激发学生课外探索的兴趣,我认为该堂课很好地完成了教学目标。(蒋宁华)

3. 教学情境三——用喀斯特的创设和利用观察结果

此情境回应了课堂导入情境,因此,课堂的完整性高。问题链较好地培养了学生的综合思维,提高了课堂的思维难度,实现了对学生的分层教学。

"为贵州设计旅游名片"为本节课唯一的虚拟情境,虚实结合,提高了教学情境的丰富程度。学生充分利用课堂所学知识解决问题,回顾知识,提高了能力。但由于时间有限,部分作品没有得到展示,略有遗憾。(陈凤)

(二) 观察结论

1. 亮点

(1) 学科融合强:课堂引入多学科、多领域和跨学科领域的问题情境,达到培养综合思维的目的。在解释"喀斯特作用"这一概念时,涉及相关的化学反应过程;在地理模型制作方面,涉及美术学科的相关知识和能力。课堂呈现出较强学科融合的体验。

(2) 情境内容与学情的匹配度高:课程设计充分考虑学情。学生知识和能力层次为中等,情境内容与学情匹配,选取典型喀斯特地貌分布区,情境真实,问题设计均明确指明学生应该怎么做,完成什么任务,便于大部分学生理解和应用课堂基本知识和基本概念,从而建立本节课的知识架构。同时个别任务也关注了部分学生的高级认知需求,半开放式、开放式的问题情境实现了分层教学要求。

实物情境提高了学生的学习能力和知识内容的融合度。吴老师精心设计了喀斯特地貌模型,并利用模型展示课堂内容,让学生知识的获取从二维层次上升到了三维层次。

2. 不足之处

(1) 教学内容的深度和广度一般。尽管本节课充分贴合课标,但在高考的知识和能力要求下,大部分老师认为可以提供更多相关素材,拓展喀斯特地貌的形成过程,从大单元设计的角度宏观把握课程内容设计,统筹单元学习规划,关注不同阶段对同一版块内容设计的区别。

(2) 教学内容的选取上稍单调。在授课中,多数老师都是选取分布在我国桂、黔、滇省区的典型地貌进行讲授。如果能增加其他区域的喀斯特地貌,可使得课程内容更新颖。

(三) 地理课堂教学评价表——教学情境的创设与利用

1. 评价标准

教学情境的创设与利用评价标准见表 23-1。

表 23-1 评价标准

一级指标	二级指标	指标说明	记录说明
教学情境的创设	C1. 教学情境	教师创设了什么情境	以"1""2"等编号，内容记录在表格下方"情境内容"区域
	C2. 素养目标	情境为了实现哪个素养目标	以"①""②"等编号，内容记录在表格下方"素养目标"区域
	C3. 复杂性	情境结构和内容的复杂程度	A. 情境的要素完整；B. 答案的线索清楚明白；C. 答案线索比较隐晦；D. 不良结构的情境；E. 情境具有特殊性；F. 简单；G. 其他
	C4. 新颖性	情境是否与时俱进或别出心裁	A. 新颖；B. 一般；C. 陈旧
	C5. 真实性	情境是否来源于真实生活	A. 来源于真实生活；B. 生活的简化；C. 来源于学术资料；D. 不够真实
	C6. 问题链	情境是否设计指向明确的问题链	A. 明确；B. 牵强；C. 没有
	C7. 适切性	情境是否适合学习要求和学生特点	A. 适合；B. 较难；C. 容易
教学情境的利用	U1. 素养导向	情境促进了学生哪种核心素养的培养	A. 区域认知；B. 综合思维；C. 人地协调观；D. 地理实践力
	U2. 能力培养	培养了学生的哪种能力	A. 获取和解读地理信息的能力；B. 调动和运用地理知识的能力；C. 描述和阐释地理事物的能力；D. 论证和探究地理事物的能力
	U3. 课堂互动	情境作用下师生、生生互动情况	A. 整体互动；B. 个别互动；C. 不互动
	U4. 学生表情	情境作用下大多数学生的学习表情	A. 眼睛有光；B. 疑惑；C. 目光呆滞；C. 无表情
	U5. 学习状态	情境作用下学生参与学习的状态	A. 积极投入；B. 反应平淡；C. 被动接受；D. 不认真
	U6. 目标达成	情境作用下学习目标的达成情况	A. 达成；B. 基本达成；C. 未达成
	U7. 激发探索	是否激发学生课外探索的兴趣	A. 是；B. 否

2. 观察量表

教学情境的创设与利用观察量表见表23-2。

表23-2 观察量表

日期：				星期：			第 节					
年级：				学科：			课题：					
课型：				被观察者：			观察者：					
教学情境的创设							教学情境的利用					
C1.教学情境	C2.素养目标	C3.复杂性	C4.新颖性	C5.真实性	C6.问题链	C7.适切性	U1.素养导向	U2.能力培养	U3.课堂互动	U4.学生表情	U5.学习状态	U6.目标达成	U7.激发探索
1													
2													
3													
4													
5													
6													
7													
素养目标：													
情境内容：													
课后记录：													

（四）观察结果

1. "寻喀斯特"情境观察结果

"寻喀斯特"情境观察结果见表23-3。

表 23-3 "寻喀斯特"情境观察结果

C1.教学情境	C2.素养目标	教学情境的创设					教学情境的利用						
		C3.复杂性	C4.新颖性	C5.真实性	C6.问题链	C7.适切性	U1.素养导向	U2.能力培养	U3.课堂互动	U4.学生表情	U5.学习状态	U6.目标达成	U7.激发探索
寻喀斯特	①	A	A	A	A	A	A	A/B	A/B	A	A	B	A

素养目标:
①根据喀斯特地貌的形成条件,说出我国喀斯特地貌的主要分布区(区域认知)

情境内容:
任务①:中国岩石性质分布图、中国气候类型分布图

课后记录:教学情境一——寻喀斯特的创设和利用

  吴老师在"寻喀斯特"的情境创设中,设计了导入背景情境"中国天眼"的选址,呈现情境的形式为播放视频。情境具有新颖性、时代性,既让学生初识喀斯特地貌,同时也让学生了解中国科技发展的成果,增强了学生的民族自豪感。任务①为中国岩石性质分布图、中国气候类型分布图,引导学生解答问题链,实现课堂目标的达成。

  教学情境创设结论如下:情境创设具有复杂性、新颖性、真实性,本节课根据教学目标设计了问题链,问题设计具有较好适切性,基本符合学生的学习要求和特点。不足之处在于喀斯特作用涉及的化学反应过程,对于部分学生来说存在理解上的困难,是否能有更好的呈现方式?

  教学情景利用结论如下:在该大情境下设计的两个任务,主要对应教学目标一,基本实现了区域认识核心素养的培养,培养了学生获取和解读地理信息的能力及调动和运用地理知识的能力。经观察,大部分学生课堂情况良好,能够在吴老师的引导和问题链设计下较好地达成理想的学习效果。

2. "识喀斯特"情境观察结果

"识喀斯特"情境观察结果见表 23-4。

表 23-4 "识喀斯特"情境观察结果

教学情境的创设							教学情境的利用						
C1.教学情境	C2.素养目标	C3.复杂性	C4.新颖性	C5.真实性	C6.问题链	C7.适切性	U1.素养导向	U2.能力培养	U3.课堂互动	U4.学生表情	U5.学习状态	U6.目标达成	U7.激发探索
识喀斯特	②	A/B	A	A/B	A	A	D	A/B/C	A/B	A	A	A	A

素养目标：
②识别不同的喀斯特地貌（地理实践力）

情境内容：
任务①：阅读教材识别不同的喀斯特类型；
任务②：画出峰丛、峰林、孤峰的示意图；
任务③：在喀斯特地貌模型上识别不同的地貌类型，并将旗帜插在合适的位置；
任务④：观看《航拍中国——贵州》视频片段，说说地下喀斯特地貌的特点

课后记录：教学情境二——识喀斯特的创设和利用
    在"识喀斯特"的情境创设中，任务①为阅读教材识别不同的喀斯特类型，虽然该情境的呈现方式不够新颖，但教材上的内容是最经典、最有代表性的；任务②为画出峰丛、峰林、孤峰的示意图，让学生将自己理解的喀斯特地貌画出来，让自己的疑惑被看到，在充分调动积极性的同时，又检验了学习效果；任务③为在喀斯特地貌模型上识别不同的地貌类型，并将旗帜插在合适的位置，学生惊讶于模型的精美，模型的运用起到了很好的还原现实的作用，真实性强；任务④为观看《航拍中国——贵州》视频片段并说出地下喀斯特地貌的特点，给学生带来视觉震撼，让学生感受祖国的大好河山，也锻炼了学生获取地理信息、描述地理事物的能力，情境的呈现从简单到复杂、从地上喀斯特到地下喀斯特，情境设置很好地为教学目标服务，符合学生的认知规律。
    教学情境创设结论如下：体现了新课标从真实的和复杂的情境中培养解决地理问题的能力的理念，特别是制作喀斯特地貌模型和观看视频的设计。根据教学目标和学情设计了针对性非常强的问题，问题指向明确，问题设计具有较好的适切性，符合该班学生学情和认知规律。喀斯特地貌模型制作精美，很好地调动了学生的积极性，但受限于模型的体积和数量，后排学生对模型的观察没有前排学生清楚，如果能让更多学生近距离观察、体验模型，效果会更好。
    教学情境利用结论如下：这一环节设置了四个任务，都是围绕"识别不同的喀斯特地貌"这一教学目标而设置，基本上达到了培养学生地理实践力素养要求，能够使学生将理论和实践很好地结合起来，培养了学生将课本知识转化为解决实际问题的能力，很好地培养了学生的地理能力。情境设计新颖，既有整体互动又有个别互动，充分调动了学生的积极性。学生听课非常专注，不仅能积极回应老师的提问，而且反应的速度非常快。直到下课了学生们还恋恋不舍地围在老师和模型周围，询问老师怎么制作模型。这些很好地激发学生课外探索的兴趣，我认为该堂课很好地完成了教学目标

3. "用喀斯特"情境观察结果

"用喀斯特"情境观察结果见表23-5。

表23-5 "用喀斯特"情境观察结果

C1.教学情境	C2.素养目标	C3.复杂性	C4.新颖性	C5.真实性	C6.问题链	C7.适切性	U1.素养导向	U2.能力培养	U3.课堂互动	U4.学生表情	U5.学习状态	U6.目标达成	U7.激发探索
教学情境的创设							教学情境的利用						
用喀斯特	③	B	A	A	A	B	B/C	B/C	B	A	A	A	A

素养目标：
③综合思维、人地协调观：结合材料，理解喀斯特地貌和人类活动的关系，因地制宜开发利用喀斯特地貌

情境内容：
任务①：超级工程"中国天眼"选址贵州省平潭县大窝凼；
任务②：为贵州设计旅游名片

课后记录：教学情境三——用喀斯特的创设和利用

  吴老师在完成大情境"用喀斯特"的授课过程中，设计了两个任务，任务①为超级工程"中国天眼"选址贵州省平潭县大窝凼；任务②为贵州设计旅游名片。

  此情境回应了课堂导入情境，因此，课堂的完整性高。问题链较好地培养了学生的综合思维，提高了课堂的思维难度，实现了对学生的分层教学。

  "为贵州设计旅游名片"为本节课唯一的虚拟情境，虚实结合，提高了教学情境的丰富程度。学生充分利用课堂所学知识解决问题，回顾知识，提高了能力。但由于时间有限，部分作品没有得到展示，略有遗憾

课例九　通过了解硝酸，培养学生科学探究和创新意识

陈树华

一、背景

1. 授课教师

陈树华，女，中学化学一级教师，教龄 11 年，教学成绩显著，擅长化学实验创新，对化学课堂的情境创设环节有一定研究，善于调动学生积极性。

2. 教学主题

"硝酸"（人民教育出版社高中《化学》第二册第五章第二节"氮及其化合物"）。

3. 观课教师

王莉萍、杨宇、刘亚欣、王帅、何萍、蒋丽玲、黎洪玲、陈俊欣。

4. 活动背景

2023 年 3 月 20 日，湛江市二中海东中学举行大教研活动，化学科组内使用课堂教学评价表对化学课堂进行评价。科组老师希望可以通过这次观课活动熟悉评价表的操作，通过不同课堂视角和观察点对本节课进行观察。

二、课前会议

时间：2023 年 3 月 20 日下午。

（一）教师说课

1. 考情分析

本课时选自人教版高中《化学》第二册第五章第二节"氮及其化合物"，本节内容主要包括：氮及氮的固定、一氧化氮和二氧化氮、氨和铵盐、硝酸、酸雨及其防治。《普通高中化学课程标准（2017 年版 2020 年修订）》对本节的要求：结合真实情境中的应用实例或通过实验探究，了解氮及其重要化合物主要性质，认识这些物质在生产中的应用和对生态环境的影响。结合实例认识金属、非金属及其化合物的多样性，通过化学反应来探索物质性质、实现物质转化。

本课时主要研究硝酸的化学性质，通过浓硝酸、稀硝酸与铜反应的实验，让学生理解硝酸的强氧化性，提出进一步探究或改进实验的设想，培养学生科学探究和创新意识的核心素养。以工业制硝酸的生产原理为载体，设计含氮化合物的转化路径之一是通过氧化还原反应改变主要元素的化合价。通过原理的讲解提升学生的"变化观念"等学科核心素养。

2. 学情分析

本次授课的班级是化学选科 B 班。这个班，学生学习能力较强，师生课堂配合默契。学生已掌握盐酸和硫酸基本知识，会运用模仿、比较等方法，通过实物和实验现象观察，发现问题，提出假说，实施探究。但是，在遇到硝酸与金属反应，产生气体和颜色变化，显得不同于盐酸、稀硫酸时，学生会感到困惑。因此，教学重点应放在探究化学性质上。同时，学生已懂得物质间可相互转化，但并没有系统地去设计含氮化合物的转化路线以及用类价二维表征法来表示。

3. 目标定位

基于以上分析，本堂课的教学目标确立如下：

（1）结合生活生产真实情境，了解硝酸的物理性质和不稳定性，培养证据推理分析研究的核心素养。

（2）通过浓硝酸、稀硝酸与铜反应的实验，理解硝酸的强氧化性，提出进一步探究或改进实验的设想，培养科学探究和创新意识的核心素养。

（3）学习工业制硝酸的原理，从物质类别和元素价态的视角认识物质之间的转化关系，培养科学精神与社会责任的核心素养。

4. 教学重难点

（1）教学重点：硝酸的物理性质和化学性质。

（2）教学难点：硝酸与金属反应实验、工业制硝酸原理。

5. 教学方法

本节课重在学习硝酸的性质，为化抽象为具象，设计以硝酸的展示、泄露、用途、运输、生产为主线，通过实物、视频、图片、职业体验等方式引导学生学习硝酸的相关性质，并通过创新实验引导学生进行探究和思考，最后通过思维导图梳理含氮元素物质转化的相关知识，培养学生善于思考总结的学习能力。

6. 教学环节设计

（1）教学环节一：硝酸的展示。利用硝酸实物，带领学生从视觉、嗅觉等方面认识硝酸的物理性质。

（2）教学环节二：硝酸的泄露。通过观看工厂硝酸泄露的视频，让学生观察到大量红棕色气体。提问：①红棕色气体是什么？②产生红棕色气体的原因是什么？③反应方程式的书写，联系旧知，从氧化还原反应的角度分析产物。

（3）教学环节三：硝酸的用途——硝酸与铜的反应，这是本节课的亮点和创新点。教师展示硝酸铜的图片，引导学生思考铜与浓硝酸反应。师生互动，教师展示课前进行的铜与浓硝酸反应现象照片，引导学生观察硝酸铜溶液是否显绿色，学生讨论并思考原因。结合课本实验装置和课堂展示装置，学生观察对比，阐述改进后的好处，教师进行演示实验，学生协助投屏。结合课本化学反应方程式，设计实验如何直观观察并证明稀硝酸与铜的反应产物之一是一氧化氮气体，学生进行实验操作。

（4）教学环节四：硝酸的运输。学生观察运输硝酸槽车的车体材质，阅读课本，了解金属钝化的原因。利用思维导图小结不同的金属与浓稀硝酸反应的不同现象。

（5）教学环节五：硝酸的生产。学生进行角色体验，作为化工公司生产线的设计者，结合已学知识进行硝酸合成的路线设计。学生进行小组讨论，设计出路线，通过合成路线和类价二维表征图展示讨论成果。

7. 创新和困惑之处

（1）创新之处：本节课以硝酸的实物观察、硝酸的泄露、硝酸的应用、硝酸的运输、硝酸的生产为主线，创设情境，让学生拥有深度的学习体验。同时，运用信息技术手段来辅助课堂教学，提高教学效率。采用希沃白板制作课件，运用信息技术手段（如希沃课堂游戏、投屏技术、思维导图、板中板等）来辅助课堂教学，提高教学效率。浓/稀硝酸与铜的实验改进和创新，通过增加导管，借用注射器等实验手段来达到封闭环境，隔绝空气的目的。

（2）困惑之处：本节课设置了教学主线，环节较多，知识量较多，并且涉及实验操作和小组讨论等问题，因此，教师必须处理好课堂节奏和教学环节问题。另外，本次实验涉及一氧化氮和二氧化氮等有毒气体，虽设置了密闭装置，但不确定学生操作时是否符合规范，因此，要提醒学生重视实验操作规范。

（二）与观课教师的交流

杨宇：我听了你的说课内容，感觉本节课设置的环节和内容较多，师生互动实验操作，这个是很花时间的，还有思维导图设计，你认为时间是否充足？

陈树华：是的。本节课内容较多，但这个班的学生学习能力比较强，学习元素化合物的思路模型已形成，前面的环节可以快速略讲，重点放在硝酸与金属的反应实验和方程式。如果课堂时间还不够，就把思维导图作为课后作业进行书写，课堂上灵活处理。

王莉萍：硝酸与金属反应产生的气体有毒，往往教师们在处理教材的时候就通过实验视频让学生去观察实验现象，你能现场进行实验，是一个很好的展示。但如果根据课本实验装置，稀硝酸与铜反应产生的一氧化氮很容易被空气氧化，这样会让同学产生误解，以为产物就是二氧化氮，对此你是如何处理的呢？

陈树华：关于这个问题，我在备课时也困惑很久。因此，我进行实验改进，借助注射器作为铜与稀硝酸的反应容器，起到密闭隔绝空气的效果，挤压出反应液体后，通过抽入空气，可以观察到气体明显变为红棕色，这样就可以证明。

刘亚欣：我看你整节课比较注重情境的创设，设计了一条主线，这样也比较符合高考题的命题趋势。但是，你需要注意在创设情境时要让学生从情境中能获取到部分知识，不能为了创设情境而创设情境，也就说要提高创设情境的有效性。

陈树华：是的，为了让整节课连贯，我设计了一条主线，希望学生能从我提供的情境中获取知识，从而进行推断思考。但是，我觉得有些环节情境可能也不是特别恰当，希望大家听课的时候可以留意一下我的情境创设和它的有效性。

黎洪玲：本节课的学习目标主要是学会硝酸的物理性质和化学性质，硝酸与酸反应的实验现象等，你是如何落实学习目标的，通过哪些方式？是否可以通过师生活动角度来观察学习目标的达成情况？

陈树华：学习目标的落实是一节课的落脚点，我将通过讲授、实验演示、多媒体、板书等方式来讲述知识点，并通过师生互动的方式来检验学生是否已经掌握，因此，请老师们注意观察学习目标的落实情况和方式。

（三）与观察者讨论后确定的观察点

（1）学生学习：学习目标达成（杨宇、刘亚欣、王帅、黎洪玲）。
（2）课程性质：课堂情境的创设和利用（王莉萍、何萍、陈俊欣、蒋丽玲）。

三、课中观察

时间：2023 年 3 月 20 日下午第八节。

（一）观察工具

观察量表。

（二）观察位置的选择

王莉萍、何萍、陈俊欣、蒋丽玲四位化学老师观察的是情境的创设和利用，这些大多通过记录教师、学生口头呈现的思考结果，可以通过倾听来完成，不需要紧盯学生的状况。为了最大限度地减少对学生的干扰，他们选择坐在后排观察。刘亚欣、王帅、杨宇、黎洪玲老师观察的是学生学习目标达成和活动情况，为及时观察记录学生完成活动的情况，他们坐在学生过道中，如图 24-1 所示。

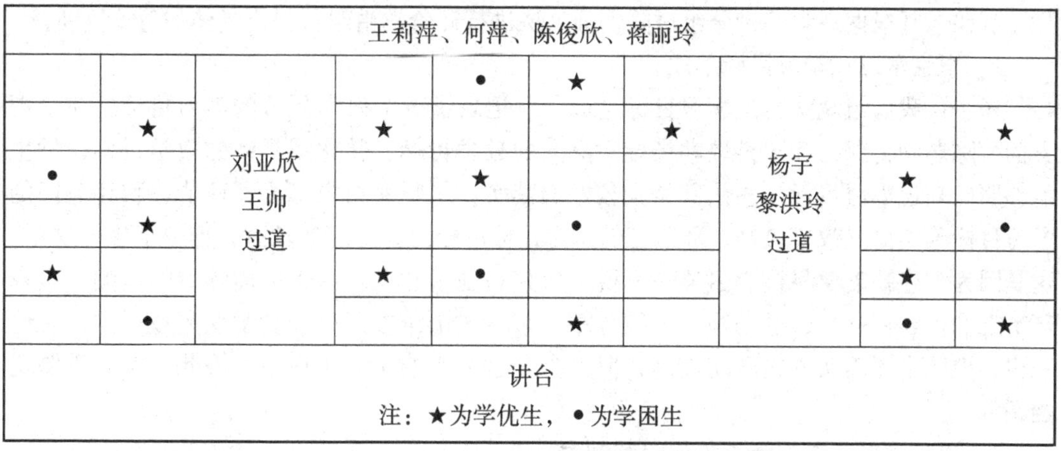

			王莉萍、何萍、陈俊欣、蒋丽玲					
				●	★			
	★		★			★		★
●		刘亚欣 王帅 过道		★			杨宇 黎洪玲 过道	★
	★				●			●
★			★				★	
					★			★
			讲台					

注：★为学优生，●为学困生

图 24-1 课堂座位示意

（三）观察过程

课前：观察者进入教室，按照之前安排的位置就座。需要观察学习目标和学生活动的老师，提前与学优生、学困生进行一定的交流，并翻阅学案，了解预习情况。

课中：各观察点老师通过观察课件呈现、教师陈述及学生活动，认真填写观察表相关数据，及时给出评价。

课后：杨宇老师随机发放了 20 份调查问卷，全部收回，当即统计并进行分析。其他观察者整理观察量表各项数据，与同伴交流，撰写观察报告，为课后会议做好准备。

四、课后会议

时间：2023 年 3 月 20 日下午第九节。

（一）课后反思

整节课利用情境层层递进，把硝酸的物理性质和化学性质知识点讲透，通过多种手段来检验学生学习目标的达成情况，应用信息技术手段，如课堂游戏、投屏、思维导图等来辅助课堂。课堂重点解决硝酸与金属（铜）的反应，同时结合所预测实验现象激发学生对实验装置改进的思考，还结合高考模拟题进行考察，课堂整体连贯，完成情况良好。

不足之处：①教学容量控制。教学容量太多，上课重在落实，但是本次课堂有点赶任务，只有预设，留给学生动手书写的时间很少，教师讲解偏多。②知识点讲述得不够细致。整节课节奏略显前松后紧，尤其在学生和教师互动实验时，讲述实验装置改进占用了很多时间，因此在一些知识点，如从氧化还原的角度去分析化学反应方程式没有落实，所以还是要紧抓教学目标，才能控制好课堂节奏。

（二）观课教师简要报告观察结果

听课老师根据观察记录分组对陈老师的课进行评价，由组长提出具体的意见反馈。

1. 学生学习：学习目标达成

杨宇：我们组观察的是学习目标达成。我记录了五个教学环节的学习目标，在呈现方面，陈老师将课标和学科教学指导意见上的教学目标，转化成具体的教学目标，学生能够明确知道学习目标，并使其得到较好的落实。从观察结果来看，环节一和环节四的学习目标落实情况效果最好，环节三的学习目标可能因为难度比较大，部分学生没明白，这是因为学生缺乏学科核心素养——科学探究和创新意识。由于前面环节的影响，本来环节五的教学目标是通过书写、思维导图、小组讨论等方式呈现，学生兴趣很大，讨论积极，说明目标落实方式适切性高，但是时间有限影响了学生讨论，因此，课堂需要适当调整。

2. 课程性质：课堂情境的创设和利用

王莉萍：我们组观察的是课堂情境的创设和利用。我从创设的情境能否引起学生学习的兴趣并保持关注，师生能否充分利用情境达成学习目标，情境创设与学习目标的适合度等方面进行了观察。

利用实物、视频、图片、实验等来创设情境，为学生搭建思维的支架，是本节课的一大特色。从学生的表情、动作以及相关回答情况来看，基本全部学生都参与其中，这些很好地激发了学生的兴趣。尤其是在观看硝酸泄露的新闻视频时，强烈的视觉效果，红棕色气体出现在眼前，引起学生阵阵惊呼。本次情境设计形式多样，除了有知识性学习目标中的理解和应用层次，还有与生活和生产息息相关的情境设计，能够培养学生科学态度和社会责任的学科核心素养。

此处有一个建议，本节课情境创设虽然比较出彩，但是在某种程度上也占据了比较多的时间，因此在最后环节，留给学生进行思维导图设计的时间就很少，建议创设一个整体的情境，把整节课串起来，以节约时间。

（三）本次观察形成的结论

1. 亮点

（1）情境教学，落实学科核心素养。本节课设计了"硝酸的观察（物理性质）—硝酸的泄露（不稳定性）—硝酸的工业应用（硝酸与铜反应）—硝酸的运输（钝化）—硝酸的生产（合成）"等情境线索，融合核心知识、方法和观念等，链接核心知识间的逻辑结构，使各环节环环相扣，以问题线索、活动线索、知识线索、核心素养线索为辅，层层推进课堂。

（2）目标明确，教学形式多样。明确而具体的教学目标，有助于学生理解和掌握所需的知识和技能。教学内容有机整合，层次清晰，采用多样化的教学方法，如讲授、讨论、实践等，促进学生的主动参与和深入思考。

（3）信息赋能，活跃课堂氛围。这节课采用希沃白板制作课件，运用信息技术手段（如希沃课堂游戏、投屏技术、思维导图、板中板等）来辅助课堂教学，能够让学生积极参与游戏，并且通过信息技术手段让所有学生观察到实验现象，落实教学目标，提高教学效率。

2. 不足之处

由于课前教师对学情估计过于乐观，整节课知识点不难，但也有实验设计难点，教学目标比较多，学生真正书写、动手的时间很少，导致最后思维导图的设计时间很少。整个过程对氧化还原反应的分析也比较少，导致学生对这个知识点理解得不够深刻。

附件：课后分析报告

（一）课后反思报告

2023年3月20日，湛江市二中海东中学开展教研活动，我承担了公开课的任务，科组内的老师进行观课，并尝试利用科组内之前制定的观察表。在课后会议上，各位老师根据观察记录表记录的情况发表意见。我认真聆听，虚心接受同事提出的各种意见和建议。课后，我从以下两个方面对本节课进行回顾与反思。

1. 反思课堂学习目标的达成

本节课的学习目标主要是硝酸的物理性质、硝酸的化学性质（主要是不稳定性、与铜的反应）以及硝酸的合成，通过创设情境和活动，以问题驱动学生动眼观察、动手建模、动脑思考、动口表达来实现本节课的学习目标。不同环节通过不同的方式来落实目标，如硝酸的物理性质只需要观察和口述，而硝酸的化学性质则通过书写、动手操作、思维导图等方式来检验目标的达成情况。通过观察老师的报告可知，学生本节课的课堂学习目标达成情况良好，难点在于铜与硝酸反应，结果显示，大部分的同学只是基本理解，尤其是化学实验过程，反应方程式倒也不算太难。经过实际检验，本节课的学习目标设置偏多，导致后面的学习目标的落实时间就不够，所以本节课的学习目标要适当进行删减。

2. 反思课堂情境的创设和利用

本节课以情境创设为主线，通过学生感兴趣的实物、视频、图片来抓住学生的眼球，让学生快速投入学习当中，并且在整节课当中不会有"懈怠期"。本节课的情境创设主要采用的是生活、生产的例子，还有学生非常感兴趣的化学实验，能够落实学科核心素养，尤其是科学态度与社会责任，同时在化学实验的探究过程中培养学生科学探究与创新意识的核心素养。本节课情境较多，耗费的时间也比较多，每个环节都是一个单独的情境，这样其实也显得不够连贯，或许可以将多个知识点放在一个情境学习，这样教学设计的整体性更强一些。同时，教学更应该把重点放在核心知识的情境创设上，充分利用情境来促进核心目标的达成。

（二）学习目标的达成

1. 观察点选读说明

学生是课堂教学的终端，课堂教学的有效性最终体现在学习目标的达成上。展示教学目标是重要的教学环节。在课堂教学中展示教学目标能使教师的教和学生的学有一个统一明确的要求，使学生学有目标、听有方向。学习目标的设定以及目标达成的环节，也需要体现化学学科核心素养。

在课前会议之前，听课老师就和陈树华老师进行了课堂内容讨论。通过阅读学案可知，陈老师整堂课的教学设计以硝酸的展示、硝酸的泄露等为一条主线串联起来，她力图通过创设情境和活动，以问题驱动学生的学习，试图通过"四动"——动眼观察、动手建模、动脑思考、动口表达来实现本节课的学习目标。在这样的背景下，从学生学习目标达成这个观察点去观察课堂是可行的，故笔者结合科组原来的课堂教学评价表——教学目标的设计与达成以及本节课的实际环节设定表24-1、表24-2。

表24-1 "学习目标达成"课堂观察表

学习具体目标	目标设定			目标达成					
	C1.教学活动	D2.学习思维	D4.科学态度与责任	R2.目标规范性	R3.目标清晰度	R4.知识联系性	R5.目标完成方式	R6.课堂互动	R7.教师评价
硝酸的物理性质	实物展示	观察归纳	科学态度	符合课标	A	A	口头回答	师生问答、课堂游戏	通过集体学生回答评价
硝酸的不稳定性	视频观察	分析	社会责任	符合课标	A	B	学生书写方程式	学生获取信息并阐述	抽查学生回答评价

续表

学习具体目标	目标设定			目标达成					
	C1. 教学活动	D2. 学习思维	D4. 科学态度与责任	R2. 目标规范性	R3. 目标清晰度	R4. 知识联系性	R5. 目标完成方式	R6. 课堂互动	R7. 教师评价
硝酸与铜的反应	提出疑问，实验操作	比较分析	科学本质	充分体现课标要求	B	A	学生操作实验，书写方程式，练习题目	实验操作，师生合作	抽取学生实验，全部学生书写练习，拍照投屏反馈
浓硝酸使铁、铝金属钝化	观察图片	比较分类	科学态度	符合课标	A	A	口头回答	阅读课本，回答问题	通过集体学生回答评价
工业合成硝酸路线	职业体验	建构模型	科学态度社会责任	充分体现课标要求	A	A	上台进行思维导图呈示	小组讨论，制作思维导图	抽取小组长展示进行评价

注：

目标清晰度依据学生的反应评定：A. 马上回答或动手操作；B. 暂不回答或动手操作；C. 始终不能回答或动手操作；

知识联系性依据目标是否体现前后知识联系：A. 充分体现；B. 一般；C. 未体现。

表24-2 "学习目标达成"课后调查表

调查项目	结果选项及结果		
Q1. 课前，你是否预习了学习目标？	是，20人；否，0人		
Q2. 学案上关于学习目标的表述清楚吗？	是，17人；否，3人		
Q3. 你预习学习目标时与同学讨论吗？	是，12人；否，8人		
Q4. 本课学习具体目标有五大项，你的理解情况如何？请在下表空格中打"√"			
学习目标	理解	基本理解	不理解
①硝酸的物理性质（颜色、状态、气味等）	20		
②硝酸的不稳定性（反应方程式）	18	1	1
③硝酸与铜的反应：浓硝酸与铜反应现象和原理、方程式	16	4	
③硝酸与铜的反应：稀硝酸与铜反应现象和原理、方程式	18	2	
③硝酸与铜的反应：实验改进的原理	11	6	3

续表

学习目标	理解	基本理解	不理解
④浓硝酸使铁、铝金属钝化	20		
⑤工业合成硝酸路线	14	5	1
Q5. 你对自己的学习结果满意吗？	满意12人；基本满意8人；不满意0人		
Q6. 以下是本课的主要学习行为，请选出你认为有效的学习行为，让你达成学习目标的？（可多选）	听讲（17人）；问答（你与老师或你的同学与老师间的问答）（13人）；练习题目（15人）；实验操作（老师演示或学生操作）（20人）；小组合作讨论（16人）；制作思维导图（11人）		

注：课后调查随机抽取20人。

2. 观察结果分析及教学建议

（1）学习目标"硝酸的物理性质"。

1）达成情况分析：陈树华老师通过硝酸溶液实物展示来加深学生的印象，并设计了一个课堂希沃游戏来帮助学生记忆，让学生进行竞争，学生积极参与游戏，课堂氛围活跃，学生的学习效果很好，学生理解这个学习目标是100%达到。

2）教学建议：这个环节知识点对于本班学生来说是比较容易的，建议教学节奏更紧凑。

（2）学习目标"硝酸的不稳定性"。

1）达成情况分析：陈老师让学生观看硝酸泄露的视频，大量的红棕色气体给学生带来视觉冲突，通过结合视频和课本内容等来学习硝酸的不稳定性，并要求学生学会书写硝酸分解反应方程式，大部分学生都动手书写，95%的学生对这一个学习目标是完全理解的，有1个学困生不动手，可能是学习基础比较薄弱。

2）教学建议：可以从氧还原的角度来分析硝酸分解的产物是二氧化氮以及氧气，这样能加深学生对产物的判断。另外，个人觉得可以通过本次视频来落实科学态度和社会责任的学科核心素养，建立起安全生产、安全作业的理念。

（3）学习目标"硝酸与铜的反应"。

1）达成情况分析：本环节是本节课的重中之重，涉及化学实验原理、实验操作、反应方程式等，但这也是学生最感兴趣的一个环节，能让学生积极参与。浓硝酸与铜反应实验，由于硝酸腐蚀性强，并且实验产生有毒气体，陈老师设计了演示实验以保证安全，同时安排一个学生协助实验投屏，将所有的实验现象清晰投到屏幕，后排的学生也能看得一清二楚。学生通过观察、参与、记录等方式参与课堂教学，从而能很好地实现学习目标。本环节还采用了课堂练习的方式来检测目标达成情况，并通过投屏方式让学生共同改阅并核对答案，这个方式能促进学生的积极参与。在稀硝酸与铜反应环节，陈老师设置疑问，引发学生思考：如何证明生成的是一氧化氮气体，而不是二氧化氮气体。学生进行讨论，也能答出"需要隔绝空气"这一个关键点，但并没有能思考出改进实验装置的方案。从课后调查来看，学生对于实验改进基本理解的人数占30%，说明学生可能对实验改进方面还存在困难,还有1位学生表示不理解,可能是该学生不太习惯这样的模式。

2) 教学建议:将课前的预习要求提高,提前要求学生对于课本实验装置进行了解,思考可以改进的地方,引导学生带着辩证的眼光去学习。

(4) 学习目标"浓硝酸使铁、铝金属钝化"。

1) 达成情况分析:"钝化"这个概念学生在学习铁和铝金属的时候就已经了解,所以这部分的学习目标,陈老师就通过口头回答的方式来落实。同时,陈老师还进行了深化,让学生小结浓/稀硝酸和金属反应的情况以及产物,这部分内容还涉及王水,需要学生的知识积累比较深厚,才能全部回答出来。

2) 教学建议:最后浓/稀硝酸和金属反应的小结可以删除,留到课后让学生通过思考再画思维导图,课堂上时间太紧,略显仓促。

(5) 学习目标"工业合成硝酸路线"。

1) 达成情况分析:本环节学习目标通过小组谈论,小组长展示的方式来落实,需要学生联系旧知来归纳设计路线,课本给予很大的提示,同时,陈老师结合了常见的考题类型,还增加了类价二维表征图来让学生模仿画出来,各小组展示出来效果比较好,学困生通过参与小组讨论也能学习到部分知识。但通过课后的学习目标调查表来看,学生对于这个环节的学习目标落实得不到位,尤其是学困生,这一环节对他们来说要求过高。

2) 教学建议:这一环节显得比较匆忙,留给学生讨论的时间比较少,建议前面环节一和环节二压缩时间,让学生参与讨论、动笔书写,才能真正落实学习目标。

3. **关于课堂观察的感想**

此次课堂观察,笔者在本科组的观察表上进行了改进,借鉴了新的观察框架;分析观察点的要素,设计观察表时也有一点自己的见解,主要抓住如何落实学习目标来进行观察;还收集了一定的有效数据,能提供有益的教学建议,供参考学习。(杨宇)

(三) 课堂情境的创设和利用

1. 观察点选点说明

本节课是以硝酸的展示、硝酸的泄露等为一条主线,分为五个环节,每个环节都创设了情境,创设的情境也非常有特点,通过情境产生的问题来引入硝酸的知识点,这样创设的情境是否能够引导学生学习,对知识点的讲解是否有效,是否能够达成学习目标也是非常关键的,我对情境创设非常感兴趣,因此,通过观察课堂情境的创设和利用来观察教师的课堂实施。

2. 观察表及观察说明结果

在原来观察课堂表的基础上,观察表得到了改进,分为情境的创设和利用两个大方面。情境的创设主要关注情境创设的呈现形式、新颖性、生活化程度和适切性。情境的利用主要包含素养导向、课堂互动、学生表情和目标达成的情况等。观察表及结果记录见表24-3。

表24-3 "课堂情境"观察表

教学情境的创设（create）						教学情境的利用（utilize）			
教学情境	学习目标	呈现形式	新颖性	生活化	适切性	素养导向	课堂互动	学生表情学习状态	目标达成
老师展示硝酸溶液，学生观察	硝酸的物理性质	实物展示	一般	一般	情境符合学习要求	宏观辨识	观察、回答	激动，积极投入	达成
硝酸工厂泄露	硝酸的不稳定性	视频展示	一般	密切联系生活	符合学习要求和学生特点	证据推理、科学态度与社会责任	推理、观察、思考、回答	好奇，积极投入	达成
硝酸铜的生产	铜与浓/稀硝酸反应	实验操作	新颖	一般	符合学生喜欢实验操作的特点	科学探究与创新意识	观察、猜想、推理、思考、回答、动手、操作	激动，积极，兴奋，好奇	基本达成，部分学生对于实验改进有疑惑
硝酸运输用铝槽车	金属遇冷的浓硝酸发生钝化	图片展示	一般	密切联系生活	符合学习要求	证据推理、科学态度与社会责任	质疑、思考、回答	一般	达成
角色体验：工厂生产路线设计师	硝酸的合成路线	图片展示	新颖	密切联系生活	符合学生特点	模型认知、科学态度与社会责任	讨论、动手、绘制思维导图展示	有奖励机制，学生积极、兴奋	基本达成

3. 观察结果分析和教学建议

总的来说，从学生的学习表情和状态、课堂的互动情况来看，学生对于课堂上情境创设是具有比较大的兴趣并保持关注的。在老师进行硝酸实物展示时，学生是有较大兴趣的，在闻气味的环节，学生还争先抢后去闻气味。这说明这个情境有效地激发了学生的好奇心，为利用情境解决问题打下了基础。学生在硝酸与铜反应的环节，尤其是进行实验操作展示时，目不转睛地盯着屏幕上投影的实验现象，教师能充分利用创设的情境，引导学生逐渐达成学习目标。只是在这个环节中，由于教师对实验改进的阐述，设置问题缺少梯度，导致学生理解有困难，因此在这个情境创设中，需要层层递进，留给学生更多的思考时间。

本次情境设计形式多样，除了有知识性学习目标中的理解和应用层次，例如，物理性质和不稳定性的知识层面认识，还有与生活和生产息息相关的情境设计（如硝酸的泄露、硝酸的运输以及硝酸的工业合成等），引导学生关注社会生产，关注与化学相关的职业，培养科学态度和社会责任的学科核心素养。

教学建议：本次教学情境创设和利用整体上能激发学生兴趣，并能达成目标。在第三个情境创设时，以硝酸铜的制备为情境创设有点太复杂，并且因为时间问题，最后没有回归到硝酸铜的制备，这样显得太牵强。建议直接展示教师提前做实验产生的实验现象，把硝酸铜溶液是绿色的图片展示出来，提出疑问，这与学生平时的认知产生冲突，更能激发学生的兴趣，并且后面再通过实验去探究为什么硝酸铜溶液呈现绿色，最后加入水后又呈现蓝色，这样可以很好地解决学生心中的疑问。（王莉萍）

课例十 改进实验：探究酒精对水蚤心率的影响

闫　芳

一、背景

1. 授课教师

闫芳，女，教龄10年，中学一级教师。教学经验丰富，业务能力强，善于创新，在实验教学中取得突出成绩。

2. 教学主题

"探究酒精对水蚤心率的影响"改进实验（北京师范大学出版社《生物学》七年级下册第十三章第一节健康及其条件）。

3. 观课教师

杨水云、郑玉嫦、魏莲花、宋晨光、唐植珍、李嘉怡。

4. 活动背景

本课例是本校教师在课本教材的基础上改进的创新实验课，科组教师集思广益、各抒己见、大胆设想，最终由我作为主要负责人来开发、实践。该课例荣获2021年广东省中小学实验教学说课活动一等奖。

二、课前会议

时间：2021年9月8日下午第八节课。

（一）教师说课

1. 教材分析

"探究酒精对水蚤心率的影响"是北师大教材七年级下册第十三章第一节"健康及其条件"中的探究活动，隶属于初中生物新课程标准中"人体生理与健康"一级主题。通过实施该探究实验，学生能明白酗酒危害人体健康，从而选择正确的生活方式。

该实验需要在显微镜下观察水蚤在不同酒精浓度下的心跳，实施难度较大，主要表现在：第一，实验动物水蚤难获得，而且还要受到季节的限制；第二，水蚤个体小，心脏小，需要在显微镜下观察；第三，计数难，水蚤心率很快（100~350次/分钟），需在白纸上点点，然后再数点，易出错。所以，该实验在初中教学中很难开展。

本改进实验将实验动物改为虾，因为虾的心跳用肉眼可以直接观察，大大降低了操作难度，且取材方便增加了实验的成功率。

2. 学情分析

本次授课的对象班级是初一（4）班。学生整体学习能力良好，学习积极性、主动性较强，但学生实验动手能力有限，实验技能参差不齐，尤其是显微镜的使用掌握不熟练。再加上实验室的显微镜老旧，且取材不易，所以很难保证在一个课时内完成实验操作和相关教学活动。

3. 学习目标

依据生物学核心素养四个方面的内涵，结合学生的实际情况，设计以下四个学习目标：

（1）认同酗酒危害生命健康和理解选择健康的生活方式的重要性。
（2）进行科学的实验设计，掌握心率的概念和测定心率的方法。
（3）尝试利用 Excel 软件绘制心率随酒精浓度变化关系的图像。
（4）拒绝不健康的生活习惯，树立珍爱生命的观念。

4. 教学重点和难点

（1）教学重点：设计实验。
（2）教学难点：利用 Excel 软件绘制心率随酒精浓度变化关系的图像。

5. 教学方法

根据以上分析和课例的特点，本节课以情境教学法为主线贯穿课堂。学生在教师创设的情境下，采取小组合作的形式开展自主讨论、动手实验，完成本节课的教学任务。

6. 教学环节设计

教学环节一：情景导入（4分钟）。以实际生活中有关酗酒的真实事件导入，引起学生的好奇心，激发学生对实验的兴趣。

教学环节二：科学探究（33分钟）。该环节是课堂的主体和核心部分，是在教师的引导下学生进行创新实验设计和实施实验，分析实验数据，最终得出结论。

该环节有三个创新点：

（1）实验动物——虾。课本实验用到的水蚤无法获取，要想开展实验，必须找到合适的实验动物。而虾的获取较容易，在水产市场上可以直接购买。

（2）自主设计实验。在教师的引导下，学生根据对照实验设计的原则（对照、单一变量、重复），分组讨论，自主设计实验。

（3）数据处理。用 Excel 表格对实验数据进行处理，根据预设的参数自动生成以酒精溶液为横坐标、虾心率为纵坐标的曲线图，分析数据，得出实验结论。

教学环节三：拓展延伸（3分钟）。

该环节是课堂的升华，旨在拓宽学生知识面，使学生的知识建构更加全面。

7. 创新和困惑之处

（1）创新之处：用虾代替水蚤，实验对象容易获取，且肉眼可直接观察到心跳，操作方便、简单；用 Excel 软件对数据进行处理，将生物实验教学和信息技术相结合，数据处理快捷、直观、准确。

（2）困惑之处：此实验验证了高浓度酒精使虾的心率下降，甚至死亡；但低浓度酒精使虾的心率有升高的趋势。要想全面了解情况，需要再设计低浓度下的探究实验，到底有没有必要再去用一个课时来开展，还是把问题留给学生，让他们以本节实验课为基础，自己课后进行实验呢？

（二）与观课教师的交流

郑玉嫦：选择实验动物有什么明确要求吗？

闫芳：选择活力较强、身体色素较少的虾，实验更容易成功。

宋晨光：虾在哪里购买？实验前是否需要做处理？

闫芳：就近的市场购买即可。不做什么特殊处理，但需要在购买虾的同时，连同其原生的海水一起购买，当然海鲜店老板一般会送海水。这些海水一部分用于养虾，一部分用于实验。为了保持虾的活力，还要用充氧泵给海水及时充氧。

唐植珍：观察虾心跳时，为什么还要用手电筒照呢？具体照哪个位置？

闫芳：给虾照灯能更清楚地看到心跳，虾的心脏的具体位置是头胸部背侧的中下方。

李嘉怡：在协助闫老师进行预实验时我发现，数虾的心跳时，虾在不停地动，尤其是在高浓度的酒精溶液中，这样很难计数。请问闫老师有什么好的解决办法吗？

闫芳：这个问题我也发现了，解决办法是在透明餐盒的上方开一个长方形的口，一侧保持连接；将虾放在酒精溶液中，等待1~2分钟，虾安静下来后，再照灯计数；用手轻微固定虾的腹部，可减弱在计数的过程中其剧烈的应激反应。

杨水云：数据处理用到Excel表格，提前设置各参数难吗？

闫芳：不难。不会的话，在网上搜一下，很容易实现，这是一项通用的技能。

魏莲花：进行分组实验时，共分12组，每组4个人，这些成员有无明确的分工？

闫芳：有。一号学生负责卡秒表计时；二号学生负责照灯；三号学生负责数虾的心跳；四号学生负责在实验报告上记录实验数据。

（三）与观课教师讨论后确定的观察点

根据闫老师说课，及与观课教师的交流和商讨，最终确定以下观察点：

(1) 情境类型、来源、等级层次和能力导向：杨水云。

(2) 情境呈现方式、呈现时机、呈现作用：郑玉嫦。

(3) 情境的学科素养导向：魏莲花。

三、课中观察

时间：2021年9月10日下午第二节课。

（一）观察工具

观课量表（见课后会议分析报告），摄像机（一台，供课后教学参考和参加比赛）。

观课教师每人携带一份观课量表，根据不同的观察点，填写相应的内容。

（二）观察位置的选择

有观察任务的老师选择过道位置分散就座，其余老师在教室后方就座。教师课堂观察分布情况如图 25－1 所示。

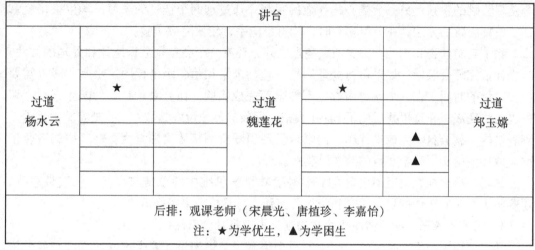

图 25－1　教师课堂观察位置分布

四、课后会议

时间：2021 年 9 月 10 日下午第三节课。

（一）课后反思

我本次授课的课型是实验课，主要从情境资源的应用和情境的学科素养导向达成度来进行课后反思。

1. 情境资源一：生活情境要达成的学科素养是生命观念

生活情境选取了生活中的真实案例并以视频的方式呈现，旨在导入课题和引发学生兴趣。视频的核心内容是酗酒导致死亡的案例，分析其内在的原因是大量的酒精在人体内积累，造成多个器官损伤。人体本身存在内稳态，即在各个系统共同协调配合下维持的一种动态平衡状态。所以，该生活情境的应用能体现生命观念的稳态和平衡观。

授课的对象是初一学生，他们之前学习过人体生理的相关内容，对于人体是一个统一的整体这一认知，学生有一定理论基础。但因为生活情境的应用仅仅是为了引入课题，对这个情境未做太多的理论挖掘，仅停留在表象的认识。所以，该生活情境对核心素养生命观念的落实效果不理想，只能说是基本达成。

2. 情境资源二：科学探究情境要达成的学科素养是科学思维和科学实践

科学探究情境是该实验课的核心和主体部分，也是本节课的亮点。由于课本中用到的实验动物——水蚤较难以获取，所以本人大胆创新，经过查阅大量文献资料和向他人请教，最终确定用虾作为实验替代动物。经过本人多次预实验，不断摸索实验条件，使实验变得可行，且效果非常好。

在授课过程中，以设问、讨论、微视频的方式，逐步创设情境引导学生总结与概括，确定实验动物和设计实验步骤。在这个环节中，我展示了两个自己制作的微课视频：一个是虾心跳的视频，另一个是心跳计数的视频。通过这两个视频的学习，学生很快就掌握了数虾心跳的方法，在分组实验时也能得心应手，较快完成实验。

除了实验动物和实验步骤这两大亮点之外，还有一个亮点是数据统计和处理的方法。学生计数完虾心跳后，如果自行处理数据，包括求平均值、画坐标图、绘制曲线等需要耗费大量的时间，在一个课时内肯定不能全部完成实验，而且对于初一的学生来说，课后也无法完成。在这里我运用了 Excel 表格，课前提前预设好参数，只要把实验数据输入到表格内，就会自动生成坐标图，清晰地呈现出随着酒精浓度的增大，虾心率的变化情况。该环节落实了科学实践的跨学科实践。

总之，科学探究情境不仅落实了学科素养科学思维中的总结与概括、创造性思维，还落实了科学实践中的科学探究和跨学科实践，且达成效果较好。

3. **情境资源三：学习情境要达成的学科素养是社会责任**

学习情境来源于网络课堂，相关的视频很多，整体来讲，课堂选取的视频与我要讲的内容契合度最高。由于实验室没有网络，所以在课前我用录屏软件获得了视频资源。这个视频具体地讲述了酗酒对身体的多方面危害，不仅危害心脏，还危害肝脏、神经系统、胃，使学生更全面地了解酗酒的危害，从而使学生养成科学的态度和树立健康的意识。

学习情境的应用落实了学科素养社会责任中的科学态度和健康意识，且达成效果较好。

（二）观课教师的观察结果

1. 杨水云：情境类型、来源、等级层次和能力导向

闫老师在本次授课中用到了三次情境，分别属于生活情境、科学探究情境和学习情境；情境来源分别是新闻报道、现行教材和文献、网络课堂。生活情境的等级层次是综合型的，能力导向是理解能力；科学探究情境的等级层次是创新型的，能力导向是实验探究能力和创新能力；学习情境是基础型的，能力导向是解决问题的能力。

（1）生活情境和新闻报道的结合。闫老师运用生活中的一个真实案例——"酗酒引发的惨案"来导入课题，形象生动地呈现出本实验课探究问题的价值和意义。该案例是新闻报道中截取的一段内容，大概 2 分 35 秒，说明这是来源于生活的真实事件，增加了内容的可信度。在情境的选择上，闫老师把控得比较到位。但是，该情境是发生在 2007 年的一个案例，距今有十多年的时间，有点久远，是不是选择近三年的案例给学生的冲击力会更强，效果会更好呢？况且这样的案例也是比较常见的，找起来也不会有太大的困难。

（2）科学探究情境和现行教材的结合。闫老师在进行实验设计的环节中，结合现用教材中的内容，以文献数据和图片创设情境，引导学生认识教材实验。这在现有条件下实施的难度非常大。无论是实验材料的获取，还是水蚤心率的计数，都存在很大的不足，

所以师生之间达成共识——必须更换实验材料和重新设计实验；闫老师又用虾心跳的微视频引导学生对实验进行改进和创新，由此来逐步深入，启迪学生的思维。

闫老师对现行教材实验的可行性提出了大胆的质疑，又创造条件来完成实验，这对于生物实验教学来说是弥足珍贵的。由于初中生物学实验受各方面条件的限制，能够正常开展的实验较少。闫老师能够克服困难，利用湛江近海、水产品丰富的优势创造条件，开展实验教学，非常值得同行的学习和借鉴。

（3）学习情境与网络课堂的结合。学生实验完成后，闫老师顺势提出"酗酒到底对人体有哪些危害"这个问题，触发课堂拓展环节的生成。闫老师利用网络课堂的视频来创设学习情境，大概用时3分钟，让学生更加全面地了解到酗酒不仅危害人体的心脑血管，还会引发肝硬化，以及如何健康地生活，从而使学生养成科学的态度和树立健康的意识。

现在，网络课堂有的内容已经做得非常好。闫老师能够充分利用网络资源辅助课堂教学，这能大大地提高教学质量。该学习情境的创设恰到好处，不觉让人称赞。

2. 郑玉嫦：情境呈现方式、呈现时机、呈现作用

生活情境的呈现方式是视频，呈现时机是课前时、引入时，呈现作用是提供资料。

科学探究情境的呈现方式是文字、图片、视频、实验，呈现时机是表达观点时和解决问题时，呈现作用是表达观点和解决问题。

学习情境的呈现方式是视频，呈现时机是课堂延伸时，呈现作用是建构知识。

闫老师在课堂三个环节中均用到了情境资源，且以不同的方式呈现。这增加了课堂的可视性，给同学们营造了丰富的视觉效果，使课堂变得生动、有趣、活泼。俗话说：兴趣是最好的老师。这样的课堂谁能不喜欢呢？

3. 魏莲花：情境的学科素养导向

（1）生活情境的学科素养导向：生命观念。生活情境体现出的大量饮酒，超出了一个生命体的承受能力，多余的酒精在身体内不能及时分解、排出，从而破坏了身体原有的内稳态，导致身体失衡，出现了一系列不正常的反应，甚至死亡。生活情境的应用体现出生命观念中的稳态与平衡观。

（2）科学探究情境的学科素养导向：探究实践、科学思维。科学探究情境通过学生分组亲自动手实验来进行探究实践。该实验分别设置了5%、10%、15%、20%四个浓度梯度的酒精溶液。在探究实践的过程中学生共分了12个组，每3个组做同一个浓度的酒精溶液，且每个组必须先在原生海水中计算心跳（对照组），然后再放在某一浓度的酒精海水溶液中计数心跳。闫老师在进行实验设计时，一步一步地循序渐进地引导学生来设计科学实验；在分析实验数据时，闫老师通过提问的方式让学生自主总结，得出结论。这些过程都高效地培养了学生的归纳与概括和创造性思维的科学思维。

此外，在进行科学探究的过程中，闫老师还进行了跨学科实践。用提前设定好的Excel表格来统计数据，使数据处理变得方便、快捷、准确。不得不说闫老师在进行教学设计时花了很多心思，下了很大的功夫。

（3）学习情境的学科素养导向：社会责任。学习情境的应用使整个课堂的内容得到拓展和延伸。通过观看情境视频，学生们明白了酗酒的危害不仅仅是做实验反馈出来的

问题，还会影响肝脏健康，从而使学生学会用科学的态度对待生活，养成健康的生活习惯。

（三）本次观察形成的结论

观察组老师经过集体探讨，得出有关情境资源应用的以下结论。

1. 注重情境资源的挖掘

情境资源种类极其丰富，获取渠道也多。教师在进行教学设计时，要精心、尽心地去挖掘与授课内容相关的情境资源，选出最有效的资源在课堂呈现。在授课的过程中，要遵循情境资源类型多样化、内容科学化、效果突显化三大原则。

2. 善于创设情境资源

在找不到现成的情境资源或者是现有的情境资源不足的情况下，教师要善于自主创设情境资源，可以拍视频、录微课、制作模型、绘制思维导图或示意图，甚至带实物进课堂。教师创设的情境资源还可以分享给其他人，达到资源共享，并感受分享的快乐。作为一名教师，既要"拿来主义"，也要懂得"分享"。

3. 情境资源与学科素养相结合

情境资源是用来服务课堂、落实学科素养的。如果达不到这样的标准，就是无效的资源，完全可以剔除。所以，在应用情境资源时，一定要详细地考量，该资源能够具体地落实哪一项学科素养，最终是否能达成相对应的目标要求。只有把这两者结合起来，才算是高效课堂。

附件： 课后分析报告

（一）课后反思报告

2021年9月，湛江市二中海东中学教研室接到广东省湛江市中小学实验说课的比赛通知。在科组老师的一致推荐下，由我代表我校生物组参加比赛。在整个备赛过程中，科组老师同心协力，认真积极开展课堂观察活动。课后，科组老师根据课堂观察表的记录情况，积极发表意见或建议。我就本创新实验课的反思如下。

1. 目标达成

本节创新实验课首先通过将生活中的真实案例以视频的形式导入实验的课题，激发了学生的求知欲和兴趣；然后在教师的引导下，指出课本实验实施的局限性；之后找到合适的实验动物，重新设计实验和实施实验；最后，又以视频的形式使本节课内容得到了拓展，构建了完整的知识体系。

在教学过程中，目标一主要指向核心素养的生命观念，但由于课堂时间有限和课型的限制，这个目标没有特别具体、详细的呈现，达成情况一般。目标二主要指向核心素养的探究实践；目标三主要指向核心素养的科学思维；目标四主要指向核心素养的社会责任。这三个目标达成得较好。

2. 教学行为

本节课主要采取的教学行为是问题探究式教学，即在教师创设的情境引导下，全部同学由讨论到实践，不断推进教学进程。教师在教学过程中，起到导航引领的作用，每一步的实施都是由学生自主实践完成，尤其是小组合作设计和实施实验的过程，体现了学生在学习过程中的主体地位。

在分组讨论设计实验的环节，我给了学生三连问：如何控制单一变量？如何设置对照？如何做重复实验？经过分组讨论，在每一个问题的回答上学生都能抓住关键点，找到突破口。老师再对一些细节做补充。最终把学生的想法和教师的补充分析综合、合理筛选，设计出科学、完善的实验方案。通过这种方法有效突破了本节课的重点、难点。

3. 课堂生成

本节课的课堂生成和老师的提前预设基本吻合。在课前，设计该改进实验时，我查阅了大量文献，然后多次进行预实验，对实验的每一个环节都做了充分的考量。在遇到无法逾越的难点时，向自己的同学和同行虚心请教，最终才促成这个创新实验的生成。

4. 感想

中学实验教学在实际教学过程中，确实存在很大的问题。一方面是学校重视程度不够、经费不足，实验教师欠缺等；另一方面是课本的实验存在不足。生物学是一门以实验为基础的学科，中学一线生物教师要创造条件开展有意义的实验课，让学生在实验的过程中获得学科的乐趣和增强学科自信。

（二）观察教师的观察结果、分析和教学建议

1. 观察点选点说明

情境资源的应用在生物学教学过程中运用较广，所以生物组全体教师在科组长、魏校长和杨主任的带领下，精心研讨，共同制定了情境资源应用的观察量表，具体要素包括情境类型、情境来源、情境等级层次、情境呈现方式、情境呈现时机、情境呈现作用、情境能力导向和情境的学科素养导向等；同时，对各观察点进行了简要的分析和说明，观察教师只需按照观察量表的要求，填写相应的选项即可。本节课安排了三位老师填表，且为每位观察老师分配了不同的观察内容。

2. 观察量表及观察结果说明

将三位观察教师的观察结果呈现在同一张观察量表上，具体内容见表 25-1。

表 25-1　生物学"情境"资源应用观课量表

记录时间	2021-9-10		记录人	杨水云、郑玉嫦、魏莲花		
授课课型	1. 新授课；2. 复习课；3. 讲评课；4. 实验课		4	情境一	情境二	情境三
情境类型	1. 生活、学习和实践情境；2. 科学探究情境；3. 生命科学史情境			1（生活情境）	2	1.（学习情境）

续表

情境来源	1. 现行教材；2. 其他版本教材；3. 大学教材；4. 文献；5. 习题；6. 其他（新闻报道、网络等）		6（新闻报道）	1、4	6（网络）
呈现方式	1. 实物；2. 模型；3. 实验；4. 视频；5. 表演；6. 图片；7. 文字；8. 口述；9. 其他		4	6、7、4、3	4
等级层次	1. 基础性；2. 综合性；3. 应用性；4. 创新性		2	4	1
呈现时机	1. 课前时引入；2. 过渡时引入；3. 解决问题时；4. 表达观点时；5. 阐述重点时；6. 突破难点时；7 课堂延伸时		1	4、3	7
呈现作用	1. 提供资料；2. 表达观点；3. 阐述重点；4. 突破难点；5. 解决问题；6. 建构知识	A. 达成；B. 基本达成；C. 未达成	1 B	2、5 A	6 A
能力导向	1. 理解能力；2. 实验探究能力；3. 解决问题能力；4. 创新能力	A. 达成；B. 基本达成；C. 未达成	1 B	2、4 A	3 A
学科素养导向	生命观念	1. 结构与功能观；2. 物质与能量观；3. 进化与适应观；4. 稳态与平衡观	A. 达成；B. 基本达成；C. 未达成	4 B		
	科学思维	1. 归纳与概括；2. 演绎与推理；3. 模型与建模；4. 批判性思维；5. 创造性思维	A. 达成；B. 基本达成；C. 未达成		1、5 A	
	探究实践	1. 科学探究；2. 跨学科实践	A. 达成；B. 基本达成；C. 未达成		1、2 A	
	社会责任	1. 科学态度；2. 健康意识；3. 责任意识	A. 达成；B. 基本达成；C. 未达成		1、2 A	

3. 观察结果分析及教学建议

（1）情境类型、来源、等级层次和能力导向。

结果分析：本节课运用的情境有三个，分属于不同的类型、来源、等级层次和能力导向。根据教学目标，每个情境指向的能力导向也非常具体，尤其是自主创设的情境，为该实验课的开展提供了依托。

教学建议：生活情境内容过于陈旧，说服力不够强，建议选择近三年的真实案例来

表述思想、表达观点；同时，网络课堂内容的选择一定要慎重，要保证内容的科学性和导向的正确性。（杨水云）

（2）情境呈现方式、情境呈现时机、情境呈现作用。

结果分析：闫老师分别在本节课开始、课中和课尾运用了情境，对应教学的三个环节，可谓呈现时机恰到好处，课程开始时用于导入，课中用于表达观点，课尾用于升华教学内容。

教学建议：有两个情境以视频的形式呈现，而且自主创设的探究实验情境也有微视频。视频数量的过分堆叠，会降低教学质量。所以，建议闫老师以更新颖的方式来表现情境，如建模、课堂演示等。（郑玉嬉）

（3）情境的学科素养导向。

结果分析：任何一个情境的应用都是用于落实学科素养的，本节课有三个学科素养的达成率较高，而另一个基本达成或未达成。科学探究情境的应用培养了学生的科学思维和探究实践能力，改进实验的设计以学生自主讨论为主，最终确定实验步骤；实施实验采取小组合作的形式，体现学生在课堂的主体地位。

教学建议：未达成的学习目标要找到根源，到底是学习目标的设置本身有问题，或者说有无必要去设置该目标，还是课堂生成出现了偏差。就我个人而言，我觉得第一个教学目标可以剔除。这节课本来就是实验课，应以实验为主，在一个导入视频上设置学习目标是不合情理的，建议闫老师再认真考虑一下。（魏莲花）

课例十一　篮球技战术组合：持球突破与掩护配合

鲁嘉杰

一、背景

1. 授课教师

鲁嘉杰，男，教龄4年，具有过硬的专业能力。从教以来，教学业绩显著，在教学中重视学生的主体地位，发挥教师的指导作用。

2. 教学主题

篮球技战术组合："持球突破为主，掩护配合为辅"。

3. 观课教师

潘素平、郭元博、张洋、肖海雄、关晰文、陈明裕、陈宇梅、杨玉梅。

4. 活动背景

2020年12月，第九届全国中小学优秀体育与健康课教学观摩展示交流活动。

二、课前会议

时间：2020年11月15日上午第三节课。

（一）教师说课

1. 教材分析

篮球运动趣味性强、集体性强、竞争性强，能够培养学生团结协作、积极进取、努力拼搏的精神，也是学生特别喜欢的运动项目之一。根据本阶段学生的身体心理发展特点，本课选择"持球突破为主，掩护配合为辅"为教学主题。持球突破技术是篮球比赛中运用最多的技术之一，也是最基本的技术之一；掩护配合技术是篮球战术中最常见的也是最实用的。针对主教材持球突破是第一次学习，动作的完整、正确示范非常重要，要做到动作规范、姿态优美、幅度大、节奏感强，动作要领讲解精炼、准确，突出动作技术的重难点。技术组成：蹬跨—转体探肩—推放球—加速。

2. 学生情况

本次授课对象是高一年级的学生，篮球运动是最受高中学生喜爱的运动项目。高一的学生大多有一定的篮球运动基础，在平时的实战中偶尔也会运用一些篮球战术。本次课的授课内容——持球突破与掩护配合，在实战中是使用频率非常高的一个战术组合。高一的学生有较强的思维能力、模仿能力，可塑造性强、喜欢竞争、乐于表现，但是，高一女生基础薄弱,需要耐心细致教学。在组织教学中,如何在照顾大多数学生的同时兼顾部分基础差的学生,让每个学生在课堂中都能有所收获是本节课需要解决的难题。

3. 学习目标

根据教学的难易程度和学生情况的特点,本课预设以下三个目标。

(1) 认知目标:通过组合运用展示,学生基本掌握篮球持球突破技术的要点,了解其在篮球运动中的作用。

(2) 技能目标:采用自主、合作探究学习和教学比赛等方式,让大部分学生掌握持球突破技术,并在比赛中较好地运用挂球突破和掩护配合技术。

(3) 情感目标:通过合作探究学习和教学比赛,建立和谐的人际关系,培养学生积极进取、遵守规则、团结协作等体育品德。

4. 教学重难点

(1) 教学重点:蹬跨有力,上步快,抢占有利位置。

(2) 教学难点:运球与脚步结合。

5. 教学方法

根据新课标要求,结合学生的实际情况,本节课主要采用以下教学方法。

(1) 教法:示范讲解法、分层递进教学法、纠错法等。

(2) 学法:模仿练习、分组练习、合作探究学习等。

6. 教学流程设计

(1) 准备部分。

1) 课堂常规。设计意图:让学生明确本节课的内容和学习目标。

2) 慢跑与配乐篮球操练习。设计意图:利用篮球编成球操,提高身体兴奋性、预防运动伤害,为接下来的练习做铺垫,并激发学生的学习兴趣。

(2) 基本部分。

1) 老师技战术展示并提问。设计意图:通过教师的技战术展示,提高学生的观察思考能力,引导学生主动参与学习,建立动作初步印象。

2) 教师讲解示范动作(右手)。设计意图:通过观察教师的动作,让学生仔细观察发现问题,提出问题,教师从中引出这节课学习内容,篮球持球突破技术的动作要领,并建立正确技术动作概念,充分发挥学生集体智慧,培养学生观察思考能力。

3) 第一次练习:一个口令一个动作分解练习。设计意图:引导学生体验"蹬跨—转体探肩—推放球",强化教学重点的掌握,重点解决本课教学难点——运球与脚步结合,让学生循序渐进掌握动作要领,培养学生控球能力。

4) 第二次练习:二人一组自由练习并探究左边方持球突破。设计意图:让学生进一步掌握(右边)持球突破的学习,明确动作要领,并尝试相互合作,练习左边的持球突破。同时分层练习,鼓励引导掌握技术不够好的学生进一步提高,掌握技术较好的学生进行自我挑战。

5) 第三次练习:分组进行过障碍物上篮或者投篮。设计意图:利用障碍物引导学生持球突破并进行上篮或者投篮,鼓励掌握技术不够好的学生进一步提高,掌握技术较好的学生进行自我挑战。

6）教学比赛。设计意图：学以致用，体验成功乐趣，同时进行分层教学，让学生能够更好地掌握持球突破技术。

7）体能训练。设计意图：增强身体素质，使学生身心都得到适当的锻炼。

（3）结束部分。

1）放松操。设计意图：消除疲劳，恢复身心健康。

2）总结评价。设计意图：进一步明确本课的重难点，加深学习印象，进行课后拓展。

7. 场地器材

场地器材：篮球场 2 个、篮球 40 个、标准杆 8 个、呼啦圈 4 个、音箱 1 台。

（二）与观课教师的交流与点评

肖海雄老师：本次课主要采用教师的启发指导，学生反复练习的教学策略，发展学生的个性，充分发挥学生的主体作用，运用自主练习手段，由简单到复杂，由两人到多人，通过小组合作学习、小组对抗比赛，达到教学目标。这堂课既引起了学生的学习兴趣，又陶冶了学生的情操。

关晰文老师：教师的篮球讲解示范技术动作到位，学生积极练习，虽然一些学生篮球技术欠缺，但是练习热情高涨，能够在学中玩，玩中学，课堂气氛活跃，较好地完成了教学任务。不足之处是未突出学生的分层练习。

陈明裕老师：在组织教学中，如何在照顾大多数同学的同时又兼顾部分基础差的同学是本节课的难点。持球突破技术是篮球比赛中运用最多的技术之一，也是最基本的技术之一，掩护配合是篮球战术中最常见的，也是最实用的。

张洋老师：鲁嘉杰老师的篮球技战术组合这堂课，能够以"健康第一"为指导思想，依据《义务教育体育与健康课程标准（2022年版）》水平五的精神，构建"以学生为主体"的教学模式，充分发挥了老师的主导作用，同时又突出了学生的主体地位。因此，整堂课学生练习的积极性和热情很高，充分发挥了学生的主观能动性，学生的生理、心理也得到一定锻炼，很好地完成了预期的教学目标。

陈宇梅老师：本节课的突出优点有两点。一是运用循序渐进教学法，通过三次练习，层层深入，引导学生基本掌握篮球持球突破的动作要领。二是关注个体差异与不同需求，注重激发学生学习兴趣，采用富有吸引力的分层分组挑战练习，注重学生对篮球持球突破的掌握和运用。

郭元博老师：高一的学生，男生与女生的学情两极分化，本次课需要兼顾两者，让每个学生在课堂中都能有所收获是本节课需要解决的难题。在本次课的设计上，每一个练习手段都在围绕着重难点去开展，基础差的学生能够学会循序渐进，加强控球能力；基础好的学生进一步掌握持球突破的学习，明确动作要领。同时，分层练习鼓励掌握技术不够好的学生进一步提高，掌握技术较好的学生进行自我挑战。采用自主、合作探究学习和教学比赛是本节课的亮点。

潘素平老师：教师在教学中重视学生的主体地位，运用简单有效的游戏、比赛方式，让学生在愉快、和谐的教学氛围中进行合作学习。本次课特别强调学生"动起来"和同学之间的合作练习，在掌握技术动作的同时，努力提高学生的集体荣誉感和团队协作能力，使每个学生学有所得，这种生生互动的信息传递与动态配合也为今后进行篮球运动学习起到了较好的启发作用。本节课学生在学习过程中还比较拘谨，个别学生对于持球突破运球与脚步的结合理解不到位。

（三）与观课教师讨论后确定的观察点

（1）学生学习：学习目标达成（郭元博、关晰文、肖海雄、杨玉梅）。
（2）课程性质：课堂情境的创设和利用（潘素平、陈明裕、张洋、陈宇梅）。

三、课中观察

时间：2020年11月15日下午第二节课。

（一）观察工具

观察表、摄像机。

（二）观察位置的选择

根据本节课程的结构特征、观察点，以及学生的总和考量，观察者的观察位置如图26-1所示。

注：■为授课教师，★为学生，●为观课老师

图26-1 教师课堂观察位置分布

（三）观察过程

课前：观察者进入场地，按照之前安排的位置站着。需要观察学习目标和学生活动的老师，提前与学优生、学困生进行一定的交流。

课中：各观察点老师通过观察教师陈述或学生活动，认真填写观察表的相关数据，及时给予评价。

课后：郭老师随机发放了20份调查问卷，全部收回，当即统计并进行分析。其他观察者整理观察量表各项数据，与同伴交流，撰写观察报告，为课后会议做好准备。

"三步五环成长+"课堂评价理论与实践

四、课后会议

时间：2020年11月15日下午第三节课。

（一）课后反思

本课以"健康第一"为指导思想，依据《义务教育体育与健康课程标准（2022年版）》水平五的精神，构建"以学生为主体"的教学模式，教学效果好。本节课的教学主要体现以下特点：一是运用循序渐进教学法，通过三次练习，层层深入，引导学生基本掌握篮球持球突破的动作要领；二是关注个体差异与不同需求，注重激发学生学习兴趣，采用富有吸引力的分层分组挑战练习，注重学生对篮球持球突破的掌握和运用；三是教师在教学中重视学生的主体地位，运用简单有效的游戏、比赛方式，让学生在愉快和谐的教学氛围中进行合作学习；四是特别强调学生"动起来"和同学之间的合作练习，在掌握技术动作的同时努力提高学生的集体荣誉感和团队协作能力，使每个学生学有所得，这种生生互动的信息传递与动态配合也为今后进行篮球运动学习起了较好的启发作用。

（二）观课教师简要报告观察结果

听课教师根据观察记录分组对鲁老师的课进行评价，由组长提出具体的意见反馈。

1. **学生学习：学习目标达成**

郭元博：我们组观察的是学习目标达成。

我记录了三个教学环节的学习目标，鲁老师将课程标准和学科教学指导意见上的教学目标转化成具体的表现性教学目标，让学生能够明确知道学习目标并且这些目标都得到了较好的落实。从观察结果来看，两人一组的训练中，学习目标落实情况效果最好；可能是因为难度比较大，在两人一组迎面练习左边交叉步中，关于弱侧手有部分学生没有明白，大部分的学生在这一方面就很难突破，希望以后能够继续在课堂上慢慢渗透，多加强弱侧手练习。本节课教学目标是通过教师展示、小组讨论等方式呈现，学生兴趣很大，讨论积极，这说明目标落实方式适切性高，但遗憾的是时间有限，影响了学生的讨论时间，因此，今后的课堂需要适当调整。

2. **课程性质：课堂情境的创设和利用**

潘素平：我们组观察的是课堂情境的创设和利用。

我从创设的情境能否引起学生学习的兴趣并保持关注，师生能否充分利用情境达成学习目标，情境创设与学习目标的适合度等方面进行了观察。

利用教师展示、视频等方式来创设情境，为学生的学习搭建思维的支架，为交流相互探究提供平台，是本节课的一大特色。从学生的反应以及相关交流情况来看，基本全部学生都参与其中，这些情境很好地激发了学生的学习兴趣。尤其是在观看教师展示时，学生不时发出惊叹声。本次情境设计形式多样，除了有知识性学习目标的理解和应用层次，例如练习中的训练，还有实战中的运用，培养了学生良好的学习态度和社会责任的学科核心素养。

本节课情境创设虽然比较出彩，但是占据了比较多的课堂时间，因此留给学生进行相互交流和体能训练的时间就很少，导致最后比较仓促地结束了课堂。建议在今后的课堂中创设一个更加完整的情境，把整节课串起来，这样更有利于学生的学习。

（三）观察形成的结论

1. 亮点

观察教师根据三个目标"认知目标、技能目标、情感目标"，选择有针对性的观测点。本节课中，在老师引导作用的充分发挥下，学生的主体地位得以凸显，练习积极性和热情很高，充分发挥了学生的主观能动性，因此，学生的生理、心理得到一定的锻炼，很好地达成了教学目标。教学环节衔接流畅，条理清晰，结构严谨。在练习中，教师遵循循序渐进原则，层层深入，逐渐加大练习难度。在课堂中，教师及时发现学生错误动作并给予纠正，给学生做准确、优美的示范动作。练习分小组进行，既能培养学生的自学能力、互帮互助的团队精神，又能提高合作能力，使学生在轻松愉快的气氛中学习，真正做到"乐中学，学中乐"。

2. 不足之处

本节课学生在学习过程中还比较拘谨，个别学生对于持球突破运球与脚步的结合理解不到位。总而言之，这节课的教学内容、组织方式、设计思路都体现了体育新课标的理念。本节课不仅锻炼了学生体能，还学习了技能，并抓住时机培养了学生互帮互助互学的团队精神和合作能力。

附件：课后分析报告

（一）课后反思报告

2020年11月15日下午第三节课，在第九届全国中小学优秀体育与健康课教学观摩展示交流活动中，我承担了活动课例的任务，科组内的老师进行观课，并尝试利用科组内之前制定的观察表。本节课还有一个任务，即完善本节课的教学设计作为科组课题的课例。在课后会议上，各位老师根据观察记录表记录的情况发表意见。我认真聆听，虚心接受同事提出的各种意见和建议。课后，我从以下两个方面对本节课进行回顾与反思。

1. 反思课堂学习目标的达成

本课选择"持球突破为主，掩护配合为辅"为教学内容，通过创设情境和活动，以教师展示驱动学生的学习，相互交流探讨、动脑思考、动手模仿，来实现本节课的学习目标。不同环节通过不同的练习方式来落实目标，以两人一组进行持球突破与掩护配合来检验目标的达成情况。通过观察老师的报告，学生本节课的课堂学习目标达成情况比较良好，教学难点是运球与脚步的结合以及与队员之间的配合，结果显示，大部分的同学只是基本理解。经过实际检验，本节课的学习目标设置得偏多，并且在前面讲解简单内容时，花的时间太多，导致后面的学习目标的落实时间不够，所以本节课的学习目标要适当进行删减。

2. 反思课堂情境的创设和利用

本节课是通过学生感兴趣的运动、教师展示、视频来抓住学生的眼球，让学生快速投入到篮球学习当中，并且让学生在整节课当中不会有"懈怠期"。但本节课情境较多，耗费的时间也比较长，这样会导致每个情境的利用率下降，有些情境没有得到充分利用，也没有深入研究，每个环节都是一个单独的情境，这样显得不够连贯，或许可以选择一个情境串起学习的多个知识点，从而加强教学设计的整体性。同时，更应该把教学重点放在核心素养的情境创设上，充分利用情境来促进核心目标的达成。

（二）学习目标的达成

展示教学目标是重要的教学环节。在课堂教学中，展示教学目标能使教师的教和学生的学有一个统一明确的要求，使学生的学有目标、有方向。现在学习目标的设定以及目标达成的环节，也需要体现体育学科的核心素养，这也是重要的评价标准。

在课前会议之前，我和鲁嘉杰老师进行了课堂内容讨论。通过教案可知，鲁老师整堂课的教学设计以教师的自我展示、相互探讨交流等为一条主线串联起来，力图通过创设情境和活动，以视觉和提问驱动学生的学习；试图通过动眼观察、动手模仿、动脑思考、模仿表达来实现本节课的学习目标，同时也为目标的达成预设了丰富的途径。在这样的背景下，从学生学习目标达成这个观察点去观察课堂是可行的，故我结合科组原来的课堂教学评价表——教学目标的设计与达成，以及本节课的实际环节设定了体育课堂教学评价表（见表26－1、表26－2）。

表26－1 评价标准

一级指标	二级指标	指标说明	记录说明
活动设计	A1. 活动内容	教师设计活动内容	在课前会议中，按教学顺序以"1""2"等编号记录在观察量表"活动内容"区域
	A2. 活动目标	活动为了实现哪些学习目标	在课前会议中，将整节课的学习目标以"①""②"等编号记录在观察量表"学习目标"区域。课堂观察时，将这些编号写在对应位置
	A3. 素养导向	活动促进学生哪种核心素养的培养	A. 运动能力；B. 健康行为；C. 体育品德；D. 其他
	A4. 活动方式	活动以什么方式开展	A. 小组讨论；B. 小组展示；C. 分组练习；D. 课堂游戏；E. 其他
	A5. 适切性	活动设计与学习目标是否适配	A. 适合；B. 一般；C. 不适合

续表

一级指标	二级指标	指标说明	记录说明
活动效果	E1. 活动氛围	大部分学生的情绪状态	A. 兴奋；B. 一般；C. 沉闷
	E2. 活动时长	活动从开始到结束所用时长	A. 3 分钟以内；B. 3~5 分钟；C. 5~10 分钟；D. 10~15 分钟
	E3. 师生互动	活动中教师指导的程度	A. 明确指导；B. 一般；C. 无指导（学生自主）
	E4. 生生互动	活动中学生之间的相互协作程度	A. 相互协作；B. 一般；C. 无协作
	E5. 目标达成	活动中学习目标的达成情况	A. 达成；B. 基本达成；C. 未达成

表 26-2　观察量表

课题：篮球技战术组合——持球突破与掩护配合									
班级：高一（1）班			授课时间：2020-11-15			类别：球类			
课型：新授课			被观察者：鲁嘉杰			观察者：潘素平、郭元博、张洋、肖海雄、关晞文、陈明裕、陈宇梅			
活动设计					活动效果				
A1.活动内容	A2.活动目标	A3.素养导向	A4.活动方式	A5.适切性	E1.活动氛围	E2.活动时长	E3.师生互动	E4.生生互动	E5.目标达成
1	①	ABCD	CD	A	A	B	A	A	A
2	②	ABCD	CD	A	A	B	B	A	B
3	③	ABCD	CD	A	A	B	A	B	A
4	④	ABCD	CD	A	A	B	B	A	B
5	⑤	ABCD	CD	A	A	B	A	B	A
6	⑥	ABCD	CD	A	A	B	A	A	A

以下内容请在课前会议完成	课后会议记录
1. 活动内容：篮球技战术组合——持球突破与掩护配合 2. 活动目标： （1）认知目标：通过组合的学习和运用，让学生了解篮球持球突破技术要点及其在篮球运动中的作用； （2）技能目标：采用自主、合作探究学习和教学比赛，重点让 80% 以上的学生基本掌握持球突破技术，并把持球突破、掩护配合战术组合较好地运用到实战中去； （3）情感目标：通过合作探究学习和教学比赛，建立和谐的人际关系，培养学生积极进取、遵守规则、团结协作等体育品德	

（郭元博）

课例十二　局域网的组建方案

陈绍志

一、背景

1. 授课教师

陈绍志，男，教龄 18 年，具有过硬的专业能力，教学业绩显著，曾多次带领学生参加省市科技创新大赛、电脑科技比赛并获得优异成绩，具有较强的实践和理论经验，善于突破传统课堂教学模式。

2. 教学主题

"局域网的组建方案"（广东教育出版社高中《信息技术》必修二网络基础第二章第一节）。

3. 观课教师

梁志鹏、林嘉静、程小梅、陈海由。

4. 活动背景

2023 年 6 月，湛江市二中海东中学开展学科研修活动，全校教师参加此次活动。教研主题为以参加省市基础教育精品课比赛为契机，提高教师课堂教学能力。

二、课前会议

时间：2023 年 6 月 20 日下午。

（一）教师说课

1. 教材分析

本节是粤教版高中《信息技术》必修二网络基础第二章"通信网络的组建和维护"的第一节。本节的主要内容是如何组建局域网，组建局域网必要的网络设备及其功能，局域网络的概念及标准，并探究局域网的优缺点，让学生最终能为家庭或小型办公室建立局域网，提升学生的网络操作能力。

2. 学生情况

高二学生接触过计算机网络，积累了一定的网络基础知识和计算机使用技能，对笔记本电脑、手机等无线上网设备的使用也有一定经验。但是，他们对网络概念的知识比较粗浅，大多数学生还停留在"网络就是上网"的认识上，大部分学生对组建局域网知识一无所知。不过在教师的引导下，结合教材的操作提示，他们还是可以通过动手操作来认知网络概念，获得组网技能和技术。高中的学生已经有一定的逻辑思维能力，能按照操作要求独立进行计算机软件操作，具备配置路由器的能力。路由器及路由器参数设置涉及专业术语，同时配置路由器的步骤较为烦琐，教材做了术语解释和操作分步说明。在教师的指导下，学生先按顺序阅读，再按步骤操作，是能理解、掌握这一知识的。对部分缺乏电工操作训练、不会使用钳子、不会使用电工工具的学生，制作网线存在一定的困难，教师可用演示教学等方法，让学生模仿练习，激发学生的学习热情和学习兴趣，让学生知难而上，强化训练，学会操作，提高动手能力。

3. 学习目标

（1）了解双绞线的标准线序（对等线与交叉线），并尝试交叉线的制作。

（2）熟悉网卡，了解网卡的用途，并尝试进行安装。

（3）理解网络组建所需要的硬件设备以及网络协议的配置。

（4）学会简单对等网的组建。

4. 教学重难点

（1）教学重点：①双绞线的制作；②网络的配置；③网络组建的基本思想。

（2）教学难点：①对等线与交叉线之间的区别与制作方式；②网络的配置和测试。

5. 教学方法

利用信息技术扩大学情分析范围，丰富学情分析形式，提升学情分析效率。采用互动教学模式，采用任务驱动的教学方法，让学生先自主学习，再通过老师示范、课堂协作动手实践，提高学生的信息化能力。紧密结合生活情境的需求，以情景模拟法，分组进行不同内容的情景演示，强化学生认知、合作能力，培养学生用所学知识解决实际问题的职业能力。

6. 教学设计环节

（1）创设情景，引起学生的学习兴趣。

（2）了解双机互连的各种方法。

（3）确定网络连接的方案。

（4）了解网线制作的方法。

（5）网线钳的使用，交叉线的制作。

（6）网络的配置。

（7）网络的测试。

7. 创新和困惑之处

（1）创新之处：整体教学思路环环相扣，层层递进。通过现场组建简单的局域网，制作双绞线，网络设备连接，网络配置，测试网络最终实现网络打印、文件共享、邮件发送等网络功能。

（2）困惑之处：本节课的重点是双绞线的制作和通过网络配置最终实现局域网的功能。由于这是多数学生第一次接触制作工具，学生的动手实践能力较差，因此，完成双绞线的制作有一定的难度，这可能会导致整个教学过程无法完成。所以，教师必须控制好课堂节奏，如何让学生在预定的时间范围内完成双绞线的制作，这对教师提出了很高的要求。

"三步五环成长+"课堂评价理论与实践

（二）授课教师与观课教师的交流

程小梅：听了说课内容，本节课的重难点在于双绞线的制作和网络的配置最终要实现局域网的功能，这将会占用大部分的时间，所以讲述理论知识（例如局域网的定义、局域网实现的功能、对等网的定义等知识）可能会很快。日后的期中、期末考试主要考察的还是学生的理论知识，那么如何提高"应试"的能力。

陈绍志：这节课的重点基本都在实操部分，会占用大部分的课堂时间，理论、答题的知识讲解的时间比较少。但是个人觉得现代的学生应该具备实践的能力，应将所学知识应用于日常的生活，例如，家中的网线被老鼠咬断了，只懂得理论知识是无法用所学东西去解决问题的。《信息技术》这一学科是一门技术的学科，应试的现实也是存在，我将在课后布置相关的知识点作为下节课的课前考核内容来增强学生的理论知识。

程小梅：对的，可以通过布置课后作业来提高应试能力，下节课还是要进行课前考核，毕竟本学科在全市的学业水平测试模式还是以笔试为主，学生对本学科并不会投入太多的时间去实践，可以通过考核来促进学生的记忆。

梁志鹏：在这节课中老师将在现场制作双绞线、连接网络设备、网络配置，最终实现简单局域网的功能。因为是现场制作，老师操作比较熟练，边讲边做，但课堂的时间有限，我担心学生会在观看的时候跟不上节奏，某些步骤没有看清，从而无法进行下一步操作，最终影响整节课的内容和课堂的效果。

陈绍志：梁老师的提醒很好，确实存在这种问题。为什么要选用现场制作双绞线、连接设备、配置参数？我的考虑有两点：第一，这样可以更加直观地看到效果，从而最大限度提高学生的学习兴趣；第二，其实连接设备、配置参数这个操作相对简单，只是在制作双绞线时，可能会产生很大的困难，现场展示制作双绞线的好处在于，可以很直观地展示压接双绞线的三点注意事项。①在切断外线皮的时候，用的力度和调节切割刀的角度，如果运用不当将会导致双绞线的内线线皮被切割、破坏。②整体双绞线的线序必须拉直，切割齐头的时候容易导致线序错位，出现切割不平的现象。③穿入水晶头的时候必须再次检查线序，在压接水晶头的时候必须压接紧，或者采用两次压接，如果个别线脱落将导致测线不通。就梁老师提出的担心学生跟不上老师的节奏这个问题，我想采用录制微课的形式来解决，将微课下发给学生，这样学生在制作的时候可以反复地观看操作步骤。

林嘉静：制作微课是个很好的方法，学生可以多次、反复地看微课来跟着视频的步骤制作。因为我们能提供的材料和工具是有限的，学生在实操的时候可能仅仅是几个学生能有机会操作，而其他学生则可以观看微课复习接线的步骤，参与到制作的过程中。我就此提出另外一个问题，本节课以实操为主，教学的进程环环相扣，任何一个环节不完成就无法进行下一步，因为学生毕竟是第一次使用工具，动手能力较差，很有可能学生无法制作出双绞线，那么如何进行下面的步骤？

陈绍志：这个担心确实会有，经过我们讨论，采取三种补救措施。①我们将制作难度降低，给学生提供的双绞线预先已做好了另外一头，这样学生只需要制作一个双绞线即可。②准备好相应数量的已经完成的双绞线，如果时间到了实在无法完成制作，就提供给学生，以便继续进行下面的步骤。③选用五类不带屏蔽层的双绞线，学生在制作的时候相对容易切割、整理线序。

陈海由：为了能完整地完成本节课的内容，课前还是要做好相应的保障。我是一名通用技术教师，通用技术学科更加注重的是学生的实践能力。我们不仅要注重学生的理论知识，还要加强学生实操，可以在相应时间段开放科创实验室，提供相应的材料，让学生在课余时间来操作，老师做好相应的辅导。

（三）陈老师与观察教师讨论后确定的观察点

（1）课堂观察：课堂活动与教学目标的达成（梁志鹏）。
（2）目标达成：教学问题的有效性（程小梅）。
（3）学生活动：学生操作的有效性（陈海由）。
（4）教师教学：反馈课堂检测（林嘉静）。

三、课中观察

时间：2023年6月21日上午第五节课。

（一）观察工具

观察记录、录像机、直播设备。

（二）观察位置

梁志鹏、程小梅、陈海由、林嘉静为主要观课教师，为了减少对课堂的干扰，四位老师选坐在学生旁的空置机位进行观察，其他非本学科观课老师通过直播设备在隔壁教室进行观察。

四、课后会议

时间：2023年6月21日下午第六节课。

（一）课后反思

1．课程标准分析

《普通高中信息技术课程标准》明确指出：普通高中信息技术课程旨在全面提升学生信息素养；课程要兼重理论学习和实践应用，通过丰富多样的任务情境，鼓励学生在数字化环境中学习和实践；要结合学生已有的学习经验和将要经历的社会生活，在课程中嵌入与信息技术相关的社会现实问题和情境。

"局域网的组建方案"这节课，在新课程中属于必修模块二"网络基础"中的第二单元"通信网络的组建和维护"，课程标准要求学生在观察日常生活中的信息系统基础上，理解计算机网络在信息系统中的作用，通过组建小型局域网网络，了解常见网络设备的功能，了解接入方式、带宽等因素对信息系统的影响。课程标准要求学生既理解理论知识，又具备一定的动手操作能力。

2. 学习目标描述

通过学习本节课能提高学生分析问题、解决问题及动手操作的能力，除此之外，在授课过程中要注意提高学生的信息安全意识，比如提醒学生共享信息资源时注意设置登录账号、密码及访问权限；还要注意引导学生发散思维解决问题，例如，文件资源共享既可以采用局域网内共享，还可以借助因特网的各种应用服务实现共享。

3. 学习目标达成

学生通过学习，深刻地感受到了网络技术的优越性，也领略到了学习的乐趣和自我提升的重要性。

学生动手操作，深刻理解路由器、交换机、网卡等网络设备的作用和基本原理，掌握配置方法以及网络拓扑的实现方式。本次课学生的收获主要有三点。①网络设置 TCP/IP 地址的设置方法、网络工作组的更改、ping 命令的使用及共享打印机的设置与访问等知识点。②在网络拓扑的设计中，需要考虑如何构建合理的网络拓扑，根据业务需求和网络规划设计出科学、简洁、高效的网络拓扑。在实践中，结合实际情况进行网络拓扑设计，拓展内容学习网段划分、IP 地址规划等技能，提升自己的系统设计能力。③制作双绞线，教师边示范边讲解，拉进了师生之间的距离，加上关键步骤的重点解说，便于学生模仿制作；学生通过微视频学习相关知识，提高了学生学习的自主能动性，再让学生示范操作，从理论学习到实践操作，加深学习理解。在团队合作中，学习了如何分工合作，如何协作完成任务，如何提高社交能力。

4. 学习目标检测

本节课有两点遗憾：①提问形式单一、覆盖面不广，学生回答口语化，未正确使用学科专业术语；②学生实操因为场地、器材数量的限制，参与度不高。

（二）观课教师简要报告观察结果

本科组教师根据课堂学习目标达成评价表和观察记录，对授课教师的课进行评价，并提出具体的意见反馈。

1. 课堂观察：课堂活动与教学目标的达成

梁志鹏：我们组观察的是学习目标的达成。

本节课教学设计适宜，大部分学生能按照学习目标较好地完成。在前面的环节通过情景创设，很快就将学生拉入到课堂，课堂气氛活跃，学生回答问题积极，准确率较高。尽管学生回答多采用口语化叙述，但是教师在课堂上积极引导学生用学科专业术语简洁明了地回答。该课程的理论知识相对抽象，难于理解，学生表达观点有知识性的错误，建议课堂上先让学生进行小组讨论和交流，提升学生的思维能力，再通过加强课后的练习来掌握概念性的知识。

2. 目标达成：教学问题的有效性

程小梅：我们组观察的是教学问题的有效性。

课堂理论知识点通过两个微课，将枯燥的概念有趣地呈现。本节课主要通过实操完成整个简单局域网的搭建，教师在其中起到穿针引线的作用。学生通过实际的搭建过程来掌握基本网络设备的作用、使用和配置方法，网络拓扑结构的合理性设计，以及制作双绞线的方法和注意事项等。

3. 学生活动：学生操作的有效性

陈海由：我们组观察的是学生操作的有效性。

课堂实操设计完整，层层递进，教师通过现场演示和微课的方式推动学生的学习和实操。正如课前讨论的一样，这是多数学生第一次接触制作工具、网络设备等，对其十分陌生，学生缺乏动手能力，再加上课堂时间有限制，可操作的时间较少，学生在制作过程中，每一步都要反复观看微课，大部分的小组都没有完成双绞线的制作。制作失败的原因主要有两点：①双绞线没有剪齐，手抓双绞线不稳，穿入水晶头时发生错乱，不断地重复操作；②压线时手法不对，导致个别线未被压实，测线出现断线、掉线的现象。所有小组最终还是使用了老师提前准备好的成品双绞线。后面阶段学生连接设备、设置网络参数相对简单，基本完成，最终组网成功。

4. 教师教学：反馈课堂检测

林嘉静：我们组观察的是课堂检测是否落实学习目标。

作业是课堂理论知识的巩固和延续。为了让学生学有所得，建议从答题的形式上做相应的优化，辅助教师快速了解学情，在下次课加强针对性。

（三）本次观察形成的结论

本节课的理论知识相对较抽象，难于理解，但纵观本节课的整个教学过程，设置的教学目标清晰，学生的学习线索清晰，学生的学习兴趣较高，课堂互动充实，富有活力，学生在学习活动中获得了新知识，达到了预期的教学效果。本节课的成功主要得益于：充分考虑学生的学情，创设了引导学生学习的情景，对于抽象而枯燥的概念一带而过，而对于教学大纲要求的知识与技能，则采用灵活多样的技巧，避开一些生硬的转换，从而节省了学生的学习时间，提高了学生的学习效率。

课例十三　文化游园大揭秘　海油精神共传承

钟倩颖　陈　盼　邱芬慧

一、背景

1. 授课教师

钟倩颖，女，中小学二级教师，综合实践学科教龄 4 年，有一定的创新能力，善于创设与运用情境教学。陈盼，女，中小学二级教师，从教综合实践学科 4 年，教学素养较好，熟悉"互动生态"课堂教学模式，能大胆地突破传统课堂教学模式。

2. 教学主题

"文化游园大揭秘　海油精神共传承"——湛江市二中海东中学海洋石油文化园研学实践课（来源于学校开发的七年级综合实践活动校本课程"文化游园大揭秘　海油精神共传承"第六课时）。

3. 观课教师

邱芬慧、陈海由、李艳跃、李玲。

4. 活动背景

2023 年 4 月 22 日，湛江市二中海东中学举办教学开放日活动，此次研讨活动课作为湛江市劳动教育特色示范校特色课程，得到了 100 多名中学骨干教师的观摩。本次教研主题是"观察课堂学习目标的预设、生成和达成"。

二、课前会议

时间：2023 年 4 月 21 日上午第四节课。

（一）教师说课

1. 课程背景

课程主题为"文化游园大揭秘 海油精神共传承"，共七个课时，旨在利用我校海洋石油文化园的教学资源，以地理模型、人物雕像、石油开采装备等学习资源为基础，以学生参观、调查、研究、角色体验等形式为主，结合七年级学生的认知能力与本地实际开发的校本课程，引导学生关注石油能源以及我国石油事业的发展，从中领悟石油精神，传承红色基因，培养学生的科学精神、学会学习、实践创新、责任担当等优秀品格与关键能力。

2. 学情分析

经过第一学期综合实践学科的学习，初一（2）班的学生具有一定的小组合作经验，有运用信息技术收集相关资料的经验，而且该班学生整体学习能力较强，学生积极主动性较高，能主动承担活动任务，课堂氛围活跃，非常适合开展此次研学实践活动。但由于本节课的一些相关知识涉及物理、地理学科专业知识，学生理解起来较为困难，需要老师多加以引导，对学生的活动设计内容严格把关。

3. 目标定位

（1）价值体认：通过本课学习，感悟以"爱国"为底色的海油精神，理解科学技术是第一生产力，创新是引领发展的第一动力，坚定努力向学、报效祖国的理想信念，争做新时代好少年。

（2）责任担当：能够正确认识个人发展与国家前途命运的关系，以先进人物为榜样，努力成为担当民族复兴大任的时代新人。

（3）问题解决：理解向斜、背斜概念，通过水油分离实验探究向斜、背斜哪一种是良好的储油构造。通过讲解员的讲解与展示，了解磕头机各部件名称及其工作原理。

（4）创意物化：各小组学生成员根据小组研学主题设计研学任务，与其他小组学生进行互动，并在教学开放日向嘉宾展示整个研学活动。

4. 教学重点与难点

（1）教学重点：实验探究向斜、背斜地理构造哪一种是良好的储油构造，以及理解磕头机构造及其工作原理等相关石油知识。

（2）教学难点：感悟以爱国主义为底色的海油精神，理解科技是第一生产力，创新是引领发展的第一动力。

5. 教学方法

本课采用大单元教学，以学生进入海洋石油文化园开展研学实践活动这一线索贯穿课堂，学生在两位老师的引导下，将自主学习、小组合作、探究实践相结合，完成本节课的研学任务。

6. 过程环节设计

（1）环节一：活动介绍。教师简要介绍本次研学活动安排、研学注意事项、研学活动要求。学生通过阅读研学手册，了解活动要求，明确活动任务、活动规则，提前进入研学活动状态。

（2）环节二："努力向学，蔚为国用"——为中国甩掉"贫油国"的帽子。本环节在整个研学活动中起到提纲挈领的作用，以李四光先生的生平事迹为切口，让学生从侧面了解中华人民共和国成立初期中国石油事业发展状况。以"努力向学，蔚为国用"为主线，在故事中感悟李四光先生潜心科研、矢志报国的科学家精神。

（3）环节三：储油构造——向斜与背斜。在这一环节，讲解员为大家讲解向斜、背斜的概念，并帮助学生在地理模型剖面图中找出向斜和背斜的造型图。最后，学生通过水油分离实验，了解为什么背斜是更好的储油构造。

（4）环节四：沙漠中的提款机——磕头机的构造及其工作原理。在本环节，讲解员向大家提供磕头机构造图，学生通过观察图片将磕头机部件名称贴到模型相应部位上，讲解员点评学生的完成情况。讲解员小助手展示自制编程磕头机模型，向大家讲解磕头机的工作原理。

（5）环节五：海上浮城——海洋石油981深水半潜式钻井平台。本环节中，讲解员向学生介绍海洋石油981深水半潜式钻井平台，并通过连线题方式，帮助学生理解"981"三个数字的含义。各组作答后，教师通过进一步引申"981"中"1"的含义，引导学生思考科技兴国和自主创新的重要意义，希望学生在机遇和挑战并存的今天能够做到不忘初心，牢记使命，努力向学，蔚为国用。

（6）环节六：分享感受、总结评价。这是本节课的创新点，首先让各小组长对本小组成员在这次研学活动中的表现进行计分总结，公布结果。然后，提供不同的关键词汇，引导学生分享在研学活动中的感受。最后，教师用诗歌的形式分享自己的活动感受，并对本次活动进行总结与升华。

7. 创新和困惑之处

（1）创新之处：善于利用学校的海洋石油文化园资源，创设户外情境教学，帮助学生在情境中去了解石油相关知识，感悟海油精神。坚持以学生为中心，在做中学，在玩中学。本次活动中的研学任务，在老师的引导和帮助下，活动中的内容讲解、实验设计等任务均由学生通过小组合作方式完成。

（2）困惑之处：在有限的40分钟教学时间内，如何评估学生的学习效果？在研学活动的学习任务设计中如何体现"教、学、评"一体化？

（二）授课教师与观课教师的交流

邱芬慧：听了两位老师的说课，根据教学设计，我想知道你们是怎样设置本课时的学习目标？

钟倩颖：本课时是主题活动中的第六课时，隶属研学活动中的展学部分。课堂以学生为中心，选取园区四大站点，向参观的来宾介绍海洋石油文化园。活动中，我们主要通过以下四个方面设置学习目标。首先，以"李四光努力向学，蔚为国用"的故事奠定本次活动的情感基调；其次，运用实验操作、模型展示、互动教学方式帮助学生理解海洋石油相关知识点；再次，通过介绍我国自主设计的第一座深水钻井平台海洋石油981感悟海油人攻坚克难、勇于创新的精神；最后，以关键词帮助学生总结研学感受，深化落实培养学生的家国情怀。

陈海由：这四个学习目标，有没有主次之分？有什么亮点？

陈盼：学习目标是根据课程指导纲要的要求设置的，是落实综合实践活动课程的整体需要，没有主次之分。在本课时中，它们体现为价值体认、问题解决、责任担当、创意物化的落实，环环相扣，层层递进。

李艳跃：预设课堂的学习目标，对于我这个首次接触综合实践活动课程的教师来说，有较大的困难。我想观察本节课的学习目标预设的合理性和适切性。

陈盼：可以看看指导纲要，再结合学情分析目标预设的合理性及适切性。

李玲：这是一节户外活动课，根据你们的说课，本节课设置了比较多的情境，能不能把一些具体情境再说一下？

钟倩颖：是的，目标是指挥棒，而情境建设是师生活动的舞台。例如活动环节三中，在地理模型情境下，学生讲解、小组合作进行水油分离实验，这些环节使学生将知识进行迁移，将应用知识进行实践实验，可以有效地将问题解决。教师将舞台交给学生，相信会有惊喜的碰撞。

李玲：我觉得文化园中几个模型情境能解决一些抽象的问题，既然本次活动中情境创设直接影响了学习目标的达成，我想从创设情境的有效性来观察情境创设与学习目标的适合度。

陈盼：这个观察点很好，也是我们设计课程中要重点思考与突破的地方。

陈海由：综合实践活动课程的开发的终极目标在于增进学生学习效率，促进学生个性的全面发展，评价应该成为学习目标达成度的有效参考点。刚才你们说课时，介绍了评价贯彻整个研学活动过程，在活动中通过组间计分、组内计分、评价量规等方式评价学生在研学活动中的表现。我想观察这些课堂评价是怎么进行的，怎样将学习目标有效地落实？

钟倩颖：我觉得这个观察点不错，在科学、有效地收集整理和分析学生在活动过程中获得发展的信息的基础上，对学生的变化和发展产生了的价值进行判断，这种观察为我们设计主题活动提供了反思与改进的机会。

（三）授课教师与观课教师讨论后确定的观察点

经过深入交流与探讨，确定的观察点如下：
(1) 课程性质：目标预设的适切性（邱芬慧、李艳跃）。
(2) 课程性质：情境创设与学习目标的适合度（李玲）。
(3) 课程性质：评价信息利用与学习目标的达成度（陈海由）。

三、课中观察

时间：2023 年 4 月 21 日上午第五节课。

（一）观察工具

观察表（见附件）、摄像机一台、录音机一部。

（二）观察位置的选择

整堂课学生根据学习任务安排，进行站点打卡活动。邱芬慧、陈海由、李玲、李艳跃四位主要观课教师根据学生的站位进行调整、走动，为了最大限度减少课中观察对学生学习的影响，四位观课老师或站在讲解学生的正面位置，或站在展示学生的对角线位置，或围绕学生队伍分散站立进行观察。

海洋石油文化园观察位置如图 28-1 所示。

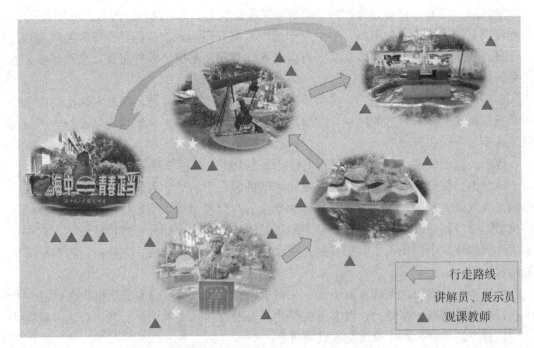

图 28-1 海洋石油文化园学习路线

根据学习任务安排,学生在每个雕塑下活动时均围成圆圈站立,两位授课教师站在学生队伍的两侧,除四位主要观课教师外,其余现场观摩课堂的专家、领导、同行等来宾或跟随队伍走动,或站立在学生队伍旁边,或站在园区后侧区域,与学生距离较近。

(三)观察过程

课前:观察者提前抵达海洋石油文化园,选取合适自己的观察位置,进行针对性观察,观察不同小组在本次研学活动中的表现,提前与各小组中的组长、成员、负责讲解的成员进行一定交流。

课中:各观察点的教师通过现场教学物料和教师讲述,以及学生研学活动表现,认真记录观察量表中的各项相关数据,并及时做出评价。

课后:观察者整理观察量表中的各项数据,通过与同伴充分交流,深入分析,撰写分析报告。

四、课后会议

时间:2023 年 4 月 21 日下午第七节课。

(一)课后反思

这次课堂观察让我们对新课标理念的理解和落实有很大的帮助,在每一项活动中,我们都将综合实践活动与具体学科知识深度融合,利用学科知识助力,开辟一条前所未有的校内研学之路。

首先，在本次活动中，学生以海洋石油文化园为据点，通过"李四光""向斜与背斜""磕头机""海洋石油981深水半潜式钻井平台"四个关键词开启研学活动。

其次，通过这节课的情境创设与利用，我们感受最深刻的一点是贴近学生的生活实际的学习素材对学习目标的达成起到非常重要的作用。在每个情境活动中，以问题驱动导向实践探究，培养学生通过跨学科、多学科思维解决问题的能力，提升学生的实践探究能力，促进学生全面发展。学生在课堂活动中的演绎和表现就是最好的证明。

最后，从课上学生对故事材料的理解和分析、对磕头机构造零件组装及其工作原理讲解中可以看出，学生已经基本达成知识类学习目标。

但是，从分享活动感受和点评中的学生表现来看，仅有少部分学生主动分享交流，价值体认、责任担当这一类学习目标的达成效果不算很好。若是能通过不断追问等形式来探究挖掘，会不会更好地激发学生的思考深度，进一步深化对课程的理解以及充分体现学生的内在潜能呢？这也是在今后教学中我们需要注意的地方。希望大家提出批评和建议。

（二）观课教师简要报告观察结果

观课教师根据课堂观察量表记录，分组对授课教师的课进行评价，并提出具体的意见反馈。

1. 课程性质：目标预设的适切性

邱芬慧：我们组观察的是目标预设的适切性。

根据课程指导纲要要求，将本节课素养目标细化为各环节学习目标，结合学生学情，教师教学经验，采用ABCD法对学习目标进一步分解，以获取目标适切性的相关数据，具体分析过程在专题报告中呈现。

指导纲要中对初中阶段的具体目标表述为"了解、主动、初步形成"级别。本课时呈现的学习目标是合理的，甚至进行了一定程度的拔高，例如，引导学生关注石油能源，以及我国石油事业的发展，从中领悟石油精神，传承红色基因，培养学生的科学精神、实践创新、责任担当等优秀品格与关键能力。这是对指导纲要的具体落实，更是在此基础上发展学生的家国情怀，达到立德树人的活动目的。

从现场观察情况来看，在目标一、目标四实施过程中，学生表现得较为活跃，参与度高，主动输出，说明目标设置合理。在目标二、目标三实施过程中，大部分学生积极参与，有一部分学生表现欠佳，尤其是学困生，这里与授课教师教学设计中预设的"本课程的一些相关知识涉及物理、地理学科专业知识，学生理解起来较为困难"一致，这是教师进行了知识点的拔高，但也是活动需要，可以理解为合理。

2. 课程性质：情境创设与学习目标的适合度

李玲：我观察的是情境创设与学习目标的适合度。

本节课最大的特色是将园区作为一个主情境，在老师创设的一个个形象情境中慢慢了解"中国是否盛产石油？""哪里能找到石油？""用什么工具开采石油？""海洋里的石油又是如何开采的？用什么装备？"……逐渐揭开海洋石油密码的神秘面纱，逐步达到学生对本节课素养目标的理解和掌握的最终目的。

从与学习目标的适合度上看，这节课创设的情境能有效推动学生高阶思维的发展，情境内容指向相应的素养目标，情境设置的问题指向明确。尤其是问题解决、创意物化这种知识、能力类素养目标落实到位，能较好地运用高阶思维指向学习目标的达成，而对于如价值体认、责任担当这种情感、态度类素养目标的落实，授课老师还存在较大的进步空间。从情境的创设与利用方面来看，这节课创设的情境内容非常丰富，类型多样，大量采用形象情境，激发学生学习兴趣，课堂气氛活跃，活动参与度高，如"选词分享"的交流情境，让学生在自主学习、自主探究的基础上，进行自我评价、自我检测，既完成了自我的学习建构，又达到了学生自主发展的目的。

3. **课程性质：学习目标的达成**

陈海由：我们组观察的是学习目标的达成。

本节课教学设计生动有趣，以海洋石油文化游园为主线，设计系列研学任务，从学习目标设置来看，学生基本能够完成相应的学习任务，学习效果良好。但是通过拆解学习任务来看，部分学习任务没有设置相应的评价来检验学习目标的达成，影响了检测效果。从素养目标落实情况上看，问题解决、创意物化等知识、能力型素养目标落实较好，情感型的素养目标价值体认、责任担当则需要得到教师的进一步指导。从评价方式看，综合实践课程总目标的达成以量化计分排名和知识诊断反馈为主，不利于长期综合素质评价的实施。

（三）观察形成的结论

1. **亮点**

（1）善用资源。海洋石油知识内容之多，海油精神范围之广泛，导致实践活动开发与实施难度增大，授课教师巧妙利用学校海洋石油文化园的教学资源，以游园活动为主线，以"努力向学，蔚为国用"的爱国主义精神作为海洋石油精神的暗线，帮助学生了解海洋石油相关知识，理解"科学技术是第一生产力，创新是引领发展第一动力"，感悟"个人理想应与国家命运紧密相连，个人求学之路应融入科技强国梦"，真正地做到"文化游园大揭秘，海油精神共传承"。

（2）巧设情境。本节课的情境创设安排得当，紧扣核心目标，巧妙利用图片、实验、模型等创设形象情境，激发了学生的学习兴趣和创新思维。情境设置问题指向明确，在知识、技能类素养目标的达成上，效果良好，关注高级认知技能，完成了知识的应用和迁移。

（3）学生参与度高。本节课通过创设情境、提供任务，给学生提供资源包、工具箱和脚手架的方式，让学生自主开展建构活动，积极主动参与到学习中来，课堂组织管理较好，活动丰富有趣，学生积极参与度高。

2. **不足之处**

（1）目标可操作性待加强。从教学设计与活动过程来看，有些环节，如环节三、环节四，过于关注活动知识落实，部分学生参与度不够，出现知识内容拔高、目标不落地的情况。建议在教学设计中采用 ABCD 编写法，加强对活动整体性资源的整合能力，规范、清晰完善课程目标，制订出让学习者明确的能力要求及其检测方式。

（2）情境问题缺少梯度性。整堂课能根据不同学习内容巧设情境，有效激发学生的学习兴趣和创新思维，但在设置情境问题时，缺少梯度性，知识点的连贯性稍微欠缺，从而无法循序渐进地引导学生达成学习目标。

附件：课后分析报告

（一）课后反思报告

2023年4月，湛江市二中海东中学作为湛江市劳动教育特色示范校，利用教学开放日的契机，开展了劳动教育示范校的特色课程教研活动。其中，"文化游园大揭秘 海油精神共传承"海洋石油文化主题课程作为学校自主研发、具有地域特色的综合实践活动课程，涉及学科面较广，融会贯通了语文、生物、地理、物理等学科知识，充分体现了综合实践课程的学科特点，而且本节课作为大单元学习里的第六课时，属于成果展示验收课，课堂主场交给学生，由两位老师共同执教，完成课堂活动设计和引领学生评价。课后，观课老师根据观察量表记录情况对这节课提出了许多宝贵的意见和建议，笔者认真听取意见，并做好笔记。以下是笔者对本节课的课后反思。

1. 反思学习目标的预设与达成

本节课设置的具体学习环节有六个。环节二和环节六主要体现的是价值体认；环节三和环节四主要体现的是问题解决；环节五主要体现的是责任担当。而在整个活动课程中，这节展示课也是学生通过分工合作，自主设计、自主完成的一节"创意物化"课，学生将前面几个课时学习的内容通过开展活动展示出来，将自己所学成果进行"物化"。笔者认为，这也是这节课的亮点所在。但是，由于价值体认和责任担当这两项素养目标具有很强的主观性，导致目标达成的时候难以可视化、具体化、落地化，导致达成考核目标的难度较大。

2. 反思情境的创设与利用

本节课准备了许多学习资源，如磕头机编程模型、磕头机构造零件图片、水油分离实验、卡片贴等，并且利用这些资源创设了许多形象情境和问题情境，情境下设置或产生的问题表述也较为清晰，目标指向明确，为激发学生的学习兴趣发挥了很好的作用，有利于课堂活动的顺利开展，促进了学习目标的达成，也间接推动了学生关注高级认知技能的发展。但是，在整体的问题设置上缺少一定的梯度，导致在活动过程中，学生的思维并没有达到预想的高度，尤其是"海上浮城"情境没有得到充分的利用，学习目标四的达成度较低。

3. 反思评价信息的获取与利用

综合实践活动课程以培养学生综合素质为导向，关注学生主动实践和开放生成，课程评价主张多元评价和综合考察。本节课将形成性评价融入课堂，在每个情境活动中都注意收集学生的评价信息，但是，由于有效的评价证据主要集中在计分员计分的量化评价和对知识目标的达成度的诊断评价上，缺少了对学生综合素质的评价。在最后一环节的课堂活动中，分享感受本应该是最能体现对学生综合素质的评价，但由于时间仓促，片面要求预设的完成，分享交流的学生基本上是平日学习较好、爱表现的学生，也导致了原先设计好的"研学总结评价表"没能发挥应有的作用，学生检测面不广，检测评价效果未能达到预期。

（二）目标预设的适切性

1. 观察点选点说明

本节课打破了教与学的活动空间，以游园为活动情境，创新地呈现研学活动，所以我希望通过观察学习目标设置的适切性来观察授课教师对活动课程的处理能力。

2. 观察表及观察结果说明

学习目标的预设是根据《中小学综合实践活动课程指导纲要》的素养目标具体化为活动课堂上的学习目标。此外，参考崔允漷教授的 LICC 课堂观察法，将目标预设采用"概念体系—行为动词—行为条件—行为程度"这样的"ABCD 法"更规范。鉴于以上认知，本观察小组以"学生对于素养目标的反应程度，实践过程中的态度、状态、行为表现以及与集体劳动学习互动的情况"等方面作为现场观察的指标。观察表格记录见表 28-1。

表 28-1 "学习目标预设的适切性"观察记录

素养目标	《中小学综合实践活动课程指导纲要》	学习目标落实情况	学情	ABCD 原则	学习行为	学生态度	目标设定规范情况
价值体认	能主动分享体验和感受，与老师、同伴交流思想认识，形成国家认同	环节二：了解李四光对石油事业所做的贡献。理解"努力向学、蔚为国用"的意义	符合	ABCD	①ABCD ②ABCD ③ABCD ④ABCD	A	符合
		环节六：分享研学感悟	符合	ABCD	①ABCDE ②ABCDE ③ABCDE ④ABCDE	A	符合
问题解决	能关注自然、社会、生活中的现象，深入思考并提出有价值的问题，将问题转化为有价值的研究课题，能主动理解与解决问题，运用所学知识解释	环节三：了解向斜背斜的定义；动手操作水油分离实验，说明实验原理	符合	ABC	①ABCD ②ABCDE ③ABCDE ④ABCDE	AB	基本符合
		环节四：了解磕头机的构造及其工作原理	符合	ABCD	①ABCDE ②ABCDE ③ABCDE ④ABCD	AB	基本符合

续表

素养目标	中小学综合实践活动课程指导纲要	学习目标落实情况	学情	ABCD原则	学习行为	学生态度	目标设定规范情况
责任担当	初步形成对自我、学校、社区负责任的态度	环节五：了解海洋石油981深水钻井平台对国家的重要意义	符合	ABD	①ABCDE ②ABCDE ③ABCDE ④ABCD	AB	基本符合
		环节六：分享研学感悟，教师活动点评	符合	ABCD	①ABCDE ②ABCDE ③ABCDE ④ABCDE	A	符合
创意物化	将一定的想法付诸实践，通过信息技术的学习实践，提高利用信息技术进行分析和解决问题的能力，以及数字化产品的设计与制作能力	环节四：通过观察了解磕头机构造图，用编程自制磕头机模型，展示磕头机的工作原理	符合	AD	①ABCD ②ABCD ③ABCD ④ABCDE	AB	基本符合
		整堂课：在老师帮助下，小组自主设计，主动展示本次研学活动	符合	ABCD	①ABCDE ②ABCDE ③ABCDE ④ABCDE	A	符合

注：

（1）评价原则（ABCD原则）：行为主体、行为动词、行为条件、行为程度原则设定（参考下图：素养目标转化）。

（2）学习行为表现：A. 观察；B. 倾听；C. 讨论；D. 思考；E. 实践。序号①②③④……分别代表小组组别。

（3）学生参与态度：A. 全部参与，积极、感兴趣；B. 大部分参与，小组讨论，参与集体互动；C. 能参与其中，但兴致不高；D. 表现为无所谓。

3. 观察结果分析及教学建议

预设的学习目标是否合理，取决于两个方面：一是学习目标与课程指导纲要是否相符，二是与学生的学情是否相符。根据《中小学综合实践活动课程指导纲要》对初中阶段具体目标在观察表的详述，可以看出，素养目标总体表述"了解、主动、初步形成"均为素养培养，旨在初步形成个人内在的价值观。从学情来看，七年级属于承接小学，进阶高中阶段，处于逐渐形成价值观、人生观、职业生涯规划意识的衔接阶段，因此，本活动课结合七年级学生的认知能力与本地实际开发校本课程，引导学生关注石油能源，传承红色基因，培养学生科学创新、责任担当等优秀品格与关键能力，这是对指导纲要的具体落实，更是在此基础上发展学生的家国情怀，达到立德树人的活动目的。

经分析，笔者认为本次研学活动的目标定位合理。

第一个目标——价值体认，在环节二、环节六中主要体现，尤其是分享环节，学生基本能够阐明选择关键词的原因，并在回答中能够深化对海油精神的认识。主题升华，将立德树人落地，深化认识"个人的发展与国同命运，与国共发展"。此目标定位是合理、科学的。

第二个目标——问题解决，在环节三、环节四模型讲解，实践操作，但是由于涉及物理、地理学科专业知识，学生理解起来较为困难，学生表现为好奇、感兴趣，但是参与度不是特别高。这是老师在目标设置上进行了拔高，但也是活动需要，可以判断为合理。

第三个目标——责任担当，其设置与第二个目标是类似的情况。

第四个目标——创意物化，在环节四观察磕头机构造图，运用编程技术自制磕头机模型并展示工作原理，同时，本次研学活动任务由学生在老师帮助下通过小组合作、自主设计完成。因此，本次研学活动亦是学生创意物化的成果。本素养目标在活动中合理落实，师生共长，将活动推向高潮。

（三）情境创设与学习目标的适合度

1. 观察点选点说明

教师为了促进学习目标的达成，必然会采取多种多样的教学手段与措施，其中，教学情境的创设是必需的。通过情境产生的问题引导学生学习，因此，创设的情境是否有利于引导学生学习，师生是否能充分利用情境构建系统的知识体系，是学习目标达成的关键。教学情境的多少，情境利用是否恰当，也都直接关系到学习目标达成效度。

2. 观察表及观察结果说明

笔者从情境创设与利用入手，观察本节课学习目标的达成情况。在设计观察量表之前，笔者思考了以下问题：①创设的情境是不是越多越好？②创设怎样的情境才能引起学生的兴趣与关注？③该情境的创设在教学环节运用中是否得当？④情境是否产生/设置问题？指向是否明确？⑤在情境的作用下，学习目标的达成情况如何？⑥情境的创设与学习目标的适合度如何？因此，笔者根据这几个问题设计了情境创设模型（如图28-2所示），并制定观察表（见表28-2）得出了观察结果。

图28-2 "文化游园大揭秘 海油精神共传承"研学实践课情境创设模型

表 28-2 "情境创设与学习目标的适合度"观察记录

学习环节	"努力向学，蔚为国用"——为中国甩掉贫油国的帽子		储油构造——向斜与背斜		沙漠中的提款机——磕头机的构造及其工作原理		海上浮城——海洋石油981深水半潜式钻井平台		分享感受、总结点评
预设情境内容	李四光的故事	讨论答题	地理模型剖面图	水油分离实验	磕头机构造图部件组装	磕头机模型展示及原理说明	钻井平台介绍	连线答题	选词分享
情境耗时	4	3	4	6	5	5	4	3	8
情境目标指向	价值体认	价值体认	问题解决	问题解决	问题解决	创意物化	责任担当	责任担当	价值体认、责任担当
情境问题指向		清晰	清晰	清晰	清晰	清晰		牵强	清晰
问题或问题链是否关注高级认知技能（应用/分析/评价/创造）		分析、评价、应用、迁移	分析	应用、分析、评价	分析	应用、分析、评价		分析、评价	分析、评价
学习表情（兴奋/积极/一般/无所谓）	投入	积极	好奇	兴奋激动	积极开心	好奇震撼	积极投入	一般	积极感动
学习行为（观察/倾听/讨论/思考/实践）	倾听、观察	思考、讨论、回答	观察、倾听、思考	判断、讨论、实践、比较、回答	观察、思考、实践、讨论	实践、比较、思考、讨论	观察、倾听	思考、讨论、回答	思考、倾听、讨论、回答
学习人数	全部	全部	全部	全部	全部	全部	全部	全部	全部

左侧分类栏：
- 情境创设与学习目标的适合度（对应：情境耗时、情境目标指向、情境问题指向、问题或问题链是否关注高级认知技能）
- 创设的情境能否引起学生的兴趣并保持关注（对应：学习表情、学习行为、学习人数）

续表

师生能否充分利用情境达成学习目标	情境是否产生/设置问题及其效度（学生表现/问题认知层次）	①②A 简单 ③④A 中等难度	⑤B 较难	⑥⑦A 中等难度	⑧A 简单	⑨A 较难		⑩⑪A 中等难度	⑫A 简单
	课堂互动（学生回答/实践/讨论）	①②题 3/4 学生参与抢答，③④题两名学优生回答	1 名学优生答对	1/4 学生制作说明原理	2/3 学生参与，基本全部正确	1 名学生制作模型，1 名学生讲解其工作原理		3 名学生作答，2 名答对	部分学优生畅所欲言，少部分学困生没有互动
	目标达成情况	A	A	B	A	A	B	B	B	A

资料来源：沈毅、崔允漷主编《课堂观察Ⅱ：走向专业的听评课》，华东师范大学出版社 2013 年版。

注：

(1) 情境产生/设置的问题及其效度（学生表现）指的是学生是否明白问题指向的表现：A. 全体明白；B. 大部分明白；C. 个别明白。

(2) 情境产生/设置的问题及其效度（问题认知层次）指的是问题的难易程度：简单、中等难度、较难。

(3) 目标达成情况：A. 达成；B. 基本达成；C. 未达成。

3. 观察结果分析与教学建议

(1) 从"情境创设与学习目标的适合度"方面的观察结果来看，本节课的情境创设安排得当，目标指向明确，根据情境设置或产生的问题，基本上都能够关注到高级认知技能。教师围绕学习目标，在每个学习环节创设不同类型情境，开展"分析、评价、创造"等思维活动，形成"认知系统—元认知系统—自我系统"的知识路径，实现自我和共同建构。但本节课的"价值体认"和"责任担当"这一情感、态度类的素养目标主观性较强，数据支撑较少，情境设置的问题指向明确度较弱，正因为如此，无法运用高阶思维指向素养目标的达成，这也是授课老师今后需关注和研究的重难点。

(2) 从"创设的情境能否引起学生的兴趣并保持关注"方面的观察结果来看，利用图片、实验、模型等创设形象情境，为学生的学习搭建思维的支架，为交流和探究提供平台，是本节课的一大特色。尤其是"水油分离实验"的实验情境、"磕头机构造及其工作原理"的第二个实物模型情境，在情境活动中检测出学生学习自主程度、合作效度和探究深度等方面情况，从而引导学生逐渐完成学习目标。

(3) 从"师生能否充分利用情境达成学习目标"方面的观察结果来看,授课老师基本在每个情境活动中都根据情境内容设置了不同程度的问题,意在通过问题导向辅助学生完成课堂活动,达成对学习目标的理解。其中,利用关键词"分享感受"学习环节是本节课的一大亮点,该环节创设了"选词分享"的交流情境,巧妙利用了剩余不多的课堂时间,对学生进行参与学习的检测,并恰当地升华主题,根植家国情怀,有效地对学习目标达成情况进行评价验收。而在主情境的背景下,整体的情境设置问题缺少梯度,例如,在"海上浮城"这一资料情境创设,部分学生在没有一定知识储备的情况下对981深水钻井平台的信息无法进行有效的分解和应用,检测目标达成情况的难度较大,需要教师做进一步的引导。

教学建议:从观察结果显示的数据来看,学生比较容易被实验、模型、图片等可参与度高的形象情境所吸引,因此,可以适当设置此类形象情境或探究交流情境贯穿于课堂,以激发学生的学习兴趣和创新思维,并通过交流讨论、动手实践直观性地对知识进行理解、分析、运用和迁移。在设置情境问题时,要注意梯度性,加强知识点的连贯性,从而引导学生循序渐进地达成学习目标,让学生完成自我建构或共同建构,在课堂学习中优先指向高阶思维目标的达成。

(四) 评价信息的利用与学习目标的达成度

1. 观察点选点说明

课堂目标达成度需要通过评价学生的学习情况获得。与学科课堂不同,实践类活动在评价过程中不仅要考虑目标、评价、学习任务三者之间的一致性,同时也要在活动中秉承综合实践活动课程评价的方向性、指导性、客观性、公正性原则,突出发展导向,运用多元评价,落实和发展学科核心素养目标。

2. 观察表及观察结果说明

通过观察本节课学习目标的达成情况,思考以下问题:①本环节核心素养目标下的学习任务有哪些?②有哪些评价证据证明活动目标被落实?③从评价落实情况看目标是否达成?根据以上问题设计观察表(见表28-3)并得出观察结果。

表28-3 "评价信息的利用与学习目标的达成度"观察记录

素养目标	学习任务	评价落实	评价证据	评价方式	评价主体	评价时机	目标达成
/	(1) 学生清楚本次研学目标; (2) 在活动过程中根据要求完成研学活动任务; (3) 遵守研学活动规则	A	E	A C1 C2 C3	A B C D E	B	基本达成

续表

素养目标	学习任务	评价落实	评价证据	评价方式	评价主体	评价时机	目标达成
价值体认	（1）了解故事发展脉络，掌握相关信息； （2）明确"努力向学，蔚为国用"的故事中心思想； （3）运用故事相应的线索，论证中心思想； （4）概括李四光先生的精神品质，阐明人物身上值得学习的地方	A	B C	B C2 C3	A B C D	A	部分达成
问题解决	（1）通过讲解员对向斜背斜定义的阐述，在地理模型剖面图中找到向斜、背斜地理构造； （2）动手操作水油分离实验，说明实验原理； （3）根据实验结论结合地理构造分析哪种是良好的储油构造	B	D	A B C2 C3	A B C D	A	部分达成
问题解决	（1）观察磕头机构造图，了解其各部分名称，将带有其名称卡片准确放置模型处； （2）通过讲解员的讲解及其运用编程自制磕头机模型的展示，了解磕头机的工作原理	B	A	A B C2 C3	B C D	A	部分达成
责任担当	（1）学习海洋石油 981 深水钻井平台的相关知识； （2）通过海洋石油 981 深水钻井平台的名字推理"981"三个数字的含义； （3）理解"981"中的数字"1"的深刻内涵，从而理解国家为何要在海洋石油开发道路上走自主创新之路，深化"努力向学，蔚为国用"的思想	B	B	B C2 C3	A B C D	A	部分达成
价值体认	（1）阐述所选择关键词的原因； （2）分享研学活动的感受； （3）深化海油精神认识	B	C E	B	A E	B	基本达成
创意物化	本次研学活动的任务内容由学生在老师帮助下通过小组合作，自主设计而完成的。因此，本次研学活动不仅是一次展示课，也是学生创意物化的成果。本次活动成果不仅能让教师评价学生在活动中的表现，同时也让参与课堂观摩的教师、课程专家、学生家长参与活动评价，共同考查学生实践能力。大家对本次活动给予高度评价，学生在活动过程中学习石油相关知识，并在活动中感悟石油精神，做到课程题目中所讲的"文化游园大揭秘，海油精神共传承"						

注：

（1）评价落实情况：A. 基本落实；B. 部分落实；C. 没有落实。

（2）评价证据：A. 表现性任务；B. 课堂检测；C. 问答题；D. 技能测试；E 行为表现。

（3）评价方式：A. 非正式评价（走动观察）；B. 教师/讲解员反馈；C. 评价量规（C1. 自评；C2. 组间评价计分；C3. 组内互评计分）。

（4）评价主体：A. 教师；B. 讲解员；C. 组长；D. 研学活动计分员；E. 学生自己。

（5）评价时机：A. 研学活动进行中（形成性评价）；B. 研学活动结束时（总结性评价）。

3. 观察结果分析与教学建议

（1）教学环节与知识目标的达成度：本节课的学习目标、学习任务、评价实施基本达成一致。但是，从细化学习任务来看，个别环节并没有完全落实评价，因此，建议在下次实施此课程时将学习任务拆解，并思考怎样评价证据能够证明学习目标被达成，通过逆向思维去设计教学。

（2）学生学习情况与素养目标达成度：在本节课中素养目标主要分为两大类。第一类是落实知识、技能型素养目标，如问题解决、创意物化；第二类是情感、态度类素养目标，如价值体认与责任担当。从两者的达成情况来看，在本次研学活动中知识、技能型素养目标落实较好，学生能够完成讲解员指定的各项任务，但是，情感、态度类素养目标由于缺乏相关情境支架，在深化落实中存在一定困难，学生只能停留在浅显的认知层面，难以深化认识，需要教师进一步引导。根据此类情况，建议教师在户外教学时不仅要准备评价任务相关物料，更要准备支架性物料，如有关的图片、相关的学案等。通过文字、图片类信息创设情境，比直接语言信息更能激发学生情感。

（3）评价方式与综合实践活动课程总目标达成度：综合实践活动课程评价不仅要考虑学生知识目标达成，更要考虑学生综合发展，活动中应运用多种评价方式、多维评价标准、多元评价主体对学生在活动中的表现进行评估，以促进学生全面发展。从量表收集到的评价证据中，我们可以看到，教师在本次活动中将形成性评价融入课堂，在每个教学环节都注重评价证据收集，但是，所实施评价主要集中在计分层面的量化评价，在质性评价层面上与知识目标达成度相关的诊断性评价上缺少针对学生的综合评价。针对这一情况，教师需要在课程前和学生明确打分规则，帮助学生通过打分情况去判断自己在活动中的表现情况，让分数不只是作为排名参考。

另外，可以在第六个环节分享感受部分，借用项目学习下课通行证的办法，把教师想测评学生的一个问题写在通行证上，比如在今天的课上什么时候让你获益最多？给予学生一定时间去完成并进行分享与交流，避免出现被点名的时候无话可说的情况。同时可以在课程结束时通过对学生下课通行证、评价量表、课堂表现等内容进行分析和反馈，以促进学生成长与发展。